Die Zulässigkeit der *Sectio* auf Wunsch

Recht & Medizin

Herausgegeben von den Professoren
Dr. Erwin Deutsch, Dr. Adolf Laufs, Dr. Hans-Ludwig Schreiber

Bd./Vol. 78

PETER LANG
Frankfurt am Main · Berlin · Bern · Bruxelles · New York · Oxford · Wien

Nora Markus

Die Zulässigkeit der *Sectio* auf Wunsch

Eine medizinische, ethische und rechtliche Betrachtung

PETER LANG
Europäischer Verlag der Wissenschaften

Bibliografische Information Der Deutschen Bibliothek
Die Deutsche Bibliothek verzeichnet diese Publikation in der Deutschen Nationalbibliografie; detaillierte bibliografische Daten sind im Internet über <http://dnb.ddb.de> abrufbar.

Zugl.: Halle-Wittenberg, Univ., Diss., 2005

Gedruckt auf alterungsbeständigem,
säurefreiem Papier.

3
ISSN 0172-116X
ISBN 3-631-55068-5

Printed in Germany 1 2 3 4 5 7

www.peterlang.de

Meinen Eltern
und
André

Vorwort

Die vorliegende Arbeit wurde im Dezember 2004 von der Rechtswissenschaftlichen Fakultät der Martin-Luther-Universität Halle-Wittenberg als Dissertation angenommen. Überarbeitet und aktualisiert wurde die Arbeit während des Sommers 2005.

Meinem Doktorvater, Herrn Professor Dr. jur. Hans Lilie, danke ich herzlich dafür, dass er mit großer Anteilnahme die Betreuung des Dissertations-Themas übernahm und für die entscheidende Anregung, Kritik und Ermunterung sorgte. Ich danke ihm auch dafür, dass er es mir ermöglichte, am Zentrum für Medizin-Ethik-Recht (MER) in Halle zu arbeiten. Die überaus freundliche und vor allem interdisziplinäre Atmosphäre dort und auch an seinem Lehrstuhl für Strafrecht, Strafprozessrecht, Rechtsvergleichung und Medizinrecht in Halle prägen die vorliegende Arbeit.

Weiterhin danke ich Herrn Professor Dr. jur. Gerfried Fischer, LL.M., der zu dieser Zeit noch den Lehrstuhl für Bürgerliches Recht, Internationales Privatrecht, Rechtsvergleichung und Arztrecht in Halle innehatte, für die schnelle Erarbeitung des Zweitgutachtens vor allem aus zivilrechtlicher Sicht, bevor er zwei Tage nach dem Rigorosum zu meiner Arbeit in den verdienten (Un-) Ruhestand ging. Schließlich danke ich auch Herrn Prof. Dr. Tanner für die aufschlussreichen und spannenden Einblicke hinsichtlich der Ethik in der Medizin.

Danken möchte ich auch den Kolleginnen und Kollegen am MER. Stellvertretend möchte ich hier vor allem Frau Annekatrin Habicht nennen, der ich viele Diskussionen rund um das Medizinrecht verdanke und deren Zuspruch sowie Organisationstalent mir oft den Rücken stärkte.

Besonderer Dank gilt meinen Eltern, die mir nicht nur das Studium der Rechtswissenschaften ermöglichten, sondern vor allem durch lange Gespräche über den Arzt- und Klinikalltag das entscheidende Interesse am Medizinrecht weckten. Ihnen und Herrn Dr. jur. André Hienzsch, LL.M. oec., der mich geduldig und zuverlässig unterstützte, ist die Arbeit gewidmet.

Ahrensburg, im Juli 2005 — Nora Markus

Inhaltsverzeichnis

Abkürzungsverzeichnis

ÄAppO	= Approbationsordnung für Ärzte
AG	= Amtsgericht
Anm.	= Anmerkung
AT	= Allgemeiner Teil
BÄO	= Bundesärzteordnung
Bd.	= Band
BHD	= Bund Deutscher Hebammen e. V.
Beschl. v.	= Beschluss vom
BGB	= Bürgerliches Gesetzbuch
BGBl.	= Bundesgesetzblatt
BGH	= Bundesgerichtshof
BGH St	= Amtliche Entscheidungssammlung des BGH in Strafsachen
BGH Z	= Amtliche Entscheidungssammlung des BGH in Zivilsachen
BT	= Besonderer Teil (des BGB oder StGB)
BVerfG	= Bundesverfassungsgericht
BVerfGE	= Amtliche Entscheidungssammlung des BVerfG
bzw.	= beziehungsweise
dagg.	= dagegen
d. h.	= das heißt
evtl.	= eventuell
f./ ff.	= folgend/ folgende
GG	= Grundgesetz
gem.	= gemäß
ggü.	= gegenüber
h. A.	= herrschende Ansicht / Auffassung
HebG	= Gesetz über den Beruf der Hebamme und des Entbindungspflegers
HebAPrV	= Ausbildungs- und Prüfungsverordnung für Hebammen und Entbindungspfleger
h. M.	= herrschende Meinung
i. H. v.	= in Höhe von
i. V. m.	= in Verbindung mit
JZ	= Juristenzeitung (Zeitschrift)
KrPflG	= Krankenpflegegesetz

LG	= Landgericht
LK	= Leipziger Kommentar zum Strafgesetzbuch
MDR	= Monatsschrift Deutschen Rechts (Zeitschrift)
MedR	= Medizinrecht (Zeitschrift)
M. M.	= Mindermeinung
MüKo	= Münchener Kommentar zum Strafgesetzbuch
NJW	= Neue Juristische Wochenschrift
NK	= Nomos-Kommentar zum Strafgesetzbuch
OLG	= Oberlandesgericht
Rn.	= Randnummer
Rspr.	= Rechtsprechung
S.	= Seite
SGB	= Sozialgesetzbuch
s. o.	= siehe oben
sog.	= sogenannte / -er
StGB	= Strafgesetzbuch
Urt. v.	= Urteil vom
VersR	= Versicherungsrecht (Zeitschrift)
vgl.	= vergleiche
WHO	= World Health Organization
z. B.	= zum Beispiel

1. Kapitel: Themenstellung

Prominente Frauen wie Fotomodell Claudia Schiffer, Schauspielerin Elizabeth Hurley und – was gerade zur Sensibilisierung der Presse für das Thema hierzulande führte – Verona Feldbusch machten es vor und entschieden sich dafür, ihr Kind zu einem geplanten Termin ohne Indikation für einen Kaiserschnitt, per so genannter Wunschsectio, zur Welt zu bringen[1]. Besonderes Aufsehen erregte in England der Fall des ehemaligen Fotomodells und „Spice Girls“ Sängerin Victoria Beckham, deren Sohn „dank“ einer solchen Sectio auf Wunsch termingerecht zwischen zwei Fußballspielen ihres Ehemannes, Starfußballer David Beckham, zur Welt kam[2].

Ins Gespräch gebracht wird der Wunsch nach im Voraus geplanten aber medizinisch nicht notwendigen Schnittentbindungen auch, wenn es besondere, außergewöhnliche Termine oder ein weltanschaulich geprägtes Datum betrifft. Wegen der außergewöhnlichen Zahlenkombination des 04.04.04 waren – ähnlich der sprunghaften Zahl von Eheschließungen an diesem Tag – Wunschsectiones erwartet worden. Allerdings lehnten es Ärzte und Bevölkerung in Deutschland ganz überwiegend ab, Kaiserschnitte allein wegen dieses besonderen Datums durchzuführen[3]. Dies wird in verschiedenen Kulturkreisen jedoch ganz unterschiedlich gehandhabt: Zu massenhaft geplanten Entbindungen nach dem Horoskop kam es in China zur traditionellen Jahreswende am 01. Februar 2003 zum Jahr des Schafes: Viele Mütter wollten ihre Kinder nicht in diesem kulturell schlecht angesehenen Jahr zur Welt bringen und wünschten sich noch bis Januar des Vorjahres (im Jahr des Pferdes) zu entbinden[4]. Derartige Fälle und eine solche Motivation sind in den Industrieländern extrem selten. Allerdings gaben bei einer im Jahre 2002 durchgeführten und in der Ärztezeitung veröffentlichten Umfrage unter 8.440 deutschen Frauen 43,2 Prozent der Befragten an, sich – wenn auch aus anderen Gründen heraus – für eine Sectio auf Wunsch zu entscheiden, wenn sie sich den Geburtsmodus aussuchen dürften[5].

---

1 Oster; Leben und Erziehen, Oktober 2003, S. 24.
2 Oster; Leben und Erziehen, Oktober 2003, S. 24.
3 Mitteldeutsche Zeitung vom 01.04.2004, S. 1.
4 Wöhlke, http://www.abendblatt.de/daten/2003/01/11/112334.html vom 27.11.2004.
5 Neumann, Schnittentbindungsrate und Kostenentwicklung in der Geburtsmedizin, http://www. nwggg. de/ PDF/neumann.pdf vom 27.11.2004.

Die Wahl des Geburtsmodus durch die Frau selbst ist kein neues Problem. Schon im 19. Jahrhundert fragten sich Gynäkologen und Geburtshelfer, ob und inwieweit sie neben ihrer Fachkompetenz zusätzlich noch Entscheidungen der schwangeren Frauen miteinbeziehen sollten[6]. Damals allerdings war die Frage zugespitzt auf den Grundgedanken, ob eine Schnittentbindung überhaupt durchgeführt werden sollte und in den meisten Fällen die Abwägung beinhaltete, ob entweder die Mutter oder das Kind gerettet werden sollte[7]. Derartige Konfliktsituationen stellen sich heute aufgrund der enormen medizinischen Weiterentwicklung kaum noch. Trotzdem ist das Mitspracherecht der Schwangeren und das Aussuchen des Entbindungsweges durch sie keineswegs eine Selbstverständlichkeit. Denn auch heutzutage wird die vaginale Geburt als naturgegeben und im Normalfall als Methode der Wahl durchgeführt. Allerdings gab und gibt es Fälle, in denen die werdende Mutter ganz bewusst nach einem Kaiserschnitt fragt (caesarean section on request) oder danach verlangt und als Entbindungsalternative fordert (caesarean section on demand)[8]. Die konkrete Debatte aber, ob die medizinisch nicht indizierte Schnittentbindung allein auf Wunsch der Schwangeren vorgenommen werden dürfe, begann erst relativ spät[9]. Vor allem die bereits angesprochene Zunahme und Verbreitung der Schnittentbindung bei Models und Schauspielerinnen sowie die breite mediale Thematisierung von deren Entscheidung über den Entbindungsmodus machte die Diskussion einem größeren Kreis sowohl von Fachleuten als auch der Öffentlichkeit allgemein zugänglich.

Bezieht ein Arzt jedoch die Entscheidung der Schwangeren hinsichtlich des Entbindungsweges mit ein und führt eine Sectio auf Wunsch durch, um nicht zuletzt das Selbstbestimmungsrecht der Schwangeren zu beachten, muss es für ihn entsprechend der allgemeinen Zulässigkeitskriterien ärztlichen Handelns Rechtfertigungsmöglichkeiten für alle Rechtsgebiete, die durch dieses ärztliche Han-

6 Anm. Laufs/Hiersche zu: BGH, Urt. v. 16.02.1993 – VI ZR 300/91 (Nürnberg); NJW 1993, 2375.

7 Anm. Laufs/Hiersche zu: BGH, Urt. v. 16.02.1993 – VI ZR 300/91 (Nürnberg); NJW 1993, 2375.

8 Ludwig, Gibt es ein ethisches Dilemma um die Wunschsectio? in: Huch et al, Sectio caesarea, S. 121.

9 Ludwig setzt hier – zumindest für ein umfangreicheres Fachpublikum – das Jahr 1997 an, nachdem in „The Lancet“ die Wunschsectio im Editorial direkt thematisiert wurde; Ludwig, Gibt es ein ethisches Dilemma um die Wunschsectio?, Huch et al, Sectio caesarea, S. 121. M. E. ist hier aber die bereits 1996 – und zwar ebenfalls in „The Lancet“ – veröffentlichte Umfrage unter britischen Gynäkologen und Gynäkologinnen zu nennen, worin ein großer Teil von 38 Prozent der Befragten für sich bzw. ihre Partnerin die Wunschsectio als bevorzugten Entbindungsmodus angeben: Al-Mufti/McCarthy/Fisk, Obstetricians personal choice and mode of delivery, The Lancet 347 (1997), S. 544.

deln betroffen sein können, geben. Betroffene Rechtsgebiete sind hierbei neben der zivilrechtlichen Arzthaftung insbesondere das Straf- und Berufsrecht sowie auch das Sozialrecht. Auf die Zulässigkeitsvoraussetzungen, d. h. die rechtlichen Voraussetzungen zur Durchführung einer Sectio auf Wunsch, ist das Hauptaugenmerk dieser Arbeit gerichtet. Zuvor werden medizinische Grundlagen erläutert und aktuelle Entwicklungen in der Geburtshilfe dargestellt, eventuelle ethische Probleme und das Arzthaftungsrecht angesprochen sowie abschließend mögliche ökonomische Auswirkungen aufgezeigt[10].

10 Wenn im Folgenden von Sectio bzw. Sectio caesarea, Schnittentbindung und Kaiserschnitt die Rede ist, ist keine sachliche Differenzierung zwischen diesen Begriffen beabsichtigt, sondern maßgebend dafür sind in erster Linie sprachliche Gründe. Gleiches ist der Fall bei den Begriffen elektive Sectio, Wunschsectio und Sectio auf Wunsch, auch wenn hier der Begriff der elektiven primären Sectio präferiert wird.

2. Kapitel: Medizinische Grundlagen und aktuelle Entwicklungen bei der Sectio

A. Medizinische Grundlagen

Der allgemeine medizinische Begriff der Entbindung beinhaltet nicht nur die Geburt des Kindes an sich, sondern ist weit gefasst und umschreibt die gesamte Geburtsleitung, was sowohl spontane als auch operative Geburtsmethoden einschließt. Im rechtlichen Sinne spricht man dagegen von Entbindung, wenn ein Kind lebend geboren wurde oder bei der Geburt tot war und ein Gewicht von mehr als 500 Gramm hatte – unter 500 Gramm liegt hingegen eine Fehlgeburt vor[11].

Das medizinische Fachgebiet, das sich mit der Betreuung der Schwangeren, dem normalen Geburtsverlauf und dessen Komplikationen beschäftigt, ist die Geburtshilfe[12]. Zur Leistung von Geburtshilfe sind – abgesehen von Notfällen – neben Ärzten nur Personen mit der Erlaubnis zur Führung der Berufsbezeichnung „Hebamme“ oder „Entbindungspfleger“ befugt[13]. Dabei reicht jedoch die Handlungskompetenz dieser Berufsgruppen bei der selbstständigen Betreuung einer Geburt nur bis zum Auftreten von Komplikationen[14] – von da an sind nur noch Ärzte eingriffsbefugt. Schnittentbindungen dürfen daher nicht von Hebammen oder Entbindungspflegern durchgeführt werden, sondern ausschließlich von Ärzten[15].

---

11 Pschyrembel, 259. Auflage, Entbindung.

12 Pschyrembel, 259. Auflage, Geburtshilfe.

13 Neuefeind, Arzthaftungsrecht, S. 120.

14 BGH, Urt. v. 14.02.1995 – VI ZR 272/93 (München), VersR 1995, S. 706, 708; Neuefeind, Arzthaftungsrecht, S. 120.

15 Nach § 4 Absatz 1 S. 1 HebG (Gesetz über den Beruf der Hebamme und des Entbindungspflegers v. 21.12.1938, in der Fassung v. 04.06.1985, BGBl. I 902) dürfen nur Ärzte, Hebammen und Entbindungspfleger Geburtshilfe leisten, wodurch der Schutz von Mutter und Kind sichergestellt werden soll. Als Geburtshilfe gilt gemäß § 4 Absatz 2 HebG die Überwachung des Geburtsvorganges vom Beginn der Wehen an, Hilfe bei der Geburt selbst sowie Überwachung des Wochenbettverlaufs. In Zusammenschau mit § 5 HebG und der Richtlinie 80/155 EWG sowie den Regelungen der HebAPrV (Ausbildungs- und Prüfungsverordnung für Hebammen und Entbindungspfleger v. 16.03.1987, BGBl. I S. 929, zuletzt geändert am 27.04.1993, BGBl. I S. 512) wird deutlich, dass Hebammen die Schwangere zwar selbstständig vor und während der spontanen vaginalen Geburt betreuen und danach die Wöchnerin und das Neugeborene überwachen sollen. Bei Auftreten von Risiken und Regelwidrig-

Der lediglich mit der Hilfe von Hebammen und Geburtshelfern vorgenommene Entbindungsmodus ist die spontane vaginale Entbindung. Das bezeichnet die Geburt des Kindes durch den Geburtskanal der Mutter ohne instrumentellen Einsatz. Im Gegensatz dazu steht die operative Geburtsbeendigung, worunter nicht nur der Kaiserschnitt zu verstehen ist. Diese operative Entbindung umfasst neben dem Einsatz verschiedener Hilfsmittel, wie z. B. Saugglocke oder Geburtszange, zur Entwicklung des Kindes auch Wendungsmanöver, z. B. bei Beckenendlage, mit nachfolgender Extraktion und chirurgische Eingriffe wie die Schnittentbindung oder auch die Episiotomie[16].

Eine weitere Entbindungsmöglichkeit ist die programmierte Geburt. Dies ist keine spontane, sondern geplante vaginale Geburt zu einem festgesetzten Termin, bei welcher die Geburt durch Eröffnung der Blase und medikamentöse Steuerung eingeleitet wird und sodann durch intravenöse Dauertropfinfusion von Wehenmitteln erfolgt[17].

I. Die spontane vaginale Geburt

Um die Schnittentbindung einer umfassenden Betrachtung unterziehen zu können, muss in Abgrenzung dazu zunächst der Ablauf der spontanen vaginalen Geburt erfolgen. Die Geburt an sich bezeichnet zunächst einmal die Ausstoßung der Frucht, d. h. des Kindes, aus dem Mutterleib unter Wehentätigkeit. Dabei gehen dem eigentlichen Geburtsbeginn bei der spontanen vaginalen Geburt in der Regel Geburtsanzeichen voraus, wie beispielsweise regelmäßige Wehen alle 10 Minuten und Platzen der Fruchtblase[18].

Der Verlauf einer regelgerechten spontanen vaginalen Geburt bei vorderer Hinterhauptlage des Kindes lässt sich dann, nach den Geburtsanzeichen, in drei Phasen gliedern. Die Geburt beginnt mit der Eröffnungsperiode, an die sich die

---

keiten muss sie jedoch den Arzt hinzuzuziehen. Dann verliert die Hebamme die Leitung der Geburt an den Arzt und ist als dessen Assistentin tätig. Dies ist vor allem aus der für den Arztberuf erforderlichen und der Hebamme fehlenden Approbation zu begründen: Mit der Approbation erwirbt der Arzt eine unbegrenzte Ausübungsberechtigung der Heilkunde für das gesamte Gebiet der Humanmedizin. In: Hirsche, Die rechtliche Position der Hebamme bei der Geburt, S. 43 ff., 173.

16 Als Episiotomie wird der Scheidendammschnitt bezeichnet, der die häufigste erweiternde Operation am weichen Geburtskanal darstellt und zur Vermeidung eines Dammrisses durchgeführt wird, wenn der Kopf des Kindes sich im Beckenausgang befindet; Pschyrembel, 259. Auflage, Entbindung, operative; Episiotomie.

17 Pschyrembel, 259. Auflage, Geburt, programmierte.

18 Pschyrembel, 259. Auflage, Geburt; Dudenhausen/Schneider (Hrsg.), Frauenheilkunde und Geburtshilfe, S. 116.

Austreibungs- und schließlich die Nachgeburtsperiode anschließen. Die Eröffnungsperiode wird eingeleitet mit dem Beginn der Entfaltung der Zervix (des Gebärmutterhalses) und der Vorwölbung der Fruchtblase, bis sich der Muttermund vollständig erweitert und die Blase ebenfalls stark vorwölbt[19]. Nach dem Fruchtblasensprung beginnt die Austreibungsperiode mit der Auswalzung des so genannten Vaginalrohrs. In diesem Abschnitt – begleitet von Presswehen und unterstützt durch aktive Mitarbeit der Mutter – kommt es zunächst zum Eintrittsmechanismus, wobei das Kind in den Beckeneingang tritt[20]. Es folgt der Durchtrittsmechanismus mit der Beugung des Kindes und es tritt tiefer in den Geburtskanal ein, wobei der Kopf des Kindes gedreht wird. Daran schließt sich der eigentliche Austrittsmechanismus des kindlichen Kopfes an. Wichtig während des Austreibens des Kindes ist es, das langsame Durchtreten zu gewährleisten, während es zum Einschneiden und Durchtreten des Kindes durch den Damm kommt, um ein Zerreißen des mütterlichen Gewebes zu verhindern, z. B durch Kopfbremse[21]. Nach der Geburt des Kopfes erfolgt nach Rückdrehung bei einer der nächsten Wehen die Geburt des Kindskörpers[22]. Anschließend folgt die Nachgeburtsperiode mit der Geburt der Plazenta, währenddessen schon das Kind abgesaugt und abgenabelt wird[23].

Wie lange eine solche „spontane“ Vaginalgeburt vom Beginn der Eröffnungswehen bis zur eigentlichen Geburt des Kindes dauern kann, ist im Voraus nicht abschätzbar. Die Durchschnittszeiten sind individuell sehr unterschiedlich und können bei Erstgebärenden 15-24 Stunden, bei Mehrgebärenden 10-12 Stunden andauern, wobei die Eröffnungsperiode Erstgebärender 12-18 Stunden und die Mehrgebärender 6-9 Stunden dauert; die Austreibungsperiode Erstgebärender schließlich nimmt ca. 2-3 Stunden, Mehrgebärender ½ -1 Stunde in Anspruch[24].

Um diesen über Stunden andauernden strapaziösen Vorgang der Geburt zu erleichtern bzw. zumindest eine bessere subjektive Befindlichkeit der Mutter zu erzielen, können Geburtserleichterungen getroffen werden. Dies kann zunächst die Geburtsvorbereitung selbst sein[25]. Hinzutreten können weiterhin die medikamen-

19 Dudenhausen/Schneider (Hrsg.), Frauenheilkunde und Geburtshilfe, S. 117, 118.

20 Dudenhausen/Schneider (Hrsg.), Frauenheilkunde und Geburtshilfe, S. 118.

21 Martius/Breckwoldt/Pfleiderer (Hrsg.), Lehrbuch der Gynäkologie und Geburtshilfe, S. 214, 215; Dudenhausen/Schneider (Hrsg.), Frauenheilkunde und Geburtshilfe, S. 119.

22 Dudenhausen/Schneider (Hrsg.), Frauenheilkunde und Geburtshilfe, S. 118.

23 Martius/Breckwoldt/Pfleiderer (Hrsg.), Lehrbuch der Gynäkologie und Geburtshilfe, S. 215, 216; Dudenhausen/Schneider (Hrsg.), Frauenheilkunde und Geburtshilfe, S. 119, 120.

24 Pschyrembel, 259. Auflage, Geburtsdauer.

25 Eine intensive Geburtsvorbereitung setzt sich aus Maßnahmen der Vorbereitung auf die Geburt zusammen, die Geburtsschmerzen und Gebärstörungen vorbeugen sollen

töse Linderung des Geburtsschmerzes bzw. anästhetische Maßnahmen wie z. B. Inhalationsanalgesie, Periduralanästhesie oder Pudendusanästhesie[26]. Diese Geburtserleichterungen werden oft gewünscht, denn der Geburtsschmerz gilt als besonders intensiver Schmerz, der mit ansteigender Wehendauer und Dehnung des Beckenbodens zunimmt und oft mit dem Angst-Spannung-Schmerz-Syndrom erklärt wird[27].

Sollten der Mutter oder dem Kind ernste Gefahren drohen, ohne dass eine Schnittentbindung in Betracht kommt, kann die Geburt auch „künstlich" noch vor Wehenbeginn eingeleitet werden. Die Geburtseinleitung geschieht dann durch Blasensprengung bzw. durch intravenöse Applikation von Oxytocin- oder Prostaglandininfusionen[28].

II. Die Sectio caesarea

Die Sectio caesarea, besser bekannt und geläufig als Kaiserschnitt oder Schnittentbindung, stellt hingegen eine operative Beendigung der Schwangerschaft (dann handelt sich um einen primären Kaiserschnitt) oder der Geburt (sekundärer oder Notfallkaiserschnitt) unter chirurgischer Eröffnung des Uterus, d. h. der Gebärmutter, dar. Die Vorgehensweise ist in der Regel folgende: Zunächst wird die Schwangere in leichter Linkslagerung zur Vermeidung eines Vena-cava-inferior-

---

und umfasst unter anderem die Aufklärung, Schwangerengymnastik, autogenes Training und Akupunktur; wichtig ist außerdem das Verständnis der psychosomatischen Zusammenhänge in Schwangerschaft, Geburt und Wochenbett; durch eine geeignete Geburtsvorbereitung kann dann unter Umständen der Bedarf an schmerzlindernden Medikamenten während der Geburt gesenkt werden. Martius/Breckwoldt/Pfleiderer (Hrsg.), Lehrbuch der Gynäkologie und Geburtshilfe, S. 217, 218; Dudenhausen/Schneider (Hrsg.), Frauenheilkunde und Geburtshilfe, S. 226 f.

26 Martius/Breckwoldt/Pfleiderer (Hrsg.), Lehrbuch der Gynäkologie und Geburtshilfe, S. 217 ff.; Dudenhausen/Schneider (Hrsg.), Frauenheilkunde und Geburtshilfe, S. 226 ff.; Künzel (Hrsg.) – Hempelmann/Salomon, Klinik der Frauenheilkunde und Geburtshilfe (Bd. 6), S. 213.

27 Dieses allgemeine Modell dient zur Erklärung von Gebärstörungen, die dadurch zustande kommen, dass eine verstärkte Angst mit starker Spannung verbunden ist, die auf muskulärem Weg zu einer Verkrampfung, auf vegetativem Weg zu Atmungsstörungen sowie affektiv zu einer Überempfindlichkeit führt (Circulus vitiosus); der dadurch verstärkt auftretende Schmerz kann eine verzögerte und damit oft komplizierte Geburt bedingen. Künzel (Hrsg.) – Hempelmann/Salomon, Klinik der Frauenheilkunde und Geburtshilfe (Bd. 6), S. 213; Dudenhausen/Schneider (Hrsg.), Frauenheilkunde und Geburtshilfe, S. 226; Martius/Breckwoldt/Pfleiderer (Hrsg.), Lehrbuch der Gynäkologie und Geburtshilfe, S. 217.

28 Pschyrembel, 259. Auflage, Geburtseinleitung.

Syndroms, d. h. eines Rückenlage-Schock-Syndroms, narkotisiert[29]. Eine Narkose – zumindest bei primärer Schnittentbindung – kann dabei als Vollnarkose oder als örtliche rückenmarksnahe Betäubung (Peridural-, Spinal- oder kombinierte Spinal-Periduralanästhesie) erfolgen, wobei die rückenmarksnahe Betäubung Schmerzfreiheit der unteren Körperregion garantiert, verbunden mit der Möglichkeit für die Gebärende, bei Bewusstsein zu bleiben und so die Geburt des Kindes mitzuerleben[30].

Man unterscheidet folgende Formen einer Schnittentbindung: An erster Stelle steht die primäre, welche vor dem Geburtsbeginn zu einem geplanten Termin durchgeführt wird. Eine andere Möglichkeit ist die sekundäre Schnittentbindung, d. h. wenn unter einer vaginalen Geburt eine Sectio notwendig wird. Ein Kaiserschnitt kann bei erneuter Schwangerschaft gegebenenfalls wiederholt (Resectio) und unter Umständen mit einer Sterilisation kombiniert werden[31]. Im Übrigen ist zu beachten, dass ein durch Schnittentbindung entwickeltes Kind als Risikoneugeborenes gilt und bei jeder weiteren Schwangerschaft diese als Risikoschwangerschaft und die Frau als Risikoschwangere eingestuft wird.

1. Die intraperitoneale suprazervikale Schnittentbindung

Eine Schnittentbindung kann auf verschiedene Art und Weise durchgeführt werden. Zunächst zur ersten Möglichkeit, der so genannten intraperitonealen suprazervikalen Schnittentbindung. Diese wird innerhalb des Bauchfelles bzw. im Bauchraum oberhalb des Gebärmutterhalses vorgenommen. Es ist die in der Hauptzahl aller Fälle durchgeführte Sectio und erfolgt mittels Unterbauchquerschnitt, wobei halbmondförmig mit einem Schnitt an der Bauchunterseite begonnen wird – seltener findet ein Längsschnitt vom Schambein bis zum Nabel statt[32]. Die Schnittführung kann hier klassisch, nach der Methode von Pfannenstiel, oder nach der neueren Misgav-Ladach-Methode geschehen; dabei gibt es verschiedenste kleinere Abwandlungen beider Grundformen.

---

29 Künzel (Hrsg.) – Hempelmann/Salomon, Klinik der Frauenheilkunde und Geburtshilfe (Bd. 6), S. 219.

30 Pschyrembel, 259. Auflage, Anästhesie, Lokalanästhesie.

31 Pschyrembel, 259. Auflage, Schnittentbindung.

32 Litschgi, Die Sectio -Technik im Wandel der Zeit, in: Huch et al, Sectio caesarea, S. 135; Friese, Sectiotechnik – konservatives Vorgehen, in: Huch et al, Sectio caesarea, S. 151.

a) Der klassische Kaiserschnitt (nach Pfannenstiel)

Die so genannte konservative oder klassische Schnittentbindung erfolgt durch Längsschnitt, was allerdings mit dem Risiko erhöhter Rupturgefahr, also der Gefahr des Gebärmutterrisses bei erneuter Schwangerschaft, verbunden ist. Hierbei wird zunächst im Bereich der Schamhaargrenze die Bauchdecke auf 15 Zentimeter eröffnet, wobei dies nicht auf Notfall-Kaiserschnitte oder Sectiones bei stark adipösen (fettsüchtigen) Patientinnen zutrifft, da dann ein unterer Medianschnitt, d. h. Unterbauchschnitt, durchgeführt wird[33]. Fettschicht und Faszie, mithin die kollagenen Faserhüllen der Organe, werden chirurgisch scharf eröffnet, die Rectusmuskulatur in der Mittellinie ebenfalls scharf gespalten und das Bauchfell scharf geöffnet[34]. Im unteren Uterinsegment kann entweder ein quer ausgeführter leicht bogenförmiger Schnitt (mit dem Nachteil begrenzter Erweiterungsfähigkeit) oder Längsschnitt (mit den Risiken höheren Blutverlustes und später möglichen Verwachsungen) bis auf die Fruchtblase erfolgen und das Kind entwickelt werden, indem der Operateur mit flacher gestreckter Hand oder aber dem Löffel der kleinen Zange das Kind heraushebelt, Mund und Nase sofort absaugt und die Plazenta mit der Gabe von Oxytocin oder manuell ablöst[35]. Die entstandene Kaiserschnitt-Wunde wird abschließend schichtweise mit fortlaufender Naht[36] verschlossen, sprich genäht. Eine solche Schnittentbindung dauert – abhängig von der Art des Schnittes und des Wundverschlusses – etwa 20 bis 30 Minuten, in Einzelfällen auch weniger[37].

b) Der Kaiserschnitt nach Misgav-Ladach

Heutzutage wird meist nach der so genannten Misgav-Ladach-Sectio, dem „sanften Kaiserschnitt", vorgegangen. *Litschgi* bezeichnet die im Folgenden dargestellte Misgav-Ladach-Sectio nach der Vorgehensweise von Stark sogar als „goldenen Standard"[38].

---

33 Bülow, Aufklärungs- und Behandlungsfehler bei der Sectio caesarea, S. 18; Friese, Sectiotechnik – konservatives Vorgehen, in: Huch et al, Sectio caesarea, S. 151.

34 Bülow, Aufklärungs- und Behandlungsfehler bei der Sectio caesarea, S. 18.

35 Bülow, Aufklärungs- und Behandlungsfehler bei der Sectio caesarea, S. 18, 19.

36 Nach a. A. aber bei der Uterotomie jedenfalls keine fortlaufende, sondern Z-Naht; Friese, Sectiotechnik – konservatives Vorgehen, in: Huch et al, Sectio caesarea, S. 151.

37 Litschgi, Die Sectio -Technik im Wandel der Zeit, in: Huch et al, Sectio caesarea, S. 139.

38 Litschgi, Die Sectio -Technik im Wandel der Zeit, in: Huch et al, Sectio caesarea, S.138.

Zunächst wird die werdende Mutter in leichte linke Seitenlage gebracht. Danach kann – was jedoch nicht mehr unbedingt notwendig ist – eine Rasur im Gebiet der Schnittführung erfolgen, worauf ein Abkleben des Wundgebietes, z. B. mit selbstklebenden Plastikfolien, folgt[39]. Auch hier beginnt die Entbindung meist mit Uteruseröffnung durch bogenförmigen Querschnitt im unteren Uterinsegment. Der Schnitt erfolgt gerade in der Querhautlinie, drei Zentimeter unter der Verbindungslinie zwischen den beiden vorderen Spinae iliacae anteriores (vorderer unterer bzw. oberer Darmbeinstachel), wobei nur oberflächlich die Haut und nicht Blutgefäße geschnitten werden[40]. Sodann wird in der Mitte des Schnittes das Fettgewebe tief getrennt und ein kleiner Querschnitt in der Faszie mit stumpfer Schere vorgenommen[41]. Danach wird die Faszie mit beiden Zeigefingern des Operateurs voneinander weggezogen, wobei Assistent und Operateur beide per Hand seitlich die Längsstrukturen so kranial, also kopfwärts, wie möglich voneinander ziehen, um die Schichten anatomisch voneinander zu trennen, um keine Blutgefäße zu zerschneiden und die Faszie nicht von den Muskeln trennen zu müssen[42]. Nachdem sich ein kleines Loch gebildet hat, erfolgt die Öffnung des Uterus durch einen kleinen Querschnitt über der Blase, wobei dieser wiederum mit den Fingern verbreitert wird[43]. Darauf folgt die Entwicklung des Kindes und danach wird die Plazenta manuell gelöst und der Uterus vorgelagert[44]. Die Entwicklung des vorangehenden Teiles des Kindes kann per Hand oder der Zuhilfenahme des kleineren Löffels der Zange geschehen. Problematisch kann die Kindsentwicklung dann sein, wenn der vorangehende Teil bereits in den Geburtskanal eingetreten sein sollte, denn dann muss dieser Teil vaginal empor geschoben und eventuell auch den Kopf des Kindes per Zange oder Vakuumextraktion entwickelt werden[45]. Hiernach können die Eierstöcke betrachtet, der Uterus manuell kontrahiert und dann dieser einschichtig fortlaufend mit großer Nadel und wenigen Stichen genäht werden[46].

„Sanft“ wird diese Methode deshalb genannt, weil Blutgefäße und Muskeln eher zur Seite verschoben und nicht chirurgisch scharf getrennt werden. Zudem hat sie einige Vorteile gegenüber der klassischen Methode nach Pfannenstiel auf-

---

39 Huch, Sectio caesarea: die Züricher Operationstechnik, in: Huch et al, Sectio caesarea, S. 140.
40 Stark, Ärzteblatt Thüringen 14 (2003); S. 347.
41 Stark, Ärzteblatt Thüringen 14 (2003); S. 347.
42 Stark, Ärzteblatt Thüringen 14 (2003); S. 347, 348.
43 Stark, Ärzteblatt Thüringen 14 (2003); S. 347, 348.
44 Stark, Ärzteblatt Thüringen 14 (2003); S. 348.
45 Huch, Sectio caesarea: die Züricher Operationstechnik, in: Huch et al, Sectio caesarea, S. 141.
46 Bülow, Aufklärungs- und Behandlungsfehler bei der Sectio caesarea, S. 20, 21.

zuweisen, wie etwa niedrige febrile Morbidität, schnelle Mobilität der Frau und damit erleichtertes Bonding[47] zum Kind, geringer Bedarf an Schmerzmitteln, geringerer Blutverlust sowie langfristige Vorteile, z. B. weniger Verwachsungen[48]. Weiterhin als vorteilhaft zu bezeichnen ist das kosmetisch günstige Ergebnis, aber auch der geringe Verbrauch an Nahtmaterial ebenso wie der geringere Einsatz von Instrumenten sowie schnelle Eröffnung des Abdomens und guter Zugang, damit weniger Mühe bei der Entwicklung des Kindes mit folglich kürzeren Operationszeiten (bei dieser Methode dauert der Kaiserschnitt etwa 12 bis 15 Minuten) und letztlich hoher Patientinnen-, Arzt-, Operateurs- und wohl Kindeszufriedenheit[49]. *Stark* kommt sogar zu der Ansicht, dass diese Operationsmethode der vaginalen Geburt so nahe wie möglich gebracht wurde[50]. Nach ca. 24 Stunden sollte die Frau mobil sein, sie kann nach einer Periduralanästhesie umgehend Nahrung aufnehmen bzw. nach Intubationsnarkose, sobald sie vollständig erwacht ist und etwa nach dem fünften postoperativen Tag werden dann eventuell verbliebene Hautnähte oder Klammern entfernt[51].

2. Die extraperitoneale Schnittentbindung und Entbindung nach Porro

Die zweite Möglichkeit einer Schnittentbindung stellt die extraperitoneale, d. h. außerhalb des Bauchfelles durchgeführte, Schnittentbindung dar mit der Eröffnung des unteren Uterinsegments nach Ablösung vom Bauchfell[52]. Und schließlich die dritte Möglichkeit der Schnittentbindung nach Porro durch Uteruseröffnung mittels Längsschnitt, Entwicklung des Kindes und anschließend supravaginale, d. h. oberhalb der Scheide erfolgende, Uterusamputation unter Belassung der Plazenta (z. B. bei Uterusruptur)[53]. Beide Arten werden nur höchst selten bei Vorliegen entsprechender Indikationen durchgeführt, z. B. bei Regelwidrigkeiten wie Rupturen und sollen daher nicht weiter erläutert werden, da hier die Betrachtung medizinisch nicht indizierter Sectiones im Vordergrund steht.

---

47 Das sog. „Bonding“ bezeichnet die Mutter-Kind-Beziehung.

48 Bremerich/Kaufmann/Dudziak, Geburtshilfliche Anästhesie, Deutsches Ärzteblatt (1998) Nr. 13, S. A 834, A 837; Litschgi, Die Sectio-Technik im Wandel der Zeit, in: Huch et al, Sectio caesarea, S. 135; Stark, Ärzteblatt Thüringen 14 (2003); S. 347.

49 Litschgi, Die Sectio-Technik im Wandel der Zeit, in: Huch et al, Sectio caesarea, S. 138, 139.

50 Stark, Ärzteblatt Thüringen 14 (2003); S. 350.

51 Huch, Sectio caesarea: die Züricher Operationstechnik, in: Huch et al, Sectio caesarea, S. 144.

52 Pschyrembel, 259. Auflage, Schnittentbindung.

53 Pschyrembel, 259. Auflage, Schnittentbindung.

III. Anästhesie in der Geburtshilfe

Ein mitunter entscheidendes Kriterium, ob und warum eine Frau sich eine primäre Sectio wünscht, ist die Anästhesie während der Entbindung. Auch ergibt sich gerade an diesem Punkt einer Kaiserschnitt-Operation – die in jedem Falle immer mit einer Art von Anästhesie verbunden ist – ein gewisses Risikopotential, dessen die werdende Mutter sich bzw. ihr Kind aussetzt und das ihr daher bewusst sein muss.

Die Geburt ist ein Vorgang, der in der Mehrzahl der Fälle mit sehr starken Schmerzen verbunden ist. Diese wurden lange Zeit als naturgegeben oder gar gottgewollt hingenommen, wie das Zitat aus dem 1. Buch Mose 3, 16 zeigt: „Und unter Schmerzen sollst Du Deine Kinder gebären!", weshalb die Schmerzausschaltung lange Zeit unterblieb[54]. Die verschiedenen Formen und Möglichkeiten der Anästhesie können je nach Bedarf den Schmerz ausschalten oder auch nur mindern. Die Entscheidung für eine bestimmte Anästhesiemethode bei der Schnittentbindung hängt von den Gründen für die Operation ab, ihrer Dringlichkeit, den Wünschen der Patientin und von der Entscheidung des Anästhesisten. Der Anästhesist seinerseits muss diejenige Methode wählen, die am sichersten und angenehmsten für die Mutter erscheint sowie das Kind am wenigsten belastet[55].

Die Narkose bezeichnet dabei den durch die Zufuhr von Pharmaka, den sogenannten Narkotika, hervorgerufenen umkehrbaren Zustand, in dem Operationen bei erloschenem Bewusstsein ohne Schmerzempfindung und Abwehrreaktionen durchgeführt werden können. Eine Narkose umfasst die Bewusstlosigkeit, die Schmerzlosigkeit (Analgesie) und die Verminderung oder Ausschaltung der Reflexaktivität sowie gegebenenfalls die Muskelrelaxation[56]. Die Wahl des Narkoseverfahrens richtet sich nach der Art der Operation und dem Zustand der Patientin. Die Steuerung der Narkosetiefe bemisst sich nach dem Ausmaß des chirurgischen Eingriffs unter Berücksichtigung von Herzfrequenz, Blutdruck und anderen vegetativ gesteuerten Funktionen. Nach der Operation wird die Narkose ausgeleitet und die weitere Überwachung der Operierten erfolgt im Aufwachraum oder auf der Intensivpflegestation.

Die Anästhesie insgesamt bezeichnet dabei die völlige Unempfindlichkeit gegen Schmerz-, Temperatur- und Berührungsreize. Die Lokal- bzw. Regionalanästhesie, auch örtliche (lokale) Betäubung genannt, ist insbesondere ein anästheti-

54 Künzel (Hrsg.)-Hempelmann/Salomon, Klinik der Frauenheilkunde und Geburtshilfe (Bd. 6), S. 213.

55 Alon et al., Anaesthesia for caesarean delivery, in: Huch et al, Sectio caesarea, S. 157.

56 Pschyrembel, 259. Auflage, Narkose.

sches Verfahren zur regionalen Schmerzausschaltung, während Operationen bei erhaltenem Bewusstsein möglich sind[57]. Formen der Lokalanästhesie sind z. B. Peridural-, Spinal- und kombinierte Peridural – Spinalanästhesie, die gerade auch in der Geburtshilfe Anwendung finden.

1. Peridural- bzw. Epidural-Anästhesie (PDA, EDA)

Dieses Verfahren dient der Ausschaltung der Wehenschmerzen und eignet sich sowohl für die Vaginal- als auch die Schnittentbindung besonders gut. Während die schwangere Frau sitzt oder in der Seitenlage liegt, wird am Rücken die Einstichstelle in Höhe der Taille örtlich betäubt und dann ein Kunststoffschlauch durch eine Hohlnadel bis in den rückenmarksnahen (Peridural-)Raum geschoben[58]. Nachdem die Nadel herausgezogen wurde, verbleibt dieser Schlauch (Periduralkatheter) dort, damit der Arzt durch ihn hindurch das Betäubungsmittel einspritzen kann, das sich dann im Periduralraum verteilt. Dort betäubt es die schmerzleitenden Nervenstämme. Zur Kreislaufstabilisierung wird in der Regel eine Infusion angelegt.

a) Bei der Vaginalgeburt

Bereits vor Einsetzen der Wehen kann der Periduralkatheter gelegt werden. Diese Anästhesie kann kontinuierlich bis zum Geburtsende fortgesetzt werden, z.B. mittels einer Spritzenpumpe (Perfusor) oder über eine tragbare Infusionspumpe, welche die Kreißende selbst nach ihrem Bedarf bedient und dabei die Möglichkeit zu freier Bewegung hat[59]. Allerdings kann die Betäubung so stark wirken, dass in der Austreibungsphase das Pressen gestört wird und der Geburtsstillstand eintritt, weshalb die Geburtsbeendigung dann möglicherweise per Saugglocke, Zange oder Sectio erfolgen muss[60]. Statt der Periduralanästhesie kann jedoch auch in der Austreibungsperiode eine Pudendusanästhesie erfolgen[61]. Bei letzte-

---

57 Pschyrembel, 259. Auflage, Lokalanästhesie.

58 Künzel (Hrsg.)-Hempelmann/Salomon, Klinik der Frauenheilkunde und Geburtshilfe (Bd. 6), S. 215.

59 Martius/Breckwoldt/Pfleiderer (Hrsg.), Lehrbuch der Gynäkologie und Geburtshilfe, S. 220; Künzel (Hrsg.)-Hempelmann/Salomon, Klinik der Frauenheilkunde und Geburtshilfe (Bd. 6), S. 215.

60 Dudenhausen/Schneider (Hrsg.), Frauenheilkunde und Geburtshilfe, S. 228, 229; Martius/Breckwoldt/Pfleiderer (Hrsg.), Lehrbuch der Gynäkologie und Geburtshilfe, S. 219; Künzel (Hrsg.)-Hempelmann/Salomon, Klinik der Frauenheilkunde und Geburtshilfe (Bd. 6), S. 215, 216.

61 Martius/Breckwoldt/Pfleiderer (Hrsg.), Lehrbuch der Gynäkologie und Geburtshilfe, S. 219.

rer wird ein örtliches Betäubungsmittel durch die Scheide in die Nähe der schmerzleitenden Nerven beiderseits der Beckenwand gespritzt.

b) Bei der Sectio

Hier verläuft die Prozedur ebenso, einzig mit dem Unterschied, dass eine größere Menge des Betäubungsmittels zugeführt wird[62]. Dies ermöglicht ein schnelles Eingreifen und der Kaiserschnitt erfolgt dann rasch nach Anlegen dieser Anästhesie. Die Gebärende kann die Operation wach, schmerzfrei und damit die Geburt ihres Kindes bewusst miterleben. Sofern sie es wünscht, kann ihr jedoch zusätzlich ein leichtes Schlaf- oder Beruhigungsmittel gegeben werden[63]. Auch hier kann durch den Katheter kontinuierlich bis zum Geburtsende Betäubungsmittel gegeben und der Katheter zur postoperativen Schmerztherapie genutzt werden[64]. Die Periduralanästhesie hat viele Vorteile, z. B. leichtere Kontrolle der Narkosetiefe, Kopfschmerzfreiheit nach der Operation und ein theoretisch geringeres Risiko neurologischer Schäden. Allerdings ist auch sie nicht ohne Risiken: Sie ist technisch recht schwierig, das Ausmaß und die Intensität der Betäubung sind nicht sicher und die Gesamtmenge des Lokalanästhetikums kann eine sowohl für Mutter als auch Kind gefährliche Dosis erreichen.[65]

2. Spinalanästhesie (SPA)

Diese Methode findet Anwendung bei der operativen Entbindung und hier wird – nach örtlicher Betäubung der Einstichstelle in Höhe der Taille – das Betäubungsmittel direkt mit einer langen dünnen Nadel in den Spinal(Liquor-)Raum gespritzt[66]. So erreicht das Mittel auch direkt die dort verlaufenden schmerzleitenden Nervenstämme und blockiert schon nach wenigen Minuten die Schmerzempfindung, weshalb bereits kurz nach Anlegen der Anästhesie die Operation

---

62 Dudenhausen/Schneider (Hrsg.), Frauenheilkunde und Geburtshilfe, S. 228; Künzel (Hrsg.)-Hempelmann/Salomon, Klinik der Frauenheilkunde und Geburtshilfe (Bd. 6), S. 219.

63 Dudenhausen/Schneider (Hrsg.), Frauenheilkunde und Geburtshilfe, S. 228; Künzel (Hrsg.)-Hempelmann/Salomon, Klinik der Frauenheilkunde und Geburtshilfe (Bd. 6), S. 219.

64 Künzel (Hrsg.)-Hempelmann/Salomon, Klinik der Frauenheilkunde und Geburtshilfe (Bd. 6), S. 219.

65 Alon et al., Anaesthesia for caesarean delivery, in: Huch et al, Sectio caesarea, S. 157 .

66 Dudenhausen/Schneider (Hrsg.), Frauenheilkunde und Geburtshilfe, S. 229; Künzel (Hrsg.)-Hempelmann/Salomon, Klinik der Frauenheilkunde und Geburtshilfe (Bd. 6), S. 219.

beginnen kann[67]. Es ist angebracht, auch bei dieser Technik einen Katheter für wiederholte Betäubungsmittelgaben zu legen. Da der Mutter ermöglicht wird, bei der Spinal- und der Periduralanästhesie wach zu bleiben, werden mütterliche Aspirationsprobleme, d. h. das Ansaugen bzw. Eindringen fester oder flüssiger Stoffe in die Lunge, oder durch die Anästhesie verursachte Respirationsprobleme, d. h. Atemprobleme, des Kindes minimiert oder gar verhindert.[68]

3. Kombination von Spinal- und Peridural- bzw. Epidural-Anästhesie (CSE)

Diese Behandlungsweise ist eine Verbindung der Vorteile beider Anästhesieverfahren: Sie dauert zwar länger bei der Anlage der Anästhesie, wirkt jedoch schnell, erlaubt folglich einen raschen Operationsbeginn, hält lange an und ermöglicht zudem eine postoperative Schmerztherapie[69]. Zudem gewährt sie eine schnelle Erholung und gestattet durch das Belassen des Periduralkatheters eine Vertiefung der Anästhesie, wenn dies notwendig werden sollte.[70] Die Art und Weise des Vorgehens entspricht der in den zuvor aufgeführten Punkten 1. und 2., mit dem Zusatz, dass beide Methoden kombiniert werden.

4. Die Allgemeinnarkose

Die Allgemeinnarkose ist im Unterschied zu den vorgenannten Methoden keine rückenmarksnahe Leitungsanästhesie und erfolgt mit Intubation[71]. Sie wird in Notfällen angewandt, d. h. bei geburtshilflichen Komplikationen oder wenn die Regionalanästhesie aus sonstigen Gründen im konkreten Fall nicht in Frage kommt, da sofort nach der Intubation mit der Schnittentbindung begonnen werden kann[72]. Zudem sind Kontrollen der Atemwege möglich und die Stabilität von Herz und Kreislauf bei dieser Methode besser.[73]

---

67 Künzel (Hrsg.)-Hempelmann/Salomon, Klinik der Frauenheilkunde und Geburtshilfe (Bd. 6), S. 219.
68 Alon et al., Anaesthesia for caesarean delivery, in: Huch et al, Sectio caesarea, S. 157 .
69 Künzel (Hrsg.)-Hempelmann/Salomon, Klinik der Frauenheilkunde und Geburtshilfe (Bd. 6), S. 220.
70 Alon et al., Anaesthesia for caesarean delivery, in: Huch et al, Sectio caesarea, S. 157 .
71 Dudenhausen/Schneider (Hrsg.), Frauenheilkunde und Geburtshilfe, S. 229.
72 Dudenhausen/Schneider (Hrsg.), Frauenheilkunde und Geburtshilfe, S. 229.
73 Alon et al., Anaesthesia for caesarean delivery, in: Huch et al, Sectio caesarea, S. 157.

5. Komplikationen, Risiken und Nebenwirkungen

Kein medizinischer Eingriff ist allerdings ohne Risiko. In den Jahren von 1991 bis 1993 betrafen alle direkt mit der Anästhesie zusammenhängenden Todesfälle bei Kaiserschnitten in Großbritannien Frauen, die eine Allgemeinnarkose erhalten hatten[74]. Bezogen auf alle Anästhesieverfahren – und nicht nur auf die Allgemeinnarkose – kann eine Anästhesie Einflüsse auf den uteroplazentaren Kreislauf, die Uterusaktivität und damit auch auf das Kind haben. So kann es auch passieren, dass keine vollständige Schmerzfreiheit erreicht wird. Zudem kann es zur pulmonalen Aspiration, also dem Eindringen fester und flüssiger Stoffe in die Atemwege, und zu Hypotension, einer Druck-, Spannungs- bzw. Tonuserniedrigung, sowie in Einzelfällen auch zu neurologischen Komplikationen kommen[75].

Diese Ergebnisse führen zu zwei Schlussfolgerungen: Zuerst sollten bei der Sectio noch mehr Regionalanästhesien statt Allgemeinnarkosen stattfinden und zweitens sollte die Sicherheit für jene Schwangeren, die dennoch eine Allgemeinnarkose erhalten, erhöht werden.[76] Risiken und Komplikationen werden jedoch auch beeinflusst durch Gewohnheiten, Alter und eventuelle Vor- und Begleiterkrankungen der werdenden Mutter und können daher unabhängig von der erhaltenen Anästhesie auftreten.

B. Aktuelle Entwicklungen bezüglich der Sectio

I. Zunahme der Zahlen von Sectiones

Es ist zu beobachten, dass die absoluten Zahlen der Schnittentbindungen auf der gesamten Welt ansteigen. Zwar versuchte man gerade in den letzten Jahren weltweit, die Zahl der Kaiserschnitte zu senken[77]. Diese Anstrengungen bewirkten jedoch nur ein kurzzeitiges Abflachen in der Entwicklungskurve der Sectiorate[78]. In den USA betrug beispielsweise die Sectiorate 1998 schon 21,2 Prozent, womit

74 Alon et al., Anaesthesia for caesarean delivery, in: Huch et al, Sectio caesarea, S. 159.

75 Künzel (Hrsg.)-Hempelmann/Salomon, Klinik der Frauenheilkunde und Geburtshilfe (Bd. 6), S. 220/221, 222/223.

76 Alon et al., Anaesthesia for caesarean delivery, in: Huch et al, Sectio caesarea, S. 158.

77 Haller/Hepp/Winter; Sectio nach Wunsch oder elektive Sectio: Aufforderung zum Umdenken, Gynäkologisch-geburtshilfliche Rundschau 42 (2002); S. 1, 1.

78 Schneider, H.; Die Wunschsectio – eine gleichwertige Alternative zur Wunschgeburt?, Gynäkologisch-geburtshilfliche Rundschau 42 (2002); S. 4, 5.

der Kaiserschnitt auf Platz Eins der Häufigkeitsskala aller größeren operativen Eingriffe insgesamt vorrückte[79]. Es fruchteten weder Anstrengungen der Weltgesundheitsorganisation (WHO) mit ihren Empfehlungen, eine Sectiorate von 10 bis 15 Prozent nicht zu überschreiten[80], noch jene von Versicherungen oder staatlichen Einrichtungen[81]. Im Gegenteil wird ein weiterer Anstieg der Sectiofrequenz erwartet[82].

In allen deutschen Krankenhäusern wurden im Jahr 2001 insgesamt 715.100 Entbindungen durchgeführt, bei denen 724.600 Kinder lebend das Licht der Welt erblickten und dabei erfolgten 161.500 dieser Geburten per Sectio caesarea, was einem beachtlichen Anteil von 22,6 Prozent entspricht[83]. Noch vor 15 Jahren wurde in Deutschland durchschnittlich jedes siebte Kind durch eine Sectio geboren, heute ist es durchschnittlich bereits jedes fünfte Kind[84]. Tatsächlich stieg die Sectiorate im Bundesdurchschnitt von 15, 3 Prozent im Jahr 1991 auf 21,5 Prozent im Jahr 2000; im Bundesland mit der höchsten Sectiorate (Nordrhein-Westfalen) lag im Jahr 2000 der Durchschnitt schon bei 22,5 Prozent[85]. Allerdings liegen die Raten in den neuen Bundesländern noch unter denen der alten Länder sowohl bei der primären (2,6 Prozent niedriger in den Jahren 1998 bzw. 1999) als auch der sekundären Sectio (2,1 Prozent geringere Rate im genannten Vergleichszeitraum)[86]. Während jedoch der Anteil von Schnittentbindungen an allen Entbindungen im Zeitraum von 1991 bis 2001 erkennbar anstieg, sank die Anzahl anderer geburtshilflicher Eingriffe: So fanden im Jahr 2001 lediglich 1,4 Prozent der Geburten per Zangengeburt statt (1991 waren es noch 2,6 Prozent) und die Zahl der Vakuumextraktionen betrug 4,5 Prozent 2001 gegenüber

79 Haller/Hepp/Winter; Sectio nach Wunsch oder elektive Sectio: Aufforderung zum Umdenken, Gynäkologisch-geburtshilfliche Rundschau 42 (2002); S. 1, 1.

80 Im April 1985 veröffentlichte die Weltgesundheitsorganisation den Bericht „Appropriate Technology for Birth“, in dem 16 Empfehlungen zu Geburt bzw. Geburtshilfe niedergelegt waren und unter Punkt 4. die Feststellung enthält, dass es keinerlei Rechtfertigung für eine Kaiserschnittrate über 10 bis 15 Prozent gebe; http://www.geburtskanal.de/Wissen/G/Geburt_WHO.php, vom 27.11.2004. Auf diesen m. E. offensichtlich veralteten Bericht rekurrieren noch heute viele Fachleute.

81 Winkler, Die globale Entwicklung der Sectiorate, in: Huch et al, Sectio caesarea, S. 30.

82 Husslein, Elektive Sectio, Gynäkologisch-geburtshilfliche Rundschau 42 (2002); S. 22, 24.

83 Pressemitteilung des Statistischen Bundesamtes vom 27.11.2004, http://www.destatis.de/presse/deutsch/ pm2003/p4420095.htm.

84 AGMEDR, Frauenarzt 42 (2001) Nr.11, S. 1311, 1311.

85 Schmutzler/Herlyn-Elger/Rhiem/Bücker-Nott/Roemer; Frauenarzt 44 (2003) Nr. 6, S. 632, 635.

86 Voigt/Friese, Die Sectio caesarea in Deutschland, in: Huch et al, Sectio caesarea, S. 34.

5,6 Prozent 1991[87]. Möglicherweise löste hier die Sectio jene ebenfalls zu den operativen Eingriffen zählenden Maßnahmen ab.

Dabei wurde eine geringe Rate von Schnittentbindungen lange Zeit als ein Qualitätskriterium der Geburtshilfe erachtet[88]. Folglich schätzte man die Geburtshilfe als umso besser ein, je niedriger der Anteil der Kaiserschnitte war. Daher wurde bis vor einigen Jahren ein Kaiserschnitt von vornherein nur bei so genannten Risikogeburten durchgeführt – die vaginale Geburt war selbstverständlich und eine niedrige Kaiserschnittrate eine Art gute Visitenkarte jeder geburtshilflichen Einrichtung[89].

Allerdings ist die Verteilung der Sectiohäufigkeit in den verschiedenen Kliniken nicht gleich hoch: An manchen Krankenhäusern entbinden ca. 30 Prozent der Schwangeren per Kaiserschnitt, an anderen sind es lediglich 5 Prozent. Es ist jedoch verfehlt, die Sectiofrequenz per Statistik vergleichen und damit Aussagen über die Qualität der Schwangerenversorgung und Geburtshilfe treffen zu wollen, da diese Statistiken die Schnittentbindungsrate nach Bundesländern aufführen und dabei nicht zwischen Krankenhäusern der Grundversorgung, städtischen und eher ländlichen Einrichtungen, Universitätskliniken und Perinatalzentren, in denen zwangsläufig die Rate an Kaiserschnitten aufgrund der Konzentration von Risikogeburten höher ist, unterscheiden. Bis zu ca. 44 Prozent von Sectiones können in Perinatalzentren so genannte Risikoschwangerschaften sein[90]. Letztere Institutionen könnten daher niedrigere Schnittentbindungsraten nur dann zuwege bringen, würde man dort Risikogeburten auf Kosten gerade von Gesundheit und Leben des Kindes vaginal entbinden in Fällen, in denen die Sectio caesarea die bessere Alternative gewesen wäre; dies aber bedeutete eine nicht zu tolerierende, unnötige Gefahrerhöhung und wäre daher in höchstem Maße sowohl aus medizinischen als auch juristisch – haftungs- und strafrechtlichen Gesichtspunkten verfehlt und daher zu vermeiden[91]. Folglich können Statistiken über Sectiofrequenz allgemein und die Darstellung niedriger Schnittentbindungsraten verschiedener Einrichtungen gerade nicht für die Einschätzung der Qualität der Geburtshilfe herangezogen werden.

Auffällig und neu ist nun, dass die Frauen selbst immer öfter Einfluss auf die Wahl der Entbindungsart ausüben möchten. In den vergangenen Jahren nahm die

---

87 Pressemitteilung des Statistischen Bundesamtes vom 27.11.2004, http://www.destatis.de/presse/deutsch/ pm2003/p4420095.htm.

88 Schmutzler/Herlyn-Elger/Rhiem/Bücker-Nott/Roemer; Frauenarzt 44 (2003) Nr. 6, S. 632, 632.

89 Bopp, Kaiserschnitt auf Wunsch, S. 22, 23.

90 Bremerich/Kaufmann/Dudziak; Geburtshilfliche Anästhesie, DÄ 2001, S. A 836.

91 Bülow, Aufklärungs- und Behandlungsfehler bei der Sectio caesarea, S. 31, 32.

Nachfrage nach elektiven Schnittentbindungen merklich zu[92]. Nach aktuellen Erhebungen sind ca. 7 Prozent aller Kaiserschnitte elektive Sectiones[93]. Wie viele Schnittenbindungen aber genau in Deutschland auf Wunsch – oder auf Drängen – der Patientin durchgeführt werden, ist statistisch bisher nicht erfasst. Daher kann nicht zweifelsfrei bestätigt werden, dass gerade die Sectio auf Wunsch zugenommen habe. Patienten, Ärzte und die Gesundheitspolitik sind möglicherweise einfach nur aufmerksam auf dieses Thema und sensibel für steigende Schnittentbindungsraten geworden. Es ist daher vorstellbar, dass jetzt lediglich besser dokumentiert wird, ob der Wunsch von der Schwangeren ausging, eine Sectio durchführen zu lassen. In der Vergangenheit wurde eine Wunschsectio als unakzeptabel angesehen, sodass Geburtshelfer und Ärzte wohl eher dazu neigten, eine von der werdenden Mutter gewünschte Schnittentbindung als weiche relative bzw. relative Indikation zu verzeichnen. Dies führte zur Verzerrung der Statistiken. Eine große Anzahl von Kaiserschnitten wird wohl schon immer mehr oder weniger auf den Wunsch der Schwangeren hin vorgenommen[94]. Folglich muss man die Statistiken, die ein dramatisches Ansteigen der Wunschsectio suggerieren, in Zweifel ziehen – zumindest aber sollte man noch mehr auf die Problematik der vorgeschobenen Indikationen achten.

Doch auch bei Beachtung dessen ist ein Ansteigen der Sectioraten insgesamt nicht zu leugnen. Denn es findet ein regelrechter Umschwung seit den sechziger Jahren statt, wonach sich der Kaiserschnitt zunehmend von einer reinen Notfallmaßnahme zum alternativen Geburtsmodus wandelt. Es kann daher nicht ausschließlich von einem Modephänomen gesprochen werden. Der Kaiserschnitt wurde zwar durch Stars und Sternchen und ihren entsprechenden Auftritten in den Publikumsmedien salonfähig gemacht, aber hinter den mehr als 150.000 in Deutschland jährlich durchgeführten Sectiones stehen sowohl medizinisch als auch psychologisch begründbare Überlegungen.

II. Gründe für die Zunahme

1. Medizinische Gründe

An erster Stelle für eine Erklärung der Zunahme von Schnittentbindungen sind die **Entwicklungen in der modernen Geburtsmedizin** zu nennen (Peridural-,

92 Schmutzler/Herlyn-Elger/Rhiem/Bücker-Nott/Roemer; Frauenarzt 44 (2003) Nr. 6, S. 632, 632.

93 Schneider, K.T.M. Sectio nach Wunsch – Muss man hinsichtlich der Morbiditätsrisiken umdenken? Gynäkologisch-geburtshilfliche Rundschau 42 (2002); S. 12, 13.

94 Hohlfeld, Caesarean section on request, in: Huch et al, Sectio caesarea, S. 115.

Spinal- und Spinalepiduralanästhesie; Antibiotika- und Thromboembolieprophylaxe), welche zur deutlichen Reduktion der Müttersterblichkeit bei einer Sectio führten[95]. Aber nicht nur die Sectiotechnik wird immer einfacher, sondern auch die Anästhesie immer besser. So ermöglicht es die Spinalanästhesie der Frau, einen großen Teil der Geburt auch bei der Sectio mitzuerleben[96]. Diese Aussicht – schmerzfrei und bei Bewusstsein – die Geburt miterleben zu können und wahrscheinlich auch das Baby sofort danach in den Arm nehmen zu können, baut früher vorhandene zusätzliche Hemmungen gegenüber einer Sectio ab.

Ebenso aus der Entwicklung der **physischen Konstitution** sowohl der Frauen als auch der Kinder ergeben sich Tendenzen zum Umdenken oder gar notwendige Veränderungen: Durch die immer bessere Ernährung der Kinder bzw. ihrer Überernährung, werden die Kinder auf der einen Seite immer größer und schwerer, andererseits wachsen die Becken der Frauen nicht im gleichen Maße mit[97]. *Steer* sieht zudem einen **evolutionsbedingten Grund** für die Zunahme an Sectiones: Der Homo Sapiens hat beispielsweise einen viel schwierigeren Geburtsprozess als vergleichbare Primaten, da der Kopf des Kindes sehr viel größer ist, vor allem im Vergleich zum weiblichen Becken. Er vermutet, dass die schwierige Geburt beim Menschen der Kompromiss ist zwischen dem Bedürfnis, aufrecht zu stehen und dem Anspruch, viel zu denken[98]. Dazu führt er aus, dass dieser Kompromiss verbunden war mit der Entwicklung eines engen, schmalen Beckens, welches effizient das Körpergewicht auf die Beine verteilt, vor allem beim Rennen. Da die Kapazität des menschlichen Gehirns zugleich von ca. 500cc auf 1,000cc zunahm, machte es die Geburt des mit einem großen Gehirn versehenen Kindes durch das schmale mütterliche Becken schwierig[99].

95 Schmutzler/Herlyn-Elger/Rhiem/Bücker-Nott/Roemer; Frauenarzt 44 (2003) Nr. 6, S. 632; Haller/Hepp/Winter; Sectio nach Wunsch oder elektive Sectio: Aufforderung zum Umdenken, Gynäkologisch-geburtshilfliche Rundschau 42 (2002); S. 1, 2. Bei der vaginalen Geburt geht man von 2 Todesfällen auf 100.000 Entbindungen aus, bei einer Schnittentbindung beträgt das Verhältnis etwa 6 zu 100.000 – allerdings umfasst dies sowohl komplikationsarme primäre Sectiones, als auch die risikoreichen sekundären Sectiones, so: Welsch, Können Mortalität und Letalität der Schnittentbindung weiter gesenkt werden? http://www.nwggg.de/archiv/PDF/welsch.pdf, vom 27.11.2004.

96 Husslein, Elektive Sectio, Gynäkologisch-geburtshilfliche Rundschau 42 (2002); S. 24.

97 Husslein, Elektive Sectio, Gynäkologisch-geburtshilfliche Rundschau 42 (2002); S. 24.

98 Steer, Caesarean section, an evolving procedure, in: Huch et al, Sectio caesarea, S. 12.

99 Steer, Caesarean section, an evolving procedure, in: Huch et al, Sectio caesarea, S. 11.

Aber nicht nur das schmale Becken kann einer Vaginalgeburt entgegenstehen und für die verstärkte Vornahme von Sectiones sprechen. Auch der gefährliche **Schwangerschaftsdiabetes** tritt durch zunehmend falsche Ernährung immer häufiger auf. Die vaginale Geburt ist dadurch risikoreicher geworden.

Die Entscheidung, spontan vaginal zu gebären wird aber auch deshalb zur Risikokalkulation, weil Kinderwünsche zunächst hinter Arbeit und Karriere zurückgestellt werden und die Frauen in Industrieländern dann in immer höherem **Alter** erstmals gebären. Altersbedingte Komplikationen bei vaginaler Geburt sollen so durch Sectiones umgangen werden. Zudem können die **Risiken für das Kind minimiert** werden: Die Schnittentbindungsraten stiegen z. B. enorm an, als man Vorteile der Sectio bei Frühgeburten und Mehrlingsschwangerschaften feststellte.[100]

Dabei kam es allerdings nicht, wie man annehmen könnte, zu einer kontinuierlichen Zunahme der Sectioraten. Die Geburtshilfe beharrte vielmehr lange Zeit – und in einigen Punkten auch zu lange – auf ihren **Traditionen**[101]. Die schnelle Fortentwicklung medizinischer Möglichkeiten sorgte erst ab etwa 1960 für wahre Entwicklungssprünge, so dass sich 1974 die Deutsche Gesellschaft für Geburtshilfe und Gynäkologie (DGGG) dazu entschloss, in einer Stellungnahme neu zu orientieren[102]. Nach dieser Neupositionierung folgte die Erstellung von Indikati-

100 Patel, Society and indications for caesarean section, in: Huch et al, Sectio caesarea, S. 11.

101 Dazu insbesondere Stoll, Geschichte der Sectio im 20. Jahrhundert, in: Huch et al, Sectio caesarea, S. 23, 24. So konnte man lange Zeit nicht der Blutungen Herr werden, die bei einem Kaiserschnitt auftraten. Statt eine Uterusnaht durchzuführen, hantierte man ausgiebig mit Tüchern, Schwämmen sowie später auch mit Drainagen und versuchte mittels Einspritzungen und Spülungen, Infektionen zu mindern; Rüttimann, Historische Probleme des Kaiserschnittes, in: Huch et al, Sectio caesarea, S. 16. Es galt als unumstößliches Gesetz, nichts Fremdes in Wunden einzubringen, folglich auch keine Nähte. Vielmehr war man von 1581 bis 1881/1882, als die Nahttechnik aufkam, eine unglaublich lange Zeitspanne überzeugt, durch die große Kontraktionsfähigkeit des Gewebes würden sich die Schnittwunden von selbst schließen; Litschgi, Geschichte der abdominalen Schnittentbindung, in: Huch et al, Sectio caesarea, S. 19. Auch hinsichtlich der verschiedenen möglichen Sectiotechniken wird als typisches ärztliches Verhalten das Zaudern und Festhalten an Bekanntem bemängelt, denn bis fast 1900 gingen die meisten Mediziner noch davon aus, dass eine Schnittentbindung nur dann durchzuführen sei, wenn das Kind weder ganz noch zerstückelt entfernt werden könne; Stoll, Geschichte der Sectio im 20. Jahrhundert, in: Huch et al, Sectio caesarea, S. 22.

102 So wurde vorgeschlagen, traumatische Eingriffe zu vermeiden, d. h. Zangen- und Vakuumextraktionen nicht zu forcieren; bei der Beckenendlage großzügig die Indikation zur primären Sectio zu stellen; prospektive Geburtsleitung zu propagieren, d. h. nicht abzuwarten, bis eine fetale Notsituation sich manifestiert; mittels Kardiotokographie und Mikroblutuntersuchung intrapartale fetale Intensivüberwachung bei

onskatalogen, deren Erweiterung und auch die Aufnahme präventiver Indikationen. Dies führte zur Ausweitung der Vornahme von Schnittentbindungen.

Im medizinischen Zusammenhang ist aber auch die immer geringere **Erfahrung** mit und mangelnde **Ausbildung** zur Leitung komplizierter Geburten (z. B. bei Beckenend- bzw. Steißlage des Kindes) als ein die Sectiorate steigernder Grund zu nennen[103]. Diese Veränderungen in der Geburtshilfe schlagen sich auch im Wandel und der Zunahme der Indikationen für einen Kaiserschnitt nieder.

2. Nicht Medizinische Gründe

Auch das **gestiegene Sicherheitsbedürfnis** – nicht nur der Eltern, sondern vor allem in ansteigendem Maße der behandelnden Ärzte – führte zu den besagten Entwicklungen in der Geburtshilfe[104]. In vielen Fällen bedeutet die Durchführung einer Sectio daher eine organisatorische und verfahrensrechtliche Absicherung sowohl für den Arzt, als auch für die Patientin, was in die so genannte Defensivmedizin führt. Dieser Begriff umschreibt ein Handeln, bei dem aus forensischen Erfahrungen bzw. abschreckenden Haftbarkeitsszenarien der risikoärmste Weg gewählt wird. Und diese Wahl erfolgt durchaus nicht ohne Grund: Die Vermutung von Behandlungsfehlern bei schwierigen Kindesentwicklungen hat zu einer Erhöhung gerichtlicher Auseinandersetzungen geführt. Auffällig ist zudem, dass einer der häufigsten Gründe für Schadensersatz- und Behandlungsfehlerprozesse vermutete Geburtsschäden gerade bei vaginaler Entbindung sind, wofür heute hohe Entschädigungssummen zu zahlen sind[105]. Zudem ist bekannt, dass sich Prozesse immer dann häufen, wenn die Sectioraten gering sind[106]. Ermittlungsverfahren wegen geburtshilflicher Behandlungsfehler sind daher häufig und die dazu erforderlichen Gutachten und deren Bewertung und Auswertung vor Gericht sind problematisch, teilweise widersprüchlich und nicht zuletzt deswegen erwecken sie kein Vertrauen in der Ärzteschaft. Dabei taten die Verbreitung (und massive Werbung) von Rechtsschutzversicherungen sowie die Anwaltschaft ihr Übriges zur Zunahme von Prozessen dazu – was wiederum eine Erhöhung opera-

---

allen Risikogeburten; Notoperationen generell als gefährlich einzustufen sowie Intubation, d. h. einwandfreie primäre Reanimation, zu gewährleisten; Stoll, Geschichte der Sectio im 20. Jahrhundert, in: Huch et al, Sectio caesarea, S. 23, 24.

103 Krause, Quo vadis Geburtshilfe?; Frauenarzt 43 (2002) Nr. 5, S. 572, 573; Husslein, Elektive Sectio versus vaginale Geburt – Ist das Ende der herkömmlichen Geburtshilfe erreicht?, in: Huch et al, Sectio caesarea, S. 107.

104 Wenderlein; Frauenarzt 43 (2002) Nr. 5, S. 574, 575.

105 Bopp, Kaiserschnitt auf Wunsch, S. 27.

106 Stoll, Geschichte der Sectio im 20. Jahrhundert, in: Huch et al, Sectio caesarea, S. 25.

tiver Eingriffe, sprich Sectiones aus defensiven Gesichtspunkten heraus, zur Folge hatte.

Daher setzen immer mehr Ärzte bei vorhersehbaren Schwierigkeiten und nach Einschätzung des Schwangerschaftsverlaufes als **Risikoschwangerschaft** eine Sectio caesarea an, anstatt sich auf die Unwägbarkeiten einer spontanen vaginalen Geburt einzulassen. In der Geburtshilfe wird man daher weiter die „defensive" Medizin verfolgen, weil sich die Ärzte dahingehend absichern wollen und müssen, dass sie nichts versäumt haben – was dazu führt, dass sie selbst lieber zu früh als zu spät und lieber einmal mehr als einmal zu wenig eine Sectio ansetzen[107]. Ein Beispiel dafür ist die Vornahme eines Kaiserschnittes bei einer Steiß- oder Beckenendlage: Viele Ärzte führen hier die Sectio aus Angst vor rechtlichen Konsequenzen durch, obwohl in diesen Fällen fraglich ist, ob in jedem Falle eine Schnittentbindung notwendig ist. Für die Entwicklung des Kindes aus dieser Geburtslage heraus käme im Einzelfall möglicherweise auch eine „äußere Wendung" in Frage, bei welcher das Ungeborene durch Einwirkung von außen in die richtige Lage gebracht werden kann und die zur „alten Schule" der Geburtshilfe gehört. Dennoch ziehen viele Geburtshelfer und Ärzte in diesen Fällen eine Sectio vor, um von vornherein mögliche Komplikationen und mithin forensische Risiken und Klagen der Eltern zu verhindern.

Ulsenheimer äußerte zu diesem Spannungsfeld, dass es bisher keinen einzigen Prozess gegeben habe, bei welchem ein Arzt verklagt wurde, weil er einen Kaiserschnitt durchführte; allerdings aber gäbe es Prozesse, weil Ärzte ihn nicht oder zu spät vorgenommen hatten[108]. Nach dieser Beobachtung betreiben Ärzte und Geburtshelfer schon im Vorfeld eine Art „medicolegaler" Medizin um die Beteiligten abzusichern, was der Wunschsectio durchaus den Weg bereitet haben könnte: Werden **Sectiones schon präventiv angesetzt**[109], um jedes mögliche Risiko aus dem Weg zu räumen, bestünde kaum noch ein Grund, die Sectio abzulehnen, wenn die Gebärende sich diese wünscht[110]. Rechtlichen Auseinandersetzungen in genau diesem Spannungsfeld wird – zumindest in der Praxis oft – derart aus dem Wege gegangen, dass bei Zweifeln an der **Indikationslage** der recht-

107 Bopp, Kaiserschnitt auf Wunsch, S. 28.

108 Martius (Hrsg.); Rechtliche Probleme in Geburtshilfe und Gynäkologie, S. 11. Ebenso Bülow, Aufklärungs- und Behandlungsfehler bei der Sectio caesarea, S. 31: „Die zu späte Entscheidung für eine Schnittentbindung bzw. die Entscheidung für eine Vaginalgeburt in Fällen, in denen eine Schnittentbindung die bessere Alternative gewesen wäre, stellen den Hauptanwendungsbereich geburtshilflicher Haftungsfälle dar. Hingegen kommt es so gut wie nie vor, dass ein Haftpflichtprozess geführt wird, weil eine Schnittentbindung durchgeführt wurde."

109 Faridi/Willis/Schumpelick/Rath, Anale Inkontinenz. Ein Argument für den Kaiserschnitt auf Wunsch? Deutsches Ärzteblatt (1999) Heft 1-2, S. A 42, 48.

110 Bopp, Kaiserschnitt auf Wunsch, S. 28.

lich abgesicherte Boden einer relativen[111] oder zum Teil sogar einer relativ weichen Indikation beschritten wird. Der nachlassende Widerstand konservativ eingestellter Geburtshelfer hinsichtlich Präventions- und Indikationsgesichtspunkten wird, so erwarten es jedenfalls viele Mediziner, daher ebenfalls einen steigernden Effekt auf die Sectio – Zahlen haben[112].

Jedoch nimmt nicht nur die beschriebene defensive Haltung zu, sondern zunehmend werden **ökonomische Kriterien** in Krankenhäusern maßgeblich. Daher ist eine Abhängigkeit der Sectiozunahme von Kostenkontrolle und Qualitätssicherung in den Krankenhäusern festzustellen. Denn die jeweilige Organisation der Krankenhäuser bzw. geburtshilflichen Abteilungen, deren Personalzahlen und Personalstrukturen, die Klinikausstattung sowie unzureichende praktische Ausbildung in der Geburtshilfe spielen eine große Rolle bei der Entscheidung, ob eine Schnittentbindung durchgeführt wird[113]. In diesem Zusammenhang muss zudem berücksichtigt werden, dass sich die Personalzahlen verringert haben und zu lange Arbeitszeiten zur Regel geworden sind. Damit stellen Einsparungszwänge die Krankenhausträger und die Verantwortlichen in den Kostenstellen in zunehmendem Maße vor die Aufgabe, kostengünstigere Entbindungswege anzustreben. Dies verdeutlicht, dass ein – wenn auch oft nicht offen dargestellter – entscheidender Faktor für eine ansteigende Kaiserschnittrate der Kostenfaktor ist. So kann eine Sectio durchaus für Ärzte und Krankenhausträger die schnellere und bequemere Alternative sein. Belegen lässt sich das beispielsweise mit dem unvermittelten Ansteigen von Schnittentbindungen gerade in den Nachtstunden und an Wochenenden sowie Feiertagen[114]. Denn eine fünfzehnstündige vaginale Geburt ist naturgemäß viel aufwendiger als eine Schnittentbindung. Zudem sind die langwierigen Vaginalentbindungen unterbezahlt, was sie zu einem ungünstigen Berechnungsfaktor für die Kliniken machen kann[115].

---

111 Becker-Schwarze; Rechtliche Probleme bei einer sectio auf Wunsch?; Zentralblatt für Gynäkologie, 123 (2001), S. 112.

112 Husslein, Elektive Sectio, Gynäkologisch-geburtshilfliche Rundschau 42 (2002); S. 22, 24; Faridi/Willis/Schumpelick/Rath, Anale Inkontinenz. Ein Argument für den Kaiserschnitt auf Wunsch? Deutsches Ärzteblatt (1999) Heft 1-2, S. A 42, 42.

113 Wenderlein; BEL-Sectio und Selbstbestimmungsrechte, Frauenarzt 43 (2002) Nr. 5, S. 574, 575.

114 Berg, – Die geplante Geburt – Kaiserschnitt auf Wunsch; Protokoll Arbeitskreis Ärzte und Juristen – 23. und 24. März 2001 – S. 2; http://www.uni-duesseldorf.de/WWW/AWMF/aej/aej01-1.htm. So finden mehr als 30 Prozent der Schnittentbindungen zwischen 18.00 und 22.00 Uhr statt.; ebenda, Folie 7, S. 6.

115 Nach der Abrechnung mittels Fallpauschalen ist dies teilweise durchaus der Fall. Aufgrund hoher Personalkosten und abhängig von der jeweiligen Klinikstruktur ist die Kostenkalkulation für die Spontangeburt als ungünstig zu beurteilen, so: Feige, Die Wunschsectio aus betriebs- und volkswirtschaftlicher Sicht, in: Huch et al, Sec-

Zum anderen haben sich aber auch **Einstellung** und Anerkenntnis vieler Frauen und der Gesellschaft **zur Geburt** insgesamt sowie die ärztlichen Verhaltensweisen verändert[116]. Nach einer Umfrage unter britischen Gynäkologinnen und Gynäkologen, welchen Geburtsmodus diese für sich selbst bzw. ihre Partnerin wählen würden, gaben ca. ein Drittel der Befragten als Wunsch eine Schnittentbindung an, auch wenn diese nicht medizinisch indiziert sei[117]. Und auch die Bereitschaft der jeweiligen Partner und Familien, mühsame, sich über Stunden hinziehende und mit schmerzhafter Wehentätigkeit verbundenen Geburten möglicherweise mit vaginal-operativer Geburtsbeendigung zu erdulden, ist gesunken[118]. Zudem sind die Spät- und Langzeitfolgen einer Schnittentbindung für nachfolgende Schwangerschaften der heutigen in Deutschland überwiegend vorkommenden Einkindfamilie zunehmend zu vernachlässigen[119], weshalb Frauen sich heute durchaus schneller für einen Kaiserschnitt entscheiden.

Ebenso wird die **Planbarkeit** eines elektiven Eingriffes in der heutigen Zeit in unserer Gesellschaft zu einer immer wichtigeren Größe. Die neue Beliebtheit der Schnittenbindung erklärt sich nämlich auch aus dem Fakt, dass sie sich exakt, sozusagen nach Terminkalender, planen lässt.

Bei der Entscheidung für einen speziellen Entbindungswunsch ist auch das **Problem der Regionalisierung bzw. der Spezialisierung** von Krankenhäusern mit einzubeziehen. In einer großen Stadt sind ganz andere Möglichkeiten der Entbindung gegeben, als auf dem Land. Kann eine werdende Mutter sich nicht sicher sein, ob sie in einem kleinen Landkrankenhaus die Sicherheit und Hilfestellung bekommt, die Ihren Wünschen entspricht oder werden möglicherweise bestimmte Entbindungsmodi gar nicht angeboten, fällt ihre Wahl dann eventuell auf die Wunschsectio. Mobilität und Erreichbarkeit sowie Bezahlbarkeit für die

---

tio caesarea, S. 37. Um hier kostendeckend als Krankenhausträger zu arbeiten, kann sich unter Umständen die häufige Durchführung geplanter primärer Schnittentbindungen lohnen – allerdings nur unter der Prämisse einer Senkung der Frequenz sekundärer Schnittentbindungen; Szucs, Medizinisch-ökonomische Aspekte der vaginalen Geburt im Vergleich zur Sectio caesarea, in: Huch et al, Sectio caesarea, S. 41.

116 Hickl; „Wandlungen in der Kaiserschnittindikation"; Gynäkologisch-geburtshilfliche Rundschau 42 (2002); S. 15, 16.

117 Al-Mufti/McCarthy/Fisk; Obstreticians personal choice and mode of delivery, Lancet 347, 1996, S. 544. Andererseits zeigt eine vergleichbare Umfrage im Bereich der Ärztekammer Westfalen-Lippe, dass sich dort lediglich 6,7 Prozent der Befragten eine elektive Sectio für sich wünschen; Schmutzler/Herlyn-Elger/Rhiem/Bücker-Nott/Roemer; Einstellung deutscher Gynäkologen und Gynäkologinnen zur Wunschsectio; Frauenarzt 44 (2003) Nr. 6, S. 632, 632.

118 Husslein, Elektive Sectio, Gynäkologisch-geburtshilfliche Rundschau 42 (2002); S. 22, 24.

119 Husslein, Elektive Sectio, Gynäkologisch-geburtshilfliche Rundschau 42 (2002); S. 22, 24.

Gebärende spielen mithin eine nicht zu verachtende Rolle bei der Wahl des Entbindungsweges und können damit sogar die Veranlassung zum Wunsch der Schwangeren nach einem Kaiserschnitt – und folglich Grund für steigende Sectioraten sein.

Mit pauschalen gynäkologischen Motiven allein können die Zunahme und die Unterschiede der Sectioraten daher nicht erklärt werden. Zahlreiche Analysen haben gezeigt, dass ebenfalls einflussreiche Determinanten für die Entscheidung zur Wunschsectio die **Versicherung** der Frau sowie ihr **sozio-ökonomischer Status** sind[120]. Übernimmt also eine Krankenversicherung die Kosten einer Schnittentbindung oder verfügt die Schwangere über ausreichend finanzielle Mittel, um einen solchen operativen Eingriff selbst zu bezahlen, ist die Wahrscheinlichkeit der Wahl eines Kaiserschnittes als bevorzugten Entbindungsmodus sehr groß. In Brasilien z.B. gilt die Sectio – wenn auch aufgrund von Vorurteilen gegenüber der vaginalen Geburt – als Geburt erster Klasse und hat für die Frauen den Rang eines Statussymbols, d. h., wer es sich leisten kann, lässt eine Schnittentbindung durchführen[121]. Allerdings muss hierzu angemerkt werden, dass die Medizinalisierung der Geburt überhaupt in Brasilien und den lateinamerikanischen Ländern stärker ausgeprägt ist als in Europa oder gar Nordamerika[122].

Nicht zuletzt sind aber vor allem die **gesundheitlichen Aspekte für die Mutter** selbst bei einer ansteigenden Zahl von Schnittentbindungen zu betrachten. Gerade der zunehmenden Angst vor Schädigungen des Dammes und des Beckenbodens sowie den übermäßigen Schmerzen und Strapazen der vaginalen Geburt soll mit der Wunschsectio aus dem Weg gegangen werden. Nicht übersehen werden darf daher das gestiegene kritische Bewusstsein der Patientinnen bzgl. dieser genannten eventuellen Nebenfolgen gerade der Vaginalentbindung. Daher werden von Frauen oft als weitere gewichtige Gründe die sinkende Belastbarkeit und Bereitschaft der heutigen Schwangeren, eine vaginale Geburt anzustreben, angegeben, die verbunden ist mit der sich wandelnden Einstellung der werdenden

---

120 Fisk, Caesarean section for everyone?, in: Huch et al, Sectio caesarea, S. 29. Es konnte auch festgestellt werden, dass zusätzlich zu den sozioökonomischen Faktoren die Sectioanzahl mit der Höhe des länderspezifischen Bruttosozialprodukts korreliert. Z. B. hatte Haiti, welches ein sehr niedriges Bruttosozialprodukt aufweist, 1995 nur eine Sectiofrequenz von 1,6 Prozent, Kuba dagegen 1997 mit höherem Bruttosozialprodukt eine Frequenz von 23 Prozent; Winkler, Die globale Entwicklung der Sectiorate, in: Huch et al, Sectio caesarea, S. 31.

121 Aktuelle Meldung, Frauenarzt 43 (2002) Nr.5, S. 504.

122 In brasilianischen Privatklinken kann daher eine Sectiorate von 75 Prozent erreicht werden. Winkler, Die globale Entwicklung der Sectiorate, in: Huch et al, Sectio caesarea, S. 31.

Mütter zum Geburtserlebnis mit zunehmender Gewichtung ihrer Gesundheit, Autonomie und des Rechtes auf Selbstbestimmung[123].

C. Aktuelle Entwicklungen bezüglich der Patientenselbstbestimmungsrechte

Das Selbstbestimmungsrecht ist im deutschen Recht durch den Schutz der Menschenwürde und durch das Recht auf freie Entfaltung der Persönlichkeit verfassungsrechtlich verankert und lässt sich daher aus Art. 1 Absatz 1 GG i. V. m. Art. 2 Absatz 1 und 2 S. 1 GG ableiten[124]. Patientenrechte umfassen jedoch nicht nur diese verfassungsmäßigen Selbstbestimmungsrechte. Ihre Herleitung erfolgt neben den Grund- und Menschenrechten dabei vor allem aus den privatrechtlichen Persönlichkeitsrechten. Die zivilrechtlichen Ansprüche aus dem Behandlungsvertrag und aus deliktischer Handlung sind Inhalt und Ausfluss der Patientenselbstbestimmungsrechte. Weiterhin umfasst sind im Arzt-Patienten-Verhältnis insbesondere das Recht auf freie Arzt- und Therapiewahl sowie das Recht, zu diagnostischen oder therapeutischen Eingriffen seine Einwilligung zu geben oder zu verweigern[125]. Das Selbstbestimmungsrecht bildet aber auch den Rechtsgrund und den Maßstab der ärztlichen Aufklärungspflicht. Die ärztliche Schweigepflicht, das Dokumentations- und Einsichtsrecht sowie Datenschutz und der datenschutzrechtliche Auskunftsanspruch sichern das informationelle Selbstbestimmungsrecht[126].

Die Bundesärztekammer entwarf z. B. 1999 einen Entwurf für eine Charta der Patientenrechte und am 31.03.2003 wurde die Charta der „Patientenrechte in Deutschland" vom Bundesministerium für Justiz und dem Bundesministerium für Gesundheit veröffentlicht[127]. Diese Charta ist jedoch nicht verbindlich und steht

---

123 Haller/Hepp/Winter; Sectio nach Wunsch oder elektive Sectio: Aufforderung zum Umdenken, Gynäkologisch-geburtshilfliche Rundschau 42 (2002); S 1, 2; Schneider, H.; Die Wunschsectio – eine gleichwertige Alternative zur Wunschgeburt?, Gynäkologisch-geburtshilfliche Rundschau 42 (2002); S. 4, 5.

124 BVerfG, Beschl. v. 25.07.1979 – 2 BvR 878/74, NJW 1979, S. 1925, 1931 (dissenting vote der Richter Hirsch, Niebler und Steinberger).

125 Ulsenheimer, Arztstrafrecht in der Praxis, S. 75 ff.

126 Martius (Hrsg.); Rechtliche Probleme in Geburtshilfe und Gynäkologie, S. 120, 105; Entezami/Fenger; Gynäkologie und Recht, S. 66 ff., 71, 91 ff., 100.

127 Die Charta der Bundesärztekammer (BÄK) vom 30.09.1999 umfasst folgende Punkte: Das Recht auf medizinische Versorgung, das Recht auf Qualität, das Recht auf Selbstbestimmung, das Recht auf Vorausverfügung, das Recht auf Aufklärung und Beratung, das Recht auf Vertraulichkeit, das Recht auf freie Arztwahl, das Recht auf Dokumentation, das Recht auf Einsichtnahme und zudem das Recht auf Schadensersatz. Quelle vom 27.11.2004, http://www.bundesaerztekammer.de/30/Richtlinien/

daher den Forderungen der FIGO (Fédération Internationale de Gynécologie et d'Obstétrique) sowie der im anglo-amerikanischen Raum verbreiteten Bill of Rights der Patientenrechte nach[128]. Im Gegenteil patronisierte man in Deutschland eher den Patienten und berief sich dabei auf die Sachkenntnis der Ärzte und den Hippokratischen Eid, was sich allerdings spätestens seit der (vor allem auch juristischen) Wichtigkeit des Aufklärungsgespräches änderte[129].

In der Medizin ist zudem die Entwicklung zu beobachten, dass Patienten selbst generell zunehmend von ihrem Selbstbestimmungsrecht Gebrauch machen wollen. Frauen erwarten in diesem Zusammenhang in ansteigendem Maße die Einräumung eines Mitspracherechtes gerade bei der Wahl des Entbindungsweges[130]. Die verstärkte Beachtung des Selbstbestimmungsrechtes der Schwangeren wird zum Teil schon als regelrechter „Wandel in der Geburtshilfe" bezeichnet; die zeitgemäße Geburtshilfe zeichne sich nämlich dadurch aus, dass in erster Linie die Wünsche der Frauen respektiert würden[131]. Kompetente Beratung und Betreuung seitens des Arztes auf der einen sowie Verständnis und Akzeptanz von Risikoschätzungen seitens der werdenden Mutter auf der anderen Seite stellen ganz entscheidende Eckpunkte dieser Patientenselbstbestimmung dar[132]. Der Patientenwille erhält immer größeres Gewicht – und in diesem Licht betrachtet erscheinen Anstrengungen, die Sectiorate senken zu wollen, unangebracht[133]: Derartige Anstrengungen laufen den Bestrebungen der Achtung von Autonomie und Patientenrechten gerade zuwider und verletzen das verfassungsrechtliche Selbstbestimmungsrecht. Denn das Hinwirken auf bestimmte Sectioraten stellt ein Patronisieren der Patientin durch den Arzt dar und würde ihr absprechen, eine Risikoabwägung und selbstbestimmte Entscheidung für sich und ihr Kind treffen zu können.

Empfidx/ Patientenrechte.html. Am 16.10.2002 übergab die von der Bundesregierung eingesetzte „Arbeitsgruppe Patientencharta" unter der Leitung des Präsidenten des BGH a. D. Dr. h. c. Karlmann Geiß die von verschiedensten Organisationen (z. B. BÄK, Freie Wohlfahrtsverbände, Kassenärztliche Bundesvereinigung u.a.) erarbeitete Charta der „Patientenrechte in Deutschland". Quelle vom 25.07.2005, http://www.hsk-wiesbaden.de/home/News/News/Charta_der_Patientenrechte_veroef fentlicht.htm.

128 Beller, Informed Consent, Patientenaufklärung oder Patienteninformation?, in: Huch et al, Sectio caesarea, S. 25, 27.

129 Beller, Informed Consent, Patientenaufklärung oder Patienteninformation?, in: Huch et al, Sectio caesarea, S. 25, 27.

130 AGMEDR, Frauenarzt 42 (2001) Nr.11, S. 1311, 1311.

131 Hecher; Frauenarzt 43 (2002) Nr.8, S. 886, 886.

132 Hecher; Frauenarzt 43 (2002) Nr.8, S. 886, 886.

133 Fisk, Caesarean section for everyone?, in: Huch et al, Sectio caesarea, S. 29.

Gewichtiger Teil der Patientenselbstbestimmung ist mithin die Informiertheit, d.h. Aufgeklärtheit der Schwangeren, weil dies die Voraussetzung für eine selbstbestimmte Entscheidung ist. Da werdenden Eltern mit umfangreichen modernen Medien neue Kommunikationsmöglichkeiten und neue Informationsquellen, zum Beispiel mit dem Internet, heute ganz andere Möglichkeiten offen stehen, sich über verschiedene Behandlungswege zu informieren oder sich an Ärzte oder Kliniken zu wenden, treiben sie unbewusst oder bewusst Veränderungen voran[134]. Sie können sich heute gezielter und unbeeinflusst Informationen suchen und ohne ärztliche Wertung selbstbestimmt eine Entscheidung über die Wahl des Entbindungsweges treffen[135].

Zum anderen hat sich die Stellung der Frau in der westlichen industrialisierten Gesellschaft geändert: Es geht seit langem schon nicht mehr nur um die ausschließliche Realisierung der Mutterschaft und gerade der Gesichtspunkt langfristiger Unversehrtheit der Gesundheit nimmt immer mehr Raum ein[136]. Es ist durchaus möglich, dass eine liberalere Handhabung der Anforderungen an eine Indikation für Sectiones auch vom selbstbestimmten Wunsch der werdenden Mütter beeinflusst wird. Eine steigende Akzeptanz von höheren Schnittenbindungsraten hängt entscheidend davon ab, wie hoch die Patientenselbstbestimmung bezogen auf die Vermeidung von Schmerzen, eigenen Schädigungen oder Schädigungen des Kindes, bewertet wird[137]. Diese Veränderungen spiegeln den Wandel des Patienten-Arzt-Verhältnisses im Allgemeinen, gerade aber auch den vieldiskutierten Wandel in der Geburtshilfe wider und unterstreichen die Stellung von Schwangerschaft, Geburt und Geburtsmedizin sowie insbesondere der Patientenselbstbestimmung im persönlichen und gesellschaftlichen Umfeld.

D. Zusammenfassung

Es gibt verschiedene Möglichkeiten, ein Kind zu gebären. Die spontane vaginale Geburt ist die klassische und seit alters her praktizierte sowie noch immer bevorzugt ausgeübte Art der Entbindung in der Geburtshilfe. Hinzu treten können bei der vaginalen Entbindung aber auch operative Hilfsmethoden wie Episiotomie und die Verwendung von Saugglocke oder Zange. Ebenfalls bis in das Altertum zurückverfolgt werden kann auch die Entbindung per Bauch- und Gebärmutter-

134 Hecher; Frauenarzt 43 (2002) Nr.8, S. 886, 888.
135 Krause; Frauenarzt 43 (2002) Nr.5, S. 572, 574.
136 Wachter; Frauenarzt 43 (2002) Nr.8, S. 902, 905.
137 Hickl; „Wandlungen in der Kaiserschnittindikation“; Gynäkologische geburtshilfliche Rundschau 42 (2002); S. 15, 17, 18.

schnitt[138]. Aber erst durch moderne Operations- und Anästhesieverfahren, perioperative Antibiotikagabe, Thromboseprophylaxe, Verfügbarkeit von Bluttransfusionen sowie modernste postoperative Behandlungen konnte der Kaiserschnitt als sicherer Entbindungsweg etabliert werden. Weitere medizinische Fortschritte, Veränderungen in der Arzt-Patienten-Beziehung und der Gesellschaft insgesamt ließen und lassen noch immer die Raten der Schnittentbindungen, vor allem nicht indizierter Sectiones, ansteigen.

138 Schon die Ägypter kannten die Schnittentbindung und führten diese durch. Auch in der griechischen Mythologie taucht diese Art der Operation auf; Litschgi, Geschichte der abdominalen Schnittentbindung, in: Huch et al, Sectio caesarea, S. 18.

3. Kapitel: Gegenüberstellung von medizinisch indizierter Sectio caesarea und Sectio auf Wunsch

Um feststellen zu können, ob und wenn ja, welchen besonderen rechtlichen Voraussetzungen die rechtlich zulässige Durchführung einer Sectio auf Wunsch unterliegt, müssen medizinisch indizierte Eingriffe von den medizinisch nicht indizierten Eingriffen unterschieden und gegenübergestellt werden. Daher müssen zunächst die Fälle besprochen werden, in denen die Durchführung eines Kaiserschnittes medizinisch notwendig, d. h. indiziert ist und im Gegensatz dazu ist die Sectio auf Wunsch darzustellen.

A. Unterscheidung von medizinisch indiziertem und nicht indiziertem Eingriff

Eine Indikation ist im Wortsinne eine so genannte Heilanzeige, d. h. sie ist der Grund zur Anwendung eines bestimmten diagnostischen oder therapeutischen Verfahrens in einem Krankheitsfall, der eine Maßnahme hinreichend rechtfertigt und bei der grundsätzlich eine Aufklärungspflicht gegenüber dem Patienten besteht[139]. Es wird unterschieden zwischen zwingenden Gründen (absolute Indikationen), insbesondere bei Lebensgefahr (vitale Indikationen) und Gründen, bei denen nur eine bedingte Gefährdung des Patienten besteht oder sinnvolle alternative Maßnahmen in Betracht kommen (relative Indikationen)[140]. Inwieweit eine Operation indiziert ist, ist eine Abwägungsfrage und mithin ein Problem der Verhältnismäßigkeit. Denn für die Indikationserstellung ist die Verhältnismäßigkeit zwischen dem bezweckten Erfolg – Verbesserung der Gesundheit – und den Gefahren, die die Operation mit sich bringen kann, entscheidend[141].

Bei medizinisch nicht indizierten Eingriffen besteht keine Notwendigkeit für den Eingriff, weil es an einer Heilanzeige fehlt. Die ärztliche Maßnahme dient in diesen Fällen nicht der Erhaltung des Lebens oder der Gesundheit[142]. Hierzu zählen viele kosmetische bzw. ästhetisch-plastische Operationen, Fälle von Sterilisationen und Kastrationen, aber auch die Blutentnahme bei der Blutspende sowie

139 Pschyrembel, 259. Auflage, Indikation.
140 Pschyrembel, 259. Auflage, Indikation.
141 So auch: Papaneofytou, Die strafrechtliche Bewertung des ärztlichen Heileingriffs nach griechischem und deutschem Recht, S. 13.
142 Ulsenheimer, Arztstrafrecht in der Praxis, S. 97.

die Wunschsectio. Eine Kontraindikation hingegen ist eine Gegenanzeige, d. h. es liegt ein Umstand vor, der die Anwendung eines diagnostischen oder therapeutischen Verfahrens bei an sich gegebener Indikation in jedem Fall verbietet (absolute Kontraindikation) bzw. nur unter strenger Abwägung der damit verbundenen Risiken zulässt (relative Kontraindikation)[143].

B. Die Indikationen zur Durchführung der Sectio caesarea und der Begriff „Sectio auf Wunsch"

Wann ein Kaiserschnitt zur Beendigung der Schwangerschaft oder zur Beendigung der Geburt im Sinne einer Heilanzeige indiziert ist, ist z. B. in einem so genannten Indikationskatalog aufgelistet. Die Arbeitsgemeinschaft Medizinrecht (AGMEDR) in der Deutschen Gesellschaft für Gynäkologie und Geburtshilfe (DGGG) brachte 2001 hierzu eine modernisierte Stellungnahme mit einem Katalog zu absoluten und relativen Indikationen für die Sectio caesarea und zur Frage der so genannten Sectio auf Wunsch heraus[144], um für begriffliche Klärung zu sorgen sowie auch mit überholten Vorstellungen aufzuräumen. Bei dieser Stellungnahme handelt es sich um eine Orientierungshilfe für die behandelnden Ärzte, sie hat jedoch auch Bedeutung für den Leistungskatalog vor allem der gesetzlichen Krankenversicherungen. Allerdings beweist die große Spannbreite von verschiedenen Indikationen zwischen unterschiedlichen Ländern auf internationaler Ebene und bereits unterschiedlichen Indikationsstellungen innerhalb von Krankenhäusern in Deutschland oder den verschiedenen Geburtshelfern, dass es keinen Konsens über die medizinischen Indikationen für den Kaiserschnitt gibt[145].

I. Absolute Indikationen

Von einer absoluten Indikation für eine Schnittentbindung müssen Arzt und Geburtshelfer dann ausgehen, wenn zwingende geburtsmedizinische Gründe nur

143 Pschyrembel, 259. Auflage, Kontraindikation.

144 AGMEDR, Frauenarzt 42 (2001) Nr.11, S. 1311 ff. Im Jahre 1996 hatte die AGMEDR der DGGG bereits eine solche Stellungnahme heraus gebracht, abgedruckt im Frauenarzt 37 (1996) Nr.10, S. 525 ff – allerdings war eine neue Stellungnahme erforderlich geworden, da vor allem im Bereich der relativen Indikationen eine Erweiterung des Indikationskataloges stattgefunden hatte und die Problematik der Wunschsectio ebenfalls neu besprochen werden musste.

145 Hohlfeld, Caesarean section on request, in: Huch et al, Sectio caesarea, S. 116.

diesen Entbindungsweg zulassen, also von einer vaginalen Geburt zur Wahrung von Leben und Gesundheit des Kindes und/oder der Mutter abzuraten ist[146]. Dies ist der Fall bei:

- einer Querlage des Kindes;
- einem absoluten Missverhältnis zwischen dem Kopf des Kindes und dem Becken der Mutter;
- schon vorhandenen oder drohenden Beckendeformitäten sowie schon vorhandener oder drohender Uterusruptur;
- Plazenta praevia, die eine untypische Lokalisierung des Mutterkuchens im unteren Uterinsegment darstellt;
- vorzeitiger Plazentalösung;
- fetaler Azidose, was eine durch Mikroblutuntersuchung am Feten nachweisbare Störung im Säure-Basen-Haushalt bezeichnet, die aufgrund verminderter Versorgung mit Sauerstoff vor und während der Geburt entsteht;
- Amnioninfektionssyndrom, also einer unspezifischen Infektion der Eihöhle, Plazenta, Eihäute und eventuell des Feten während der Schwangerschaft oder der Geburt;
- Eklampsien, die Krämpfe der Gebärenden allgemein und auch solche umfassen, die mit Bewusstseinsverlust verbunden sein können;
- Nabelschnurvorfall, d. h. bei den gefährlichen Nabelschnurkomplikationen, wobei eine oder mehrere Nabelschnurschlingen nach dem Blasensprung vor dem vorangehenden Teil des Kindes eingeklemmt werden;
- HELLP-Syndrom, welches eine sehr gefährlichen Variante der EPH-Gestose[147] darstellt mit Hämolyse (**h**aemolysis, also der Auflösung von Erythrozyten, den roten Blutkörperchen, infolge der Zerstörung ihrer Zellmembranen), pathologisch erhöhten Transaminasen[148] und Bilirubinwerten[149] (**e**levated **l**iver function test) sowie niedrigen Thrombozytenzahlen (**l**ow **p**latelet counts, also geringe Anzahl von Blutplättchen)[150].
- Auch Regelwidrigkeiten wie Blutungen ex utero bei der Mutter und Hypoxie, also Verminderung des Sauerstoffpartialdrucks im arteriellen Blut bzw. ver-

146 AGMEDR, Frauenarzt 42 (2001) Nr.11, S. 1311, 1311.

147 Gestose war die früher übliche Bezeichnung für alle durch eine Schwangerschaft bedingten Krankheitszustände. Sie wird heute als hypertensive Schwangerschaftserkrankung bezeichnet und ist eine der häufigsten geburtshilflichen Komplikationen (bei ca. 10 % aller Schwangeren); die Bezeichnung EPH-Gestose ist umstritten, da Ödeme relativ häufig auch bei gesunden Schwangeren auftreten; Pschyrembel, 259. Auflage, Gestose.

148 Enzyme, die Aminosäuren übertragen.

149 Abbauprodukt des roten Blutfarbstoffes.

150 AGMEDR, Frauenarzt 42 (2001) Nr.11, S. 1311, 1311/1312.

minderte Sauerstoffversorgung im Gesamtorganismus oder in bestimmten Körperregionen des Feten, stellen absolute Indikationen für eine Sectio caesarea dar[151].

Weniger als 10 Prozent aller Schnittentbindungen werden aufgrund dieser Indikationen durchgeführt[152].

Diese Heilanzeigen sind seit etwa 100 Jahren in der Geburtshilfe anerkannt und der Kaiserschnitt stellt die hierfür entsprechende Notfallmaßnahme dar. Das galt zunächst für die Rettung der Mutter und in den letzten 30 bis 40 Jahren auch zur Rettung des reifen, nun aber seit 20 Jahren zunehmend auch des unreifen Kindes[153]. Solche fetalen Indikationen zur Schnittentbindung werden unter anderem im Zusammenhang mit der Geburt eines Kindes an der Grenze zur Lebensfähigkeit, die vor der 28. Schwangerschaftswoche angenommen wird, bei vorzeitigem Blasensprung und bei hohen Risiken des Kindes am Termin gestellt[154].

II. Relative Indikationen

Liegt keine zwingende, also absolute Indikation für eine Sectio vor, kann dennoch eine so genannte relative Indikation für eine Schnittentbindung gegeben sein. Unterschieden werden die „normalen“ relativen von den „weichen“ relativen Indikationen.

1. Normale relative Indikationen

Eine solche Indikation wird gestellt bei Risikofaktoren oder Regelwidrigkeiten, nach denen davon ausgegangen werden muss, dass die Belastbarkeit von Mutter und Kind überstiegen werden[155]. Dies kann der Fall sein bei:

- einer Beckenendlage;
- fetaler Makrosomie[156];

---

151 Dudenhausen, Absolute und relative Sectio-Indikation, in: Huch et al, Sectio caesarea, S. 80.

152 AGMEDR, Frauenarzt 42 (2001) Nr.11, S. 1311, 1312.

153 Dudenhausen, Absolute und relative Sectio-Indikation, in: Huch et al, Sectio caesarea, S. 80.

154 Schmidt, Die fetale Indikation zur Sectio caesarea, in: Huch et al, Sectio caesarea, S. 81, 83, 84, 85, 87.

155 Dudenhausen, Absolute und relative Sectio-Indikation, in: Huch et al, Sectio caesarea, S. 80.

156 Dies ist eine pathologische Steigerung des Längenwachstums des Kindes.

- Verdacht auf ein relatives Missverhältnis zwischen Kindesgröße und Becken der Mutter;
- Mehrlingsschwangerschaft;
- Status nach Sectio oder nach vaginal-plastischer Operation;
- pathologischem CTG[157];
- protrahierter Geburt;
- Geburtsstillstand und Erschöpfung der Mutter[158].
- Auch ein präpathologisches Kardiotokogramm bei intrauteriner Mangelentwicklung oder Herzkrankheiten der Mutter sind solche relativen Indikationen[159].

Bei 90 Prozent aller Schnittentbindungen sind derartige relative Indikationen anzunehmen[160]. Da bei einer solchen relativen Indikationsstellung auch statt einer Sectio die vaginale Entbindung vorgenommen werden kann, ist bei Vorliegen einer solchen Situation die gebotene Abwägung der geburtsmedizinischen Risiken für Mutter und Kind zu beachten[161]. Die Trennungslinie zwischen absoluten und relativen Indikationen sei heutzutage die „Güterabwägung zwischen maternaler Sectiomortalität einerseits und fetalem und maternalem Morbiditätsrisiko bei vaginal-operativer Entbindung andererseits“[162].

Allerdings sind hier schon keine scharfen Abgrenzungen mehr möglich. Die Stellung relativer Indikationen wird in nicht zu unterschätzendem Maße von den klinischen Randbedingungen, den Laborwerten und sonstigen Befunden von Mutter und Kind sowie der Klinikorganisation und Personalstruktur beeinflusst. Eine relative Indikation kann daher auch von Seiten der Geburtshelfer dann vorliegen, wenn aus prophylaktischen und rein defensiven Überlegungen heraus eine Sectio angeordnet wird, vor allem aus der Sorge der Geburtshelfer vor Schäden und/oder haftungsrechtlicher Verantwortung; solche prophylaktischen bzw. defensiven Überlegungen sind gerade auch dann einzubeziehen, wenn Gründe der Klinikorganisation und der Personalbesetzung oder der Mangel an Erfahrung bei

---

157 Das CTG (Kardiotokogramm) ist eine Aufzeichnung mittels der Kardiotokographie. Sie stellt eine fortlaufende apparative Ableitung und Aufzeichnung der fetalen Herzschlagfrequenz und gleichzeitig der Wehentätigkeit in der Spätschwangerschaft und während der Geburt zur Überwachung des Feten und frühzeitigen Erkennung von Krankheiten bzw. Störungen dar; Pschyrembel, 259. Auflage, CTG.

158 AGMEDR, Frauenarzt 42 (2001) Nr.11, S. 1311, 1312.

159 Dudenhausen, Absolute und relative Sectio-Indikation, in: Huch et al, Sectio caesarea, S. 80.

160 AGMEDR, Frauenarzt 42 (2001) Nr.11, S. 1311, 1312.

161 AGMEDR, Frauenarzt 42 (2001) Nr.11, S. 1311, 1312.

162 Dudenhausen, Absolute und relative Sectio-Indikation, in: Huch et al, Sectio caesarea, S. 81.

speziellen oder besonders risikobehafteten Eingriffen dafür sprechen[163]. Hier erfolgt eine großzügige präventive Indikationserstellung, welche aber mit Sicherheit die Chancen für gesunde Kinder erhöht[164].

2. „Weiche" relative Indikationen

Es gibt jedoch auch Fälle, in denen der Geburtshelfer keine „normale" relative Indikation für die Einleitung einer Sectio sieht, aber für die Schwangere aus vor allem psychischen Gründen eine primäre Sectio angebracht ist. Psychisch begründete Wünsche nach einer Schnittentbindung sind zumeist von Angstgefühlen – bezogen auf die Furcht vor Schmerzen sowie eigenen Schädigungen und/oder Schädigungen des Kindes – und einem daraus resultierenden gesteigerten Sicherheitsbedürfnis motiviert[165]. Ärztlicherseits beachtet werden sollten aber auch Faktoren wie das zunehmend fortgeschrittene Alter der Erstgebärenden oder die „Belastungsintoleranz der Gebärenden am Ende der Schwangerschaft", Versagensängste, Planbarkeit und Sicherheitsaspekte z. B. gerade bei Mehrlingsschwangerschaften sowie bei besonderen Stressfaktoren[166].

Fast jede werdende Mutter, die sich für eine primäre Sectio ausspricht, gibt hierfür Gründe an, die vor allem Angstgefühle ausdrücken. Allerdings müssen für die Bejahung einer Indikation, auch wenn es nur eine „weiche" relative ist, mehr als ein unbestimmtes Angstgefühl und eine ungesicherte Sorge vorliegen. Dieser Forderung entsprechen wirkliche psychische Problemlagen, die den drei Gruppen „weicher" relativer medizinischer Indikationen[167] zugeordnet werden können:

- Sicherheit für das Kind: Furcht vor Beeinträchtigungen des Kindes durch normale oder instrumentelle Geburt, und zwar insbesondere dann, wenn bereits der Fall eines so geschädigten Kindes in der eigenen Familie oder im Bekannten- oder Verwandtenkreis auftrat;
- Furcht vor Schmerzen, insbesondere nach eigenen schweren psychisch traumatisierenden Entbindungen oder bekannt gewordenen schmerzhaften Geburten im Nahkreis;
- Furcht vor eigenen organischen Spätschäden, z. B. Senkungen des Beckenbodens und Inkontinenzen – und in steigendem Maße die Furcht vor sexuellen

163 AGMEDR, Frauenarzt 42 (2001) Nr.11, S. 1311, 1312.
164 Dudenhausen, Absolute und relative Sectio-Indikation, in: Huch et al, Sectio caesarea, S. 80.
165 AGMEDR, Frauenarzt 42 (2001) Nr.11, S. 1311, 1312.
166 Dudenhausen, Absolute und relative Sectio-Indikation, in: Huch et al, Sectio caesarea, S. 81.
167 AGMEDR, Frauenarzt 42 (2001) Nr.11, S. 1311, 1312.

Empfindungsstörungen[168]. Gerade auch die Angst, Operationsergebnisse des Genitalbereiches wie Sphinkterplastiken[169] zu gefährden, zählt zu dieser letzten Gruppe.

III. Primäre und sekundäre Sectio

Das höchste mütterliche Risiko verbindet sich mit einer notfallmäßig durchgeführten sekundären Sectio und auch beim Kind findet sich nach einem solchen Notfallkaiserschnitt eine deutlich erhöhte Mortalität und Morbidität[170]. Diese wird durchgeführt, wenn es zu schweren geburtshilflichen Komplikationen und Notsituationen bei einer vaginalen Entbindung kommt und ist folglich mit erheblichen Gefahren für Mutter und Kind verbunden. Die sekundäre Sectio wird daher in der medizinischen Literatur übereinstimmend als das schlechtere Entbindungsverfahren beurteilt; vor allem wird hier darauf hingewiesen, dass die Patientin möglicherweise schon stundenlang Schmerzen hat erleiden müssen, die Konstitution von Mutter und Kind hat sich sehr wahrscheinlich schon verschlechtert und es können dramatische Situationen entstehen, z. B. wenn das Kind in Beckenmitte eingekeilt ist, die nur noch eine Notsectio übrig lassen[171].

Wird von vornherein eine Sectio vorgenommen, können derartige Notoperationen verhindert und das Risiko minimiert werden - denn das Eintreten situationsbedingter Risiken ist bei sekundären, sprich notfallmäßig durchgeführten Schnittentbindungen erhöht, die in Frage kommende Allgemeinanästhesie problematisch und nicht zuletzt entsteht hier der höchste Aufwand sowohl bei Personal- als auch bei den Sachkosten[172]. Letzteres ist durchaus relevant, wenn es aufgrund des Wirtschaftlichkeitsgebots zu Wirtschaftsprüfungen in den Krankenhäusern kommt, in denen sich aufgrund der DRG-Abrechnung[173] finanzielle Missverhältnisse auftun. Folglich stellt sich bei Betrachtung der Risiken und Gefahren für Mutter und Kind sowie der Kosten einer sekundären Notsectio die Wunsch-

168 Hickl; „Wandlungen in der Kaiserschnittindikation"; Gynäkologische geburtshilfliche Rundschau 42 (2002); S. 15, 16.

169 Die Sphinkterplastik ist ein operatives Verfahren zur Wiederherstellung der Schließmuskelfunktion bei motorisch bedingter Stuhl- oder Harninkontinenz; Pschyrembel, 259. Auflage, Sphinkterplastik.

170 Schneider, H.; Die Wunschsectio – eine gleichwertige Alternative zur Wunschgeburt?, Gynäkologisch geburtshilfliche Rundschau 42 (2002); S. 4, 5, 6.

171 Wachter; Frauenarzt 43 (2002) Nr. 8, S. 902, 904.

172 Wachter; Frauenarzt 43 (2002) Nr. 8, S. 902, 904.

173 Mit der Einführung der „DRG", Diagnosis Related Groups, findet seit dem 01.01.2003 eine Umstellung der bisherigen Kostenregelung mittels einer Abrechnung nach Fallpauschalen statt; dazu vgl. Anhang II.

sectio als geplante und damit bestens vorher organisierte, primäre Schnittentbindung, mithin bessere Alternative dar.

IV. Die Sectio auf Wunsch

Der eigentlichen Sectio auf Wunsch liegt kein erkennbares medizinisches Motiv zugrunde[174]. Eine solche Schnittentbindung geschieht nach Vereinbarung bzw. aus reiner Gefälligkeit, weshalb sie von der mehr oder weniger stark indizierten Sectio unterschieden werden muss[175]. Die Unterscheidung aber, ob eine weiche relative Indikation vorliegt oder eine Sectio auf Wunsch durchgeführt wird, kann schwer fallen.

Denn zum einen wird der Begriff „Wunschsectio" oder „Sectio auf Wunsch" teilweise auch für Fälle verwendet, bei denen er unzutreffend ist und dergestalt zu Interpretationsschwierigkeiten führt, die so auch in der Öffentlichkeit für Kontroversen sorgen[176]. Die Bezeichnung Sectio auf Wunsch wird nämlich gerade in diesen öffentlich geführten Diskussionen aus Unwissenheit oder aufgrund von Oberflächlichkeit vielfach ebenso für Schnittentbindungen verwendet, die schwächer medizinisch und eher psychisch motiviert bzw. indiziert sind, was jedoch zu Missverständnissen führen kann und für die medizinische und juristische Betrachtung verhindert werden muss, da einer Wunschsectio keinerlei Indikationen zugrunde liegen. In der medizinischen Literatur wird daher der Begriff der elektiven Sectio präferiert[177].

Das Problem der Definition einer Wunschsectio liegt zum Zweiten darin begründet, dass fraglich ist, ob die Sectio auf Wunsch, wie sie undefiniert zumindest in der meisten Literatur besprochen wird, wirklich als medizinisch ohne jeg-

174 Bei der Indikationserstellung in der Geburtshilfe ist allerdings eine Besonderheit zu beachten: Es können hier nämlich Indikationen sowohl der Mutter als auch des Kindes vorliegen. Wird daher davon gesprochen, dass keine Indikationen vorliegen, sind folglich weder maternale noch fetale medizinische Gründe gegeben, die einen Kaiserschnitt notwendig machen.

175 AGMEDR, Frauenarzt 42 (2001) Nr.11, S. 1311, 1311.

176 Haller/Hepp/Winter; Sectio nach Wunsch oder elektive Sectio: Aufforderung zum Umdenken, Gynäkologisch-geburtshilfliche Rundschau 42 (2002); S. 1, 2; Hickl; „Wandlungen in der Kaiserschnittindikation"; Gynäkologisch-geburtshilfliche Rundschau 42 (2002); S. 15, 16.

177 In der vorliegenden Arbeit wird weiterhin von der Sectio auf Wunsch bzw. Wunschsectio gleichbedeutend mit der elektiven Sectio gesprochen. Das beinhaltet keine Unterscheidung, sondern beide Begriffe sollen eine medizinisch nicht indizierte Schnittentbindung bezeichnen. Ausschlaggebend hierfür sind lediglich sprachliche Gründe.

liche Indikation vorgenommen bezeichnet werden kann. In der Geburtshilfe tätige Ärzte betonen, dass davon auszugehen sei, dass immer irgendwie geartete mehr oder weniger beträchtliche Befürchtungen und berechtigte Motive vorliegen, die die werdende Mutter dazu bringen, den Wunsch nach einem Kaiserschnitt zu äußern[178]. Bei einer beispielhaften Umfrage unter englischen Gynäkologinnen und Gynäkologen, welchen Geburtsmodus diese für sich oder ihre Partnerin selbst wählen würden, entschieden sich überraschenderweise rund 30 Prozent der weiblichen und ca. 8 Prozent der männlichen Geburtshelfer für die Sectio auf Wunsch[179]. Als Begründung für diese Wahl gaben sie zu 100 Prozent die Angst vor Langzeitfolgen wie Harninkontinenzen, zu 80 Prozent die Angst vor Dammverletzungen, zu 58 Prozent die Angst vor sexueller Dysfunktion, zu 39 Prozent die Angst um das Kind und zu 37 Prozent den Wunsch nach der Planbarkeit der Geburt an[180]. Bei einer vergleichbaren Umfrage in Deutschland in der Ärztekammer Westfalen-Lippe nannten die Befragten als Kriterien für eine elektive Sectio zu 67 Prozent die Angst vor bzw. Vermeidung von Geburtsschmerz, zu 57 Prozent vor Beckenbodenverletzungen, zu 55 Prozent war der Wunsch beeinflusst durch traumatische Erlebnisse bei einer vorangegangenen Geburt, zu 39 Prozent stand das kindliche Wohl im Vordergrund, zu 24 Prozent Befürchtungen der Beeinträchtigung der Sexualität und die Terminwahl kam auf immerhin 18 Prozent[181].

Hierdurch wird deutlich, dass die Abgrenzung zu den „weichen" relativen Indikationen unklar ist und teilweise vom bloßen Wunsch nicht unterschieden werden kann. Wird für die „weichen" relativen Indikationen gefordert, dass eigene traumatische Erlebnisse vorliegen müssen, eignet sich das als Abgrenzungskriterium gegenüber der Wunschsectio. Dieser Prüfstein wurde jedoch dadurch unterhöhlt, dass es teilweise schon als ausreichend empfunden wird, wenn im Nahbereich, d. h. im Verwandten- oder sogar Bekanntenkreis, solche dramatischen Situationen wie Geburtsschädigungen auftraten. Erfahrungsgemäß sind allerdings

178 Haller/Hepp/Winter; Sectio nach Wunsch oder elektive Sectio: Aufforderung zum Umdenken, Gynäkologisch-geburtshilfliche Rundschau 42 (2002); S. 1, 2.

179 Schmutzler/Herlyn-Elger/Rhiem/Bücker-Nott/Roemer; Einstellung deutscher Gynäkologen und Gynäkologinnen zur Wunschsectio; Frauenarzt 44 (2003) Nr. 6, S. 632, 632.

180 Berg, – Die geplante Geburt – Kaiserschnitt auf Wunsch; Protokoll Arbeitskreis Ärzte und Juristen – 23. und 24. März 2001 – S. 2; http://www.uni-duesseldorf.de/WWW/AWMF/aej/aej01-1.htm.; Schmutzler/Herlyn-Elger/Rhiem/Bücker-Nott/Roemer; Einstellung deutscher Gynäkologen und Gynäkologinnen zur Wunschsectio; Frauenarzt 44 (2003) Nr. 6, S. 632, 632.

181 Schmutzler/Herlyn-Elger/Rhiem/Bücker-Nott/Roemer; Einstellung deutscher Gynäkologen und Gynäkologinnen zur Wunschsectio; Frauenarzt 44 (2003) Nr. 6, S. 632, S. 632.

die meisten Frauen durch persönliche, berufliche oder familiäre Erfahrungen beeinflusst. Die Unterscheidung zur Wunschsectio liegt daher gegenwärtig einzig darin, dass für diese weder psychisch belastende Erfahrungen mit Geburtsbeeinträchtigungen bei eigenen vorherigen Geburten, noch beängstigende Situationen bei Verwandten oder Bekannten die Schwangere zum Kaiserschnitt veranlassen.

Diese elektive Sectio, die lediglich eine Handlung aus Gefälligkeit darstellt und mithin ohne jedwede im herkömmlichen Sinne medizinische Indikation durchgeführt wird, ist jedoch extrem selten[182]. In den überwiegenden Fällen liegen Indikationen, absolute oder relative, für die Vornahme eines Kaiserschnittes vor. Folglich kommen für die Gruppe der Kaiserschnitte auf Wunsch nur noch jene Fälle in Betracht,

- in denen psychische Befürchtungen einer Mutter nicht zu einer psychologisch begründbaren weichen relativen Indikation führen;
- in denen allein, d. h. ohne eventuell zusätzlich vorliegende Indikationen, aus beruflichen oder terminlichen Gründen der Schwangeren oder aufgrund des Wunsches nach der Teilnahme des Partners, der terminlich nicht frei verfügbar ist, sowohl die Zeit als auch der Ort der Entbindung im Voraus fest bestimmt werden[183].

Dennoch soll der Arzt die vorgebrachten Sorgen und Wünsche der Schwangeren ernst nehmen – mag er sie für begründet halten oder nicht[184]. Nachdem das meist vorgebrachte Gegenargument zum Kaiserschnitt – die höhere Müttersterblichkeit – seine Bedeutung eingebüßt hat[185], muss gerade eine besondere Motivation und ein neues Bewusstsein der schwangeren Frauen beachtet werden: Sie möchten mit der Sectio ihrem Kind höhere Chancen einräumen, gesund zur Welt zu kommen[186].

Daher wird auch die Ansicht vertreten, dass die Wunschsectio von der indikationslosen Sectio zu trennen sei, da die Prävention von Folgestörungen oder die Vermeidung der Verschlimmerung von vorhandenen Erkrankungen mittels

---

182 Haller/Hepp/Winter; Sectio nach Wunsch oder elektive Sectio: Aufforderung zum Umdenken, Gynäkologisch-geburtshilfliche Rundschau 42 (2002); S. 1, 2; Hickl; „Wandlungen in der Kaiserschnittindikation"; Gynäkologische geburtshilfliche Rundschau 42 (2002); S. 15, 16.

183 AGMEDR, Frauenarzt 42 (2001) Nr.11, S. 1311, 1312.

184 Hickl; „Wandlungen in der Kaiserschnittindikation"; Gynäkologische geburtshilfliche Rundschau 42 (2002); S. 15, 17.

185 Das Letalitätsrisiko allein der primären Sectio gegenüber der vaginalen Geburt betrug im Zeitraum 1995 bis 2000 nach der Bayerischen Perinatalerhebung 1:1, so Welsch, Können Mortalität und Letalität der Schnittentbindung weiter gesenkt werden?, http://www.nwggg.de/archiv/PDF/welsch.pdf, vom 27.11.2004.

186 Hickl; „Wandlungen in der Kaiserschnittindikation"; Gynäkologische geburtshilfliche Rundschau 42 (2002); S. 15, 17.

Wunsch nach einer Sectio schon wieder als Indikation ernst zu nehmen ist[187]. Dann ergeben sich aber wiederum Abgrenzungsschwierigkeiten zu den „weichen“ relativen Indikationen für einen Kaiserschnitt. Denn die Grenzen sind fließend und es liegt wohl auch im Auge des betrachtenden Arztes, ob er in den vorgenannten Fällen der Präventionsmotivation eine derart starke Wirkung zuschreibt und eine weiche relative Indikation oder eine Wunschsectio als gegeben annimmt oder aber eine Indikation ablehnt und es als reine indikationslose Sectio einstuft. Die Begriffe Wunschsectio und indikationslose Sectio sind nicht eindeutig zu trennen und daher abzulehnen.

Ein ganz besonderer Fall, der selten aber durchaus anzutreffen ist, ist der Wunsch nach einer Sectio, die mit einer gleichzeitigen Myom-, d. h. Tumorentfernung verbunden werden soll. Da es durch Myome oft zu Lageanomalien, protrahierten Geburtsverläufen oder Verengungen des unteren Uterinsegments kommt, sind diese Tumoren – die häufigsten bei Frauen im gebärfähigen Alter überhaupt – auch oft ausschlaggebend für primäre oder sekundäre Schnittentbindungen[188]. Viele betroffene Frauen bitten daher bereits während der Schwangerschaft darum, dass die Entbindung am Termin mittels Sectio geschieht und zugleich der Tumor entfernt wird. Aufgrund erhöhter Risiken, wie z. B. Blutungsgefahren mit schlimmstenfalls Hysterektomie, wird einerseits davor gewarnt, andererseits werden Vorteile für nachfolgende Schwangerschaften sowie die Vermeidung zusätzlicher Operationen zur Myomentfernung betont[189]. Dies ist zwar ein Sonderfall, der im jeweiligen Einzelfall konkret und individuell entschieden werden muss unter Beachtung der jeweils erhobenen Befunde. Doch muss auch hier der Achtung des Selbstbestimmungsrechtes der Patientin und vor allem der Vermeidung weiterer Operationen ein großer Stellenwert eingeräumt und folglich die Möglichkeit der Sectio auf Wunsch eröffnet werden. Hierauf soll, da sich diese Situation erheblich von dem Fall der eigentlichen Sectio auf Wunsch unterscheidet, im Fortgang dieser Arbeit nicht weiter eingegangen werden.

C. Ist die Sectio auf Wunsch wirklich ein nicht indizierter Eingriff?

An dieser Stelle kommt jedoch die Frage auf – ohne der rechtlichen Betrachtung vorgreifen zu wollen – ob die Bezeichnung „nicht indizierte Schnittentbindung“

187 Anthuber/Hepp, Gynäkologe 2000, 847.

188 Breymann, Sectio caesarea und Myomenukleation, in: Huch et al, Sectio caesarea, S. 98.

189 Breymann, Sectio caesarea und Myomenukleation, in: Huch et al, Sectio caesarea, S. 98.

heute noch so bestehen bleiben kann. Der Wunsch bzw. die Ursache des Wunsches nach einem Kaiserschnitt könnte als Indikation gelten und anerkannt werden. Der überwiegende Teil der Frauen entscheidet sich aus guten Gründen für eine Schnittentbindung, vornehmlich aus gesundheitlichen Aspekten zum Wohle des Kindes, aber auch zum Schutz der eigenen Gesundheit. Ebenso lassen sich aus einer Erweiterung des Indikationskataloges und vor allem aus der Abwägung von Vor- und Nachteilen eines Kaiserschnittes gegenüber der vaginalen Geburt Indikationen folgern, wenn von der Sectio zunehmend als echte Alternative gesprochen werden kann.

I. Der Wunsch als Indikation?

Betrachtet man die so genannten „weichen" relativen Indikationen, lässt sich eine zunehmende Lockerung und Ausdehnung des Indikationskataloges feststellen. Hinzu gekommen sind vor allem psychisch motivierte Gründe. Die nun nicht im Indikationskatalog aufgeführten, von der Frau als Grund für den Wunsch nach einer Schnittentbindung genannten, zusätzlichen schwachen und vor allem psychologischen Gründe, können durchaus als Indikationen bezeichnet werden. Wenn diese allerdings den Ausschlag für ärztliches Handeln geben sollen, muss der Wunsch nach der Sectio eine Heilanzeige begründen können. Denn die Erstellung eines Indikationskataloges für die Durchführung der Sectio caesarea beruht auf der medizinischen Überlegung, dass die Schwangerschaft oder Geburt dann operativ zu beenden ist, wenn ein hohes Risiko für die Schwangere und ihr Kind besteht.

Die Lehre der operativen Geburtsbeendigung ist zwar einem ständigen Wechsel unterworfen, dennoch bedarf nach den im europäischen Kulturkreis anerkannten medizinischen Lehrsätzen jeder operative Eingriff einer allgemein anerkannten medizinischen Begründung[190]. Operationsindikationen stellen solche Begründungen dar. Die Rechtfertigung für das Erfordernis einer Operationsbegründung liegt im gesundheitlichen Risiko, mit dem jede geburtshilfliche Operation für Mutter und Kind verbunden sein kann[191]. Sind nun nicht einmal die Merkmale einer weichen relativen Indikation gegeben, liegt für den Arzt kein Anhaltspunkt und folglich keine Heilanzeige dafür vor, es bestünde ein derart hohes Risiko für Mutter und Kind, dass er unter Einsatz chirurgischer Mittel die Schwangerschaft per primärer Sectio oder die Geburt per sekundärer Sectio beenden *muss*.

190 Jaisle, Schnittentbindung in den Akten der Justiz, S. 42.
191 Jaisle, Schnittentbindung in den Akten der Justiz, S. 42.

Mithin kann der bloße Wunsch nach einer Schnittentbindung nicht schon als Indikation angesehen werden. Auch kann eine Indikation nicht dadurch geschaffen werden, dass die Frau auf ihren Wunsch hin mit dem Arzt einen Behandlungsvertrag schließt und dieser zur Erfüllung seines Dienstvertrages eine Schnittentbindung durchführt. Er ist hier lediglich aufgrund vertraglich vereinbarter Pflichten, nicht aber wegen einer medizinischen Indikation tätig geworden.

II. Erweiterung des Indikationskataloges?

Vor allem in der Ärzteschaft wurde und wird auch heute noch zum Teil ein medizinisch nicht indizierter Eingriff als unärztlich, unmedizinisch oder einfach unmoralisch abgelehnt[192]. Vielerorts ist man sogar noch bemüht, selbst wohl durchdachte Indikationen zur Sectio zu hinterfragen, wenn diese nicht als klassische Indikationen aufgeführt sind; teils ist es noch gebräuchlich, eine zweite ärztliche Meinung einzuholen, ob denn eine Schnittentbindung indiziert sei bzw. um eine Sectio zu bestätigen, wenn Mutter und bzw. oder Kind in Gefahr sind, bei mütterlichen Erkrankungen oder wenn geburtstechnisch bzw. geburtsmechanisch nichts anderes übrig bleibt[193]. Aus diesem Argumentationsansatz entsprang eine Diskussion über die Erweiterung der möglichen Indikationen für eine Sectio caesarea.

Eine „schleichende" Ausweitung des Indikationskataloges geschieht einerseits bereits durch die vermehrte Aufnahme psychologischer Gründe in den Katalog und führt damit zur Erweiterung vor allem der weichen relativen Indikationen. Dies trägt bei zur längst feststellbaren Aufweichung des Begriffes der Indikation[194]. Andererseits steht einer solchen Erweiterung allerdings wiederum entgegen, was zuvor schon beschrieben wurde[195]: Da der Erstellung eines Indikationskataloges konkrete Gründe zur Wahrung des Kindes- und mütterlichen Wohles zugrunde liegen, besteht dann keine Notwendigkeit den Indikationskatalog, sprich die Fälle, in denen chirurgisch eingegriffen werden *muss*, zu erweitern, wenn keine konkreten Gründe vorliegen, die befürchten lassen müssen, dass Mutter und Kind in Gefahr schweben.

192 Wachter; Frauenarzt 43 (2002) Nr.8, S. 902, 902.
193 Wachter; Frauenarzt 43 (2002) Nr.8, S. 902, 902.
194 Dies konnte schon dargestellt werden bei der problematischen Definition der Begriffe der „weichen" relativen Indikationen in Abgrenzung zur Wunschsectio, 3. Kapitel B. II. 2. und IV.
195 3. Kapitel C. I.

III. Indikation aus der Abwägung von Vor- und Nachteilen?

Die besondere Problematik in der Geburtshilfe ist die Tatsache, dass hier in gleichem Maße die Interessen der schwangeren Frau als auch die Interessen des Kindes Beachtung zu finden haben. Bezogen auf die Frage, ob einer Vaginal- oder Schnittentbindung der Vorzug zu geben ist, ergeben sich gegenläufige Risiken, die sorgfältig und umfassend gegeneinander abzuwägen sind. Fraglich ist daher, ob und in welchen Fällen wirklich von einer medizinisch nicht indizierten Sectio ausgegangen werden kann. Eine Wunschsectio ist aus den Augen der werdenden Mutter nie wirklich ohne Grund – und auch medizinisch können diese von den Frauen vorgetragenen Ängste in vielen Fällen akzeptiert werden[196]. Anders formuliert könnte sich bei der folgenden Abwägung aller Vor- und Nachteile die Schnittentbindung sich als derart gut für Mutter und Kind herausstellen, dass es einer medizinischen Indikation entweder gar nicht mehr bedarf oder die Sectio gerade wegen ihrer Vorteile gegenüber der Vaginalgeburt schon als indiziert zu betrachten ist.

1. Vorteile und Nachteile für die Mutter

a) Bei vaginaler Geburt

aa) Vorteile

Hier wird an erster Stelle immer das **Urerleben der Geburt** genannt: Der Stolz und die Freude, die die Mutter bei der Geburt empfindet[197]. Die Vaginalgeburt ist zwar extrem schmerzhaft und körperlich sehr anstrengend. Die Evolution jedoch stattete den Moment der Geburt des Kindes mit einer endogenen Endorphinausschüttung aus, welche eine Art Amnesie und starke Glücksgefühle hervorruft, wodurch die Schmerzen quasi auf einen Schlag aufhören und die Gebärende mit Gefühlen und Stolz berauscht[198]. Auch ein eventuell anwesender Partner kann in diesen „Gefühlsrausch" miteinbezogen werden. Gerade Hebammen machen auf den Aspekt aufmerksam, dass das spontane und natürliche Geburtserlebnis Mutter und Kind bzw. die gesamte Familie zusammenschweißt[199]. Das könne sie für kommende Krisensituationen stärken, was bei einer Sectio so nicht stattfände, da

196 Schneider, K.T.M.; Sectio nach Wunsch – Muss man hinsichtlich der Morbiditätsrisiken umdenken? Gynäkologisch–geburtshilfliche Rundschau 42 (2002); S. 12, 13.

197 Wachter; Frauenarzt 43 (2002) Nr.8, S. 902, 903.

198 Husslein, Elektive Sectio versus vaginale Geburt – Ist das Ende der herkömmlichen Geburtshilfe erreicht?, in: Huch et al, Sectio caesarea, S. 110.

199 Oster; Leben und Erziehen, Oktober 2003, S. 24, 25.

bei jener die Väter nicht immer dabei sein dürfen, z. B. bei der Vollnarkose nicht, was dazu führe, dass es den Eltern, insbesondere dem Vater schwerer fallen kann, zu dem Kind eine Beziehung aufzubauen[200].

Im Idealfall stehen daher bei einer spontanen vaginalen Geburt nicht Schmerzen und Erschöpfung im Vordergrund. Zudem kann es bei idealem Ablauf der Geburt post partum zu einer **geringen körperlichen Beeinträchtigung** und zur **schnellen Erholung** kommen[201]. Weiterhin sind in der Regel die Entzündungsreaktionen nach der Durchführung einer vaginalen Entbindung geringer und dauern nicht so lange an wie nach einer Schnittentbindung, nach der die Normalisierung der Parameter wie Blutneubildung langsamer geschieht[202].

Nicht nur die Blutneubildung kann, wenn alles optimal läuft, rascher geschehen, sondern der **Blutverlust ist** von **tendenziell geringer**em Ausmaß, da bei der Sectio caesarea mit Bauchschnitt, Uterotomie und möglicherweise unter Allgemeinnarkose verstärkt auftretender Atonie zusätzliche Blutungsquellen geschaffen werden[203]. Der Blutverlust beträgt – gemessen oder an indirekten Parametern geschätzt – in der Größenordnung bei vaginaler Spontangeburt von 300 bis 500 ml und bei der Schnittentbindung 500 bis 700 ml, wobei diese Unterschiede dann aber kleiner werden, je mehr operative Entbindungen die vaginalen Vergleichsgruppen beinhalten[204]. Denn die Anwendung von Episiotomie, Zange oder Saugglocke führt auch bei vaginaler Entbindung zu beachtlichen Blutungen. Bei Statistiken allerdings, die lediglich die elektive primäre Sectio zum Gegenstand haben und in denen gleichzeitig vaginal-operative Eingriffe berücksichtigt werden, sind keine signifikanten Unterschiede in Blutverlustzahlen mehr auszumachen[205].

bb) Nachteile

Zwar postulieren Hebammenverbände es stetig und immer häufiger, aber es ist bislang nicht gelungen, eindeutig nachzuweisen, dass sich der **Entbindungsmo-**

200 Oster; Leben und Erziehen, Oktober 2003, S. 24, 25.
201 Wachter; Frauenarzt 43 (2002) Nr.8, S. 902, 903.
202 Breymann et al., Blutverlust und Blutbildung bei der Geburt, in: Huch et al, Sectio caesarea, S. 169.
203 Breymann et al., Blutverlust und Blutbildung bei der Geburt, in: Huch et al, Sectio caesarea, S. 168.
204 Massive und eventuell fatale postpartale Blutungen werden fast ausschließlich bei Sectiones beobachtet – hier allerdings meist in den Sonderfällen wie sekundären Notfallsectiones und mit (absoluten) Indikationen belasteten Kaiserschnitten, bei welchen per se ein hohes Blutverlustrisiko besteht, Breymann et al., Blutverlust und Blutbildung bei der Geburt, in: Huch et al, Sectio caesarea, S. 168.
205 Schneider, K.T.M/Schelling/Gnirs/Lack, Wunschsectio und Morbiditätsrisiken bei Mutter und Kind, in: Huch et al, Sectio caesarea, S. 120.

dus auf die Psyche auswirkt. Viele Frauen empfinden gar nicht das proklamierte Urerleben bei der Geburt und erfahren auch die Entbindung nicht als Stärkung, wie man es immer wieder darzustellen versucht. Im Gegenteil, oft empfinden Gebärende den vaginalen Geburtsprozess als äußerst unangenehm. Eine nationale Umfrage in Großbritannien im Jahr 1990 zeigte, dass 56 Prozent der Frauen über **unerträgliche Schmerzen** unter der Geburt klagten und 37,5 Prozent berichteten von heftigen, schlimmen Schmerzen; viele Frauen fühlten sich zudem durch diese Entbindung **traumatisiert**[206]. Stundenlange entkräftende Geburtswehen und eine schmerzhafte vaginale Entbindung sind für die meisten werdenden Mütter eine äußerst unangenehme Prozedur, weshalb viele eben gerade Alternativen zu Wehenschmerz, Saugglocke und Dammschnitt suchen und einige so zur elektiven Sectio finden[207]. Was zudem nicht beachtet oder von Gegnern der Sectio verschwiegen wird, ist, dass eine **Gebärende** sich gerade dann **psychisch extrem belastet** und als Versagerin fühlt, wenn sie erst während der Geburt erleben muss, dass sie das Kind nicht mehr spontan selbst vaginal gebären kann und dann operativ durch hinzutretende Ärzte entbunden wird[208].

Über bestimmte nachteilige Folgen der vaginalen Entbindung wurde außerdem lange Zeit nicht offen gesprochen, zum Beispiel Themen wie **Harn- und Stuhlinkontinenz** oder **sexuelle Dysfunktionen**. Denn die Folgen einer vaginalen Geburt können für die Frau dramatisch sein. Nach neueren Studien und Untersuchungen treten unangenehme und sogar pathologische Folgen bei vaginaler Geburt viel häufiger, umfangreicher und ausgeprägter auf, als bisher bekannt. Die vaginale Entbindung konnte als Hauptgrund für das Entstehen von Stressharninkontinenz sowie Harn- und Stuhlinkontinenz insgesamt bei Frauen ausgemacht werden; aktuelle funktionale Studien hinsichtlich des Beckenbodens zeigen, dass viele Frauen – und sogar die meisten – ihren **Beckenboden** als direktes Resultat einer vaginalen Entbindung **schädigen** und bei etwa einem Drittel dieser Frauen entstehen daraus Inkontinenzen, insbesondere bei operativer Unterstützung[209].

Das kann u. a. wie folgt geschehen: Bei der Überdehnung des Beckenbodens kann es zu einem Riss bzw. zur operativen Durchtrennung (**Episiotomie**) des Damms zwischen Scheide und After kommen, was so zur Harn- oder/und Stuhlinkontinenz führen kann sowie zu Beeinträchtigungen des Geschlechtsverkehrs und Sexualempfindens führt. Dass erst seit neuerer Zeit Studien zu diesem Thema veröffentlicht und die Öffentlichkeit, insbesondere die betroffenen Schwangeren und Frauen erst nach und nach über diese durchaus nicht seltenen Gefahren

206 Steer, Caesarean section, an evolving procedure, in: Huch et al; S. 13.
207 Bopp, Kaiserschnitt auf Wunsch, S. 40 ff.
208 Ehlert, Psychische Aspekte der Entbindung. Ist die Sectio caesarea ein Stressor mit negativen Konsequenzen, in: Huch et al; S. 200.
209 Fisk, Caesarean section for everyone?, in: Huch et al, Sectio caesarea, S. 29.

informiert werden, liegt an der bereits erwähnten **Tabuisierung** dieser Folgen auf der einen und der nur langsamen Erforschung der Auswirkungen vaginaler Geburt auf der anderen Seite. Das Thema Inkontinenz ist in der Gesellschaft mit Schamgefühlen verbunden und die Anerkennung der Sexualität der Frau begann erst spät.

Das Risiko, bei der vaginalen Spontangeburt nicht unerhebliche muskuläre, neuromuskuläre und bindegewebsbezogene Schäden des Beckenbodens davonzutragen, ist nicht unwahrscheinlich und kann unterschiedlichen Ausmaßes sein: Die Prävalenz[210] zur Stressharninkontinenz nach vaginaler Entbindung beträgt 3 - 32 Prozent; die Prävalenz der fäkalen Inkontinenz liegt bei vaginalen Geburten bei 4 - 6 Prozent und die Prävalenz eines Sphinktertraumas[211] bei 35 Prozent, bei Mehrgebärenden sogar 44 Prozent[212]. Mittels analer Endosonographie konnte aufgedeckt werden, dass diese Sphinkterdefekte andauernde Quetschungen und bleibende Schäden beinhalten[213]. Das Risiko eines Sphinktertraumas ist am höchsten bei der ersten vaginalen Geburt, wobei gerade die operative vaginale Entbindung bei Passivität und unter Einfluss einer sekundären Epiduralanästhesie verbunden ist mit dem allergrößten Risiko eines analen Sphinktertraumas und fäkaler Inkontinenz[214].

Zudem können **Störungen der Befindlichkeit beim Sitzen und Gehen** sowie **Dyspareunie**[215], d. h. **Störungen der Sexualfunktion,** auftreten[216]. Diese sind direkt auf Bindegewebsschäden bei der Auswalzung des Vaginalrohres und Überbelastung des Beckenbodens durch die vaginale Entbindung zurückzuführen.

Dabei nimmt die **kumulative Häufigkeit eines Paravaginaldefektes** mit zunehmender Muttermundsweite zu, steigt ab etwa 6 cm sogar drastisch an und erreicht bei vollständig eröffnetem Muttermund 21,5 Prozent, weshalb der Entschluss, ob bei begonnener vaginaler Entbindung eine sekundäre Sectio noch er-

---

210 Anzahl der Erkrankungsfälle einer best. Erkrankung bzw. Häufigkeit eines bestimmten Merkmals zu einem bestimmten Zeitpunkt (Punktprävalenz) oder innerhalb einer bestimmten Zeitperiode (Periodenprävalenz); Pschyrembel, 259. Auflage, Prävalenz.

211 Schließmuskeldefekte.

212 Wachter; Frauenarzt 43 (2002) Nr.8, S. 902, 903; Sultan, Effects of vaginal delivery on the anal sphincter, in: Huch et al, Sectio caesarea, S. 78.

213 Sultan, Effects of vaginal delivery on the anal sphincter, in: Huch et al, Sectio caesarea, S. 78.

214 Sultan, Effects of vaginal delivery on the anal sphincter, in: Huch et al, Sectio caesarea, S. 78.

215 Ursprünglich das Nichtzusammenpassen in der Ehe; heute unpräzise Sammelbezeichnung für Schmerzen (bei Mann u. Frau) während des Koitus; Pschyrembel, 259. Auflage, Dyspareunie.

216 Wachter; Frauenarzt 43 (2002) Nr.8, S. 902, 903.

folgen soll, nicht zu lange abgewartet, sondern schon in der späten Eröffnungsphase getroffen werden sollte, um die Traumatisierung des Beckenbodens möglichst noch gering zu halten[217].

Durchschnittlich leiden etwa 35 Prozent aller über 50-jährigen Frauen an Harninkontinenz, was für diese direkt eine Minderung der Lebensqualität und indirekt auch ein sozio-ökonomisches Problem darstellt[218]. Denn diese zuvor geschilderten Auswirkungen auf den Beckenboden können die **Notwendigkeit zu nachfolgenden Eingriffen** (Deszensusoperationen, Harninkontinenzoperationen, Rezidivinkontinenz-Operationen) nach sich ziehen; im späteren Lebensalter sind diese zusätzlich verbunden mit methodenbedingten Komplikationsraten[219].

Bei einem direkten Vergleich von leichten und schweren Morbiditätsrisiken der Vaginalgeburt versus Schnittentbindung lässt sich mittels einer Odds Ratio (OR) feststellen, dass sowohl bei den leichten Komplikationen (mit einer OR von 1,18) als auch bei den schweren (mit einer OR von 2,6) die **OR bei der Vaginalgeburt signifikant höher** liegt als bei geplanter primärer Sectio[220]. Lediglich bezüglich des Risikos eines Blutverlustes wurden keine signifikanten Unterschiede festgestellt[221]. Bei vaginalen Entbindungen tritt außerdem eine sechsmal höhere Rate an **Plazentaretentionen**[222] ein als nach Kaiserschnitt, da bei diesem sofort nachgetastet wird und schließlich unter Sicht eine Lösung der Plazenta per Hand möglich ist[223].

Hoher Personalaufwand bei der Betreuung einer vaginalen Geburt – vor allem bei der Entbindung einer Erstgebärenden – schlagen außerdem zu Buche[224]. Oftmals gibt es aufgrund unzureichender oder unorganisierter Personalstrukturen **keine gesicherte Betreuung** (z. B. aufgrund von Mehrfachbetreuung, Überlastung). Zudem lässt sich eine Vaginalgeburt eben nicht planen und der Entbindungsverlauf nicht von vornherein einschätzen. Vor allem deshalb können gerade

217 Wisser, Sonomorphologische Veränderungen des anterioren Beckenbodenkompartiments nach vaginaler Geburt, in: Huch et al, Sectio caesarea, S. 77.

218 Schmidt/Hendrik, Mütterliche Kurz- und Langzeitmorbidität der Geburt im Spiegel der zunehmenden Lebenserwartung, in: Huch et al, Sectio caesarea, S. 56.

219 Wachter; Frauenarzt 43 (2002) Nr.8, S. 902, 903.

220 Schneider, K. T. M./Schelling/Gnirs/Lack, Wunschsectio und Morbiditätsrisiken bei Mutter und Kind, in: Huch et al, Sectio caesarea, S. 119.

221 Schneider, K. T. M./Schelling/Gnirs/Lack, Wunschsectio und Morbiditätsrisiken bei Mutter und Kind, in: Huch et al, Sectio caesarea, S. 119. Vgl. dazu auch S. 54 a. E. sowie die dortige Fn. 204.

222 Plazentalösungsstörungen, verzögerte Ausstoßung der Plazenta nach der Geburt; Pschyrembel, 259. Auflage, Plazentaretentionen.

223 Schneider, K. T. M./Schelling/Gnirs/Lack, Wunschsectio und Morbiditätsrisiken bei Mutter und Kind, in: Huch et al, Sectio caesarea, S. 120.

224 Wachter; Frauenarzt 43 (2002) Nr.8, S. 902, 903.

an Wochenenden, Feiertagen und des Nachts Probleme bei spontanen Vaginalgeburten auftreten.

b) Bei der Schnittentbindung (primäre Sectio)

Mit dem Wunsch nach einem Kaiserschnitt möchten die Frauen in der Regel auch die gerade beschriebenen nachteiligen Folgen der vaginalen Geburt für die eigene Gesundheit vermeiden. Allerdings stehen auch hier den Vorteilen durchaus Nachteile gegenüber.

aa) Vorteile

Insgesamt betrachtet, soll eine elektive Sectio den verschiedenartigsten Komplikationen vorbeugen[225]. Die Schnittentbindung wird etwa 2 Wochen vor dem berechneten natürlichen Geburtstermin angesetzt, damit die Ärzte und Geburtshelfer einem möglichen Notkaiserschnitt, welcher bei komplizierten Notsituationen unter der Geburt notwendig wird und die risikoreichste Art der Entbindung darstellt, vorbeugen können. Gerade in der **Vermeidung geburtshilflicher Komplikationen** wird daher von einigen Ärzten der entscheidende Vorteil der Wunschsectio gesehen, da die Neugeborenen immer größer und schwerer werden[226] und zudem die schmaleren Becken der Frauen heutzutage und vor allem ihr immer höheres Erstgebäralter zu folgenträchtigen Problemen führen können.

Einer dieser folgenschweren und immer öfter diskutierten Punkte ist die bereits besprochene **Schonung des Beckenbodens**[227]. Die Sectio belastet den Beckenboden am wenigsten, was sowohl Auswirkungen auf Harn- und Stuhlinkontinenz hat[228], als auch wichtig für das weitere sexuelle Empfinden und Bedürfnis ist. Die Sectio vermindert damit mögliche Risiken und oft tabuisierte Nachteile, die die Vaginalgeburt für die Frau haben kann[229].

225 Oster; Leben und Erziehen, Oktober 2003, S. 24, 25.

226 Oster; Leben und Erziehen, Oktober 2003, S. 24, 25.

227 Wachter; Frauenarzt 43 (2002) Nr.8, S. 902, 903; Oster; Leben und Erziehen, Oktober 2003, S. 24 - 26, 25. Vgl. zum gesamten Komplex 3. Kapitel C. III. a) bb).

228 Prophylaxe der Harninkontinenz, da die Entstehung eines paravaginalen Defekts verhindert wird; Wachter; Frauenarzt 43 (2002) Nr.8, S. 902, 903.

229 Allerdings könnten einigen Studien zufolge anatomische Veränderungen des Beckenbodens schon durch die Schwangerschaft entstehen und sich dann auch unabhängig vom Entbindungsweg nach der Geburt des Kindes nur bedingt zurückbilden. Zudem könnte eine Östrogenmangelsituation (z. B. in der Menopause) Inkontinenzen fördern und ab drei Kaiserschnitten soll das Inkontinenzrisiko mit dem nach der vaginalen Geburt vergleichbar sein, Schmidt/Hendrik, Mütterliche Kurz- und Langzeitmorbidität der Geburt im Spiegel der zunehmenden Lebenserwartung, in: Huch

Ein weiterer enormer Vorteil der Sectio ist die **Vermeidung von Schmerzen** bei der Geburt[230]. Viele Frauen haben große **Angst** vor den Schmerzen, aber auch vor der Geburtsbelastung und der Erschöpfung. Bei einer vaginalen Geburt kann nicht vorhergesehen werden, wie sie verläuft (es könnten Notfallsituationen eintreten, die nur noch vaginal-operativ oder mittels sekundärer Sectio beendet werden können), wie lange sie andauern würde (bei Erstgebärenden kann die Dauer sogar 48 Stunden überschreiten) und vor allem, wie die Schmerzen sein werden. Diese können bis an die Grenzen der Kräfte und des Aushaltbaren gehen. Bei einem Kaiserschnitt mit der entsprechenden Anästhesie wird folglich der werdenden Mutter die Angst vor den Wehenschmerzen genommen[231]. Denn auch die psychische Entlastung der werdenden Mutter bei Angst vor vaginaler Geburt[232] spielt zunehmend eine Rolle. Oft wird mit einem Kaiserschnitt eigentlich ausschließlich auf die Ängste der Mütter reagiert, schließlich liege die Rate an Angststörungen und Depressionen in der Schwangerschaft bei ca. 14 Prozent, weshalb heute öfter nach der Sectio gefragt wird, die als berechenbar und damit als angstmindernd gilt.

Der Eingriff ist zudem – was in der heutigen Gesellschaft eine zunehmend wichtigere Größe darstellt – sowohl für die Ärzte bzw. entsprechend benötigtes Personal und die Krankenhausträger, als auch und vor allem für die Schwangere und deren Familie, **programmier- und planbar**[233]. Bei einer vaginalen Geburt ist nicht vorherzusagen, wann die Wehen eintreten werden und wann bzw. wie letztlich die Geburt des Kindes sich vollzieht. Dies kann erhebliche Auswirkungen auf die Planung im Familien- und insbesondere im Berufsleben haben. Problematisch kann aber auch die Betreuung einer Geburt im Krankenhaus in den Nachtstunden und an Wochenenden und Feiertagen sein. Bei der Sectio caesarea hingegen ist es möglich, alles umfassend zu organisieren, Helfer für die erste Zeit mit dem Baby zu suchen, Kranken- und Urlaubstage im Voraus zu beantragen, anstatt Helfer und Familienangehörige in wochenlanger „Rufbereitschaft" zu belassen[234].

---

et al, Sectio caesarea, S. 56. Letzteres allerdings kann zum einen bei der durchschnittlichen deutschen 1,4-Kind-Familie nicht oder nur im seltensten Fall als Argument für die Vaginalgeburt gebracht werden und zum anderen spricht es für die Wunschsectio, wenn die einmalige Vaginalgeburt allein schon zu Problemen führt, die erst nach dreimaligem Kaiserschnitt erreicht werden könnten.

230 Oster; Leben und Erziehen, Oktober 2003, S. 24, 25.

231 Oster; Leben und Erziehen, Oktober 2003, S. 24, 25.

232 Wachter; Frauenarzt 43 (2002) Nr.8, S. 902, 903.

233 Wachter; Frauenarzt 43 (2002) Nr.8, S. 902, 903; Oster; Leben und Erziehen, Oktober 2003, S. 24, 25.

234 Oster; Leben und Erziehen, Oktober 2003, S. 24, 25.

bb) Nachteile

(1) Letalität und Mortalität

Die **Mortalitätsrate** umfasst die Sterberate von Müttern im *zeitlichen Zusammenhang* mit der Geburt, wohingegen die **Letalitätsrate** die Sterberate durch diese Geburt bezeichnet, also den *kausalen Zusammenhang* mit der Geburt[235]. Aus diesem Blickwinkel heraus kann nach Welsch ausschließlich die Letalität bei Sectio dem operativen Eingriff im Vergleich mit der Vaginalgeburt zur Last gelegt werden. Werden die Nachteile der Sectio erfragt, erfolgt insbesondere der Hinweis auf ein erhöhtes Letalitätsrisiko. Das Letalitätsrisiko ist jedoch innerhalb der letzten Jahre erheblich gesunken. So wurde nach Erhebungen von Welsch in einer Einzelfallanalyse der Bayrischen Perinatalerhebung (BPE) in den Jahren 1995 bis 2000 die Sectio-Letalität mit einem Todesfall auf 26.000 primäre und sekundäre Sectiones bei postoperativ gesunden Frauen angegeben – bei vaginaler Entbindung kam es zu einem Müttersterbefall bei 60.000 Entbindungen und ist damit im Vergleich zur vaginalen Geburt derzeit noch um den Faktor 2,3 erhöht[236]. Trennt man allerdings aus diesen Zahlen die risikobehafteten und von der Situation der elektiven primären Sectio zu unterscheidenden sekundären Sectiones heraus, ergab sich für den Zeitraum von 1995 - 2000 in der BPE ein Letalitätsrisiko der vaginalen Geburt gegenüber der elektiven Sectio von nur noch 1:1[237].

Dass die **Mortalität** der Gebärenden **niedrig** ist, kann zum einen als Folge der derzeitigen niedrigen Geburtenrate bezeichnet werden, denn die Mortalität steigt – vor allem ab dem dritten Kind – mit jedem weiteren Kind an[238]. Das wird heute kaum noch erreicht. Zum anderen nahmen die anästhesiebedingten mütter-

---

235 **Letalität bei Sectio**: Anzahl der in ursächlichem Zusammenhang mit einer Sectio caesarea während oder innerhalb von 42 Tagen an operations- oder anästhesiebedingten Komplikationen verstorbenen präoperativ gesunden Mütter bezogen auf 1.000 Schnittentbindungen, angegeben in Promille;
Mortalität bei Sectio: Anzahl der in zeitlichem Zusammenhang mit einer Sectio caesarea während oder innerhalb von 42 Tagen nach dem Eingriff verstorbenen Mütter bezogen auf 1.000 Schnittentbindungen, angegeben in Promille. Welsch, Sectiomortalität und -letalität in Bayern 1983 - 1999, in: Huch et al., Sectio caesarea, S. 48.

236 Wachter; Frauenarzt 43 (2002) Nr.8, S. 902, 902.

237 Welsch, Können Mortalität und Letalität der Schnittentbindung weiter gesenkt werden?, http://www.nwggg.de/archiv/PDF/welsch.pdf, vom 27.11.2004.

238 Dietl, – Das Restrisiko in der Geburtshilfe; Protokoll Arbeitskreis Ärzte und Juristen – 27. und 28. März 1998 – S. 1 - 3, S. 2; http://www.uni-duesseldorf.de/WWW/AWMF/aej/aej9801.htm vom 27.11.2004.

lichen Todesfälle stetig ab. Dabei sind die Zahlen bei der Allgemeinanästhesie, welche vor allem bei Notfallkaiserschnitten angewandt werden und die ohnehin risikobehaftet sind, konstant geblieben und die der Regionalanästhesie rückläufig[239], welche vor allem bei primären Sectiones angewandt werden. Ursachen für eine **Abnahme der Letalitätsrate** bei Schnittentbindungen sind unter anderem deutliche Fortschritte der Anästhesiologie (Peridural- und Spinalanästhesie), Verbesserung der Operationstechniken sowie Verbesserung der Begleitmaßnahmen[240] (Antibiotika- und Thromboembolieprophylaxe).

Die **Mortalität** der Sectio, besonders der elektiven Sectio, zeigt demnach **kaum noch Unterschiede zur Vaginalgeburt.** Allerdings ist die Analyse der Daten großer Studien und Perinatalerhebungen bzgl. der der verschiedenen Entbindungsarten schwierig, da die meisten Daten retrospektiv erfasst sind und damit keine direkte Vergleichbarkeit der Mortalitätsraten gegeben ist[241]. Zudem wird hier immer übersehen, dass es zu einer Zunahme von Kaiserschnitten bei immer mehr gesunden Frauen kam – weshalb schon aus der reinen Verringerung der absoluten Zahlen von risikoträchtigen Fällen bei Sectiones durch quantitative Steigerung unkomplizierter Fälle Morbiditäts- und Mortalitäts- sowie Letalitätsraten absinken. So werden ebenfalls durch sofortigen Einsatz des Kaiserschnittes z. B. bei Beckenendlage Geburten vermieden, bei denen es nach normaler vaginaler Geburtseinleitung später zur gefährlicheren sekundären Sectio hätte kommen können.

Kausal für die seltenen, aber dennoch mitunter auftretenden Fälle von **Müttersterblichkeit**, bei denen also die Gebärende während des Kaiserschnittes verstarb, sind an erster Stelle die üblichen Operationsrisiken wie Blutungen und Thrombosen bzw. Embolien, welche jedoch meist während oder nach der Entbindung auftreten und folglich behandelbar sind. Auch Gestosen bzw. Eklampsien sowie septische Verläufe nehmen vordere Plätze ein[242].

Oftmals aber steht die Sectio in **keinerlei kausalem Zusammenhang** zum Tod der Frau, sondern ist die Folge schwangerschaftsbedingter oder schwanger-

239 Dietl, – Das Restrisiko in der Geburtshilfe; Protokoll Arbeitskreis Ärzte und Juristen – 27. und 28. März 1998 – S. 1 - 3, S. 2; http://www.uni-duesseldorf.de/WWW/AWMF/aej/aej9801.htm vom 27.11.2004.

240 Berg, – Die geplante Geburt – Kaiserschnitt auf Wunsch; Protokoll Arbeitskreis Ärzte und Juristen – 23. und 24. März 2001 – S. 1 - 7, S. 2; http://www.uni-duesseldorf.de/WWW/AWMF/aej/aej01-1.htm vom 27.11.2004.

241 Haller/Hepp/Winter; Sectio nach Wunsch oder elektive Sectio: Aufforderung zum Umdenken; Gynäkologische geburtshilfliche Rundschau 42 (2002); S. 1, 1.

242 Schmidt, Mütterliche Mortalität: Erfassung und Konsequenzen, in: Huch et al, Sectio caesarea, S. 43; Dietl, – Das Restrisiko in der Geburtshilfe; Protokoll Arbeitskreis Ärzte und Juristen – 27. und 28. März 1998 – S. 1 - 3, S. 2; http://www.uni-duesseldorf.de/WWW/AWMF/aej/aej9801.htm vom 27.11.2004.

schaftsbegünstigter Grundkrankheiten oder Vorerkrankungen – bei den Thromboembolien kann es z. B. der Fall sein, dass die Sectio lediglich Folge einer Embolie ist (was sie allerdings zu einer indizierten Sectio machen kann) und nicht die Embolie Folge der Schnittentbindung[243]. Beinvenenthrombosen treten nach einer Sectio mit einer Häufigkeit von 0,24 bis 1,25 Fällen zu 1000 Entbindungen auf; bei Lungenembolien beträgt die Häufigkeit nach einem Kaiserschnitt 0,27 bis 1,04 Fälle bei 1000 Entbindungen[244]. Für das Thromboserisiko allerdings berichtet *Zimmermann* für die Schweiz, dass es keine Hinweise darauf gebe, dass bei entsprechender Thromboseprophylaxe und dem zusätzlichen Tragen von Kompressionsstrümpfen sowie der Gabe von Heparin ein Kaiserschnitt gefährlicher einzustufen ist als eine Vaginalgeburt[245].

Schwere Komplikationen wie Hysterektomie, Thrombose, Embolie und Sepsis können heute schon zu den **Raritäten** gezählt werden, da wegen der immer besser werdenden standardisierten Sectiotechnik mit Thromboembolieprophylaxe und der entsprechenden Antibiotikatherapie diese schweren Komplikationen nach geplanter primärer Sectio derzeit schon signifikant niedriger sind als nach Vornahme einer Vaginalgeburt[246].

Allgemein muss darauf verwiesen werden, dass bei Operationen immer ein **Narkoserisiko**, d. h. das Risiko der Gefährdung eines Patienten durch eine Narkose, besteht – im weiteren Sinne auch durch andere anästhetische Maßnahmen. Zur Beurteilung des individuellen Narkoserisikos muss der Allgemeinzustand des jeweiligen Patienten besondere Berücksichtigung finden, vor allem kardiovaskuläre und bronchopulmonale Erkrankungen sowie Stoffwechselerkrankungen[247]. Das Narkoserisiko beeinflusst unter anderem die Auswahl des Anästhesieverfahrens, kann jedoch nicht isoliert vom Risiko des operativen Eingriffs selbst beurteilt werden[248]. Hierbei wäre denkbar, dass die Sectio, da sie ein komplexeres

---

243 Rath, Perioperative Blutungs- und Thromboembolieprophylaxe, in: Huch et al, Sectio caesarea, S. 175.

244 Zimmermann, Mütterliche Risiken im Zusammenhang mit einem Kaiserschnitt – Erfahrungen aus der Schweiz, in: Huch et al, Sectio caesarea, S. 52, 53.

245 Zimmermann, Mütterliche Risiken im Zusammenhang mit einem Kaiserschnitt – Erfahrungen aus der Schweiz, in: Huch et al, Sectio caesarea, S. 53, 54.

246 Schneider, K. T. M./Schelling/Gnirs/Lack, Wunschsectio und Morbiditätsrisiken bei Mutter und Kind, in: Huch et al, Sectio caesarea, S. 120.

247 Pschyrembel, 259. Auflage, Narkoserisiko.

248 Klinische Merkmale: 1. normaler, sonst gesunder Patient, 2. leichte Allgemeinerkrankung ohne Leistungseinschränkung, 3. schwere Allgemeinerkrankung mit Leistungseinschränkung, 4. schwere Allgemeinerkrankung, die mit oder ohne Operation das Leben des Patienten bedroht, 5. moribunder Patient, Tod innerhalb von 24 Stunden mit oder ohne Operation zu erwarten; Pschyrembel, 259. Auflage, Narkoserisiko.

Verfahren darstellt, mehr „Behandlungsfehlerpotential" beinhaltet, als eine Vaginalgeburt – dies konnte in bisherigen Studien jedoch noch nicht nachgewiesen werden[249]. Eine abschließende Bewertung und vergleichende Analyse der Häufigkeit und Schwere von unerwünschten Nebenwirkungen der verschiedenen, bei einem Kaiserschnitt zur Anwendung kommenden regionalen Anästhesieverfahren liegt zurzeit noch nicht vor[250]. Um also das relative Mortalitätsrisiko der Gebärenden bei Allgemein- und Regionalanästhesieverfahren abschließend zu beurteilen, ist die bisherige Literatur noch unzureichend. Allerdings ist festzustellen, dass – weltweit betrachtet – immer noch die meisten Schwangeren während Allgemeinanästhesien bei Sectiones sterben als unter Regionalanästhesien, weshalb sich bei fehlender Kontraindikation letztere (dazu gehören Epidural-, Spinal- sowie kombinierte Spinalepiduralanästhesie) bei Sectio caesarea besser eignen[251].

Ein **niedriges Risikopotential** ergibt sich auch bei einem Kaiserschnitt wie jedem operativen Eingriff dann, wenn die Schwangere nicht älter als 35 Jahre ist und ihr BMI (Body-Mass-Index[252]) den Faktor 27 nicht übersteigt, die Familien- und Eigenanamnese für eine Thromboembolie negativ zu beurteilen sowie die Schwangerschaft risikolos verlaufen ist und sie schließlich mittels elektiver Sectio entbunden wird[253].

(2) Morbidität

Gegner der elektiven Sectiones haben – da die Mortalität der Gebärenden kontinuierlich derjenigen bei vaginaler Geburt angeglichen werden konnte – nun die **Morbiditätsrisiken** im Auge, wobei auch hier die Statistik und Studienlage noch nicht hinreichend für abschließende Bewertungen ist[254]. Fasst man die Risiken zusammen, liegt die Morbiditätsrate bei vaginal entbundenen Frauen signifikant

249 Zimmermann, Mütterliche Risiken im Zusammenhang mit einem Kaiserschnitt – Erfahrungen aus der Schweiz, in: Huch et al, Sectio caesarea, S. 51, 54.

250 Bremerich/Kaufmann/Dudziak; Geburtshilfliche Anästhesie, DÄ 2001, A 837.

251 Bremerich/Kaufmann/Dudziak; Geburtshilfliche Anästhesie, DÄ 2001, A 837. Allerdings muss auch hier wieder hinzugefügt werden, dass die höheren Mortalitäts- und Morbiditätsraten nach Allgemeinanästhesie auch damit zusammenhängen, dass die Allgemeinanästhesie vorwiegend bei den gefahrgeneigten sekundären Notsectiones durchgeführt wird.

252 Dieser so genannte BMI wird rechnerisch mit folgender Formel ermittelt: Das Körpergewicht in Kilogramm wird durch die Körpergröße in Metern, welche zum Quadrat genommen wurde, geteilt. (X kg : X m^2=BMI).

253 Rath, Perioperative Blutungs- und Thromboembolieprophylaxe, in: Huch et al, Sectio caesarea, S. 180.

254 Schneider, K.T.M.; Sectio nach Wunsch – Muss man hinsichtlich der Morbiditätsrisiken umdenken? Gynäkologisch–geburtshilfliche Rundschau 42 (2002); S. 12, 13.

höher als bei Schnittentbindungen, wobei unterschieden werden muss zwischen leichten und schweren Komplikationen: Bei leichten Problemen wie Wundheilungsstörungen, Fieber und Anämie ist die Rate bei Sectiones höher, bei schweren wie Dammrissen I. bis III. Grades (welche eine hohe Folgemorbidität nach sich ziehen und denknotwendig nur bei vaginaler Geburt auftreten) liegt eine sechsfach höhere Rate von Störungen bei Vaginalentbindung vor[255].

Als **allgemein sectioassoziierte Probleme** gelten neben einer Sectio in der nächsten Schwangerschaft mögliche Plazentastörungen und Rupturgefahr[256] bei nachfolgenden Schwangerschaften, eventuell Adhäsionen[257], selten Ileus[258] und möglicherweise größere Blutverluste[259]. Im Notfall kann eine Hysterektomie[260] durchgeführt werden. Die Inzidenz[261] einer Uterusruptur liegt in Mitteleuropa bei 1 Prozent, bei tiefem Querschnitt zwischen 0,2 und 1,5 Prozent[262], nach anderen Studien bei 1:1000 bis 1:6000, wobei die Uterusrupturgefahr beim klassischen Längsschnitt am höchsten und beim Transversalschnitt im unteren Uterinsegment am geringsten ist[263]. Damit liegt die Gefahr einer Uterusruptur bei einem Kaiserschnitt zwar höher als bei vaginaler Geburt, ist absolut gesehen mit etwa 1 Prozent jedoch eher selten und kann zudem bei vorsichtiger Geburtsleitung noch stark gemindert werden[264]. Dabei muss aber darauf hingewiesen werden, dass die Rate schwerer intraoperativer Komplikationen – wie Verletzungen von Dünndarm, Blase oder größerer pelviner Gefäße – bei der Durchführung einer Sectio

---

255 Schneider, K.T.M.; Sectio nach Wunsch – Muss man hinsichtlich der Morbiditätsrisiken umdenken? Gynäkologisch–geburtshilfliche Rundschau 42 (2002); S. 12, 13.

256 Abreißen, Durchbrechen, z. B. der Plazenta bei nachfolgenden Schwangerschaften.

257 Adhäsionen sind partielle oder totale Verwachsungen bzw. Verklebungen innerhalb der Gebärmutterhöhle durch Bildung bindegewebiger, zum Teil vaskularisierter Narbenzüge zwischen Vorder- und Hinterwand, deren Ursachen fast immer intrauterine Eingriffe sind und die besonders gefährlich sind im Zusammenhang mit einer Schwangerschaft oder im Wochenbett; Pschyrembel, 259. Auflage, Adhäsion.

258 Störung der Darmpassage infolge Darmlähmung oder Darmverschluss; Pschyrembel, 259. Auflage, Ileus.

259 Wachter; Frauenarzt 43 (2002) Nr.8, S. 902, 903.

260 Entfernung der Gebärmutter.

261 Statistische Anzahl der Neuerkrankungsfälle einer bestimmten Erkrankung innerhalb eines bestimmten Zeitraums; Pschyrembel, 259. Auflage, Inzidenz.

262 Wachter; Frauenarzt 43 (2002) Nr.8, S. 902, 903.

263 Schmidt/Hendrik, Mütterliche Kurz- und Langzeitmorbidität der Geburt im Spiegel der zunehmenden Lebenserwartung, in: Huch et al, Sectio caesarea, S. 55.

264 Berg, – Die geplante Geburt – Kaiserschnitt auf Wunsch; Protokoll Arbeitskreis Ärzte und Juristen – 23. und 24. März 2001 – S. 1 - 7, S. 3; http://www.uni-duesseldorf.de/WWW/AWMF/aej/aej01-1.htm vom 27.11.2004.

unter 1 Prozent von allen vorgenommenen Kaiserschnitten beträgt[265]. Nachblutungen treten nur bei etwa 2 Prozent, die Notwendigkeit von nachfolgenden Operationen bei 1,4 Prozent sowie von Sectio-Hysterektomie bei 0,5 Prozent und Fistelbildungen treten mit 0,1 Prozent ebenfalls selten auf; insgesamt kam es so z. B. 1997 in 7 Prozent aller Schnittentbindungen zu schweren operationsassoziierten Komplikationen[266].

Vergleicht man neben der Morbidität von Vaginalgeburt und Schnittentbindung auch die **stationäre Verweildauer**, so ist diese bei der Sectio noch erhöht. Bei den Ursachen sind zu 13 Prozent transfusionspflichtige Anämien zu finden, zu 8 Prozent Wundheilungsstörungen und zu 9 bis 40 Prozent Entzündungen der Gebärmutterschleimhaut[267]. Im Vergleich zu einer spontanen Geburt – wenn sie unkompliziert verläuft – kann sich damit die Genesung nach einer Schnittentbindung verzögern[268].

Auch können die zuvor bei der Geburt zu vermeiden gesuchten **Schmerzen nach dem Eingriff** auftreten[269]. Die Schnittwunde ruft noch einige Tage nach dem Eingriff Schmerzen hervor, z. B. beim Aufstehen, Husten, Lachen und einige Frauen haben anfangs aufgrund dessen sogar Probleme, das Kind allein zu versorgen[270].

Diese Wunde kann zudem Sekundärheilungen hervorrufen, welche zu unansehnlichen **Vernarbungen** führen. Die allgemeine Rate an **Wundheilungsstörungen**, z. B. Wundinfektionen, die nach einem Kaiserschnitt auftreten können, beträgt 5 bis 10 Prozent[271]. Dabei kann nicht nur die Schnittwunde an sich betroffen sein, sondern auch subkutane Hämatome können sich sekundär infizieren[272]. Allerdings kommt es dafür auf den Einzelfall an: Finden sich bei der Schwangeren ungünstige Faktoren wie Adipositas oder Diabetes mellitus und gibt es Probleme bei der operativen Technik oder dauert der Eingriff länger, beeinflusst dies direkt die Wundheilung; eine besondere Exposition zu Wundheilungsstörungen

265 Schmidt/Hendrik, Mütterliche Kurz- und Langzeitmorbidität der Geburt im Spiegel der zunehmenden Lebenserwartung, in: Huch et al, Sectio caesarea, S. 55.
266 Schmidt/Hendrik, Mütterliche Kurz- und Langzeitmorbidität der Geburt im Spiegel der zunehmenden Lebenserwartung, in: Huch et al, Sectio caesarea, S. 55.
267 Schmidt/Hendrik, Mütterliche Kurz- und Langzeitmorbidität der Geburt im Spiegel der zunehmenden Lebenserwartung, in: Huch et al, Sectio caesarea, S. 55.
268 Wachter; Frauenarzt 43 (2002) Nr.8, S. 902, 903.
269 Oster; Leben und Erziehen, Oktober 2003, S. 24, 26.
270 Oster; Leben und Erziehen, Oktober 2003, S. 24, 26.
271 Dietl, Infektionsrisiken beim Kaiserschnitt und deren Vermeidung, in: Huch et al, Sectio caesarea, S. 58.
272 Dietl, Infektionsrisiken beim Kaiserschnitt und deren Vermeidung, in: Huch et al, Sectio caesarea, S. 58.

findet sich bei der Notsectio[273]. Wird bei einer Sectio unter normalen Umständen jedoch ein Antibiotikum eingesetzt, kann das Infektionsrisiko eingeschränkt und die postoperative Morbidität um mehr als 50 Prozent verringert werden[274].

Nicht zuletzt ist zu beachten, dass jeder durchgeführte Kaiserschnitt **nachfolgende Schwangerschaften** automatisch zu Risikoschwangerschaften macht. Es besteht nach Vornahme einer Sectio ein erhöhtes Risiko für nachfolgende Schwangerschaften durch Extrauteringraviditäten[275], Plazentationsstörungen und Uterusrupturen. Denn befindet sich in der Nähe der Uterusnarbe die Plazenta, können bei späteren Schwangerschaften Plazentationsanomalien und Plazentalösungsstörungen auftreten[276]. Es kann zu einem Riss der Gebärmutternarbe kommen, was schlimmstenfalls, jedoch sehr selten, für Mutter und Ungeborenes tödlich verläuft. Die Uterusruptur bei einer Gebärenden, deren Inzidenz im mitteleuropäischen Raum bei ca. 1 Prozent liegt, ist zwar ein seltenes, aber dennoch viel diskutiertes weil von der vorausgehenden Sectio bzw. deren Schnittführung abhängiges und damit eventuell vermeidbares Problem[277]. Die Risiken für eine Ruptur steigen jedenfalls dann an, wenn der Schnitt bei der ersten Sectio und mithin die Narbe nicht auf das untere Uterinsegment beschränkt blieb, sondern es wie bei einem T-Schnitt oder auch bei einem langen klassischen Schnitt zur Schnitterweiterung kam[278]. Der Mutterkuchen kann dann an der falschen Stelle anwachsen oder in die Narbe hinein wuchern – diese Risiken müssen, wenn weitere Kinderwünsche bestehen, unbedingt angesprochen werden und in Ländern, in denen immer mehrere Kinder zur Welt gebracht werden, könnte ein Kaiserschnitt folgenschwer sein.

Früher sorgte auch die Angst vor der nach einer Sectio möglicherweise auftretenden **Anämie** zur Ablehnung einer nicht indizierten Schnittentbindung[279]. Allerdings gilt für diesen Bereich, dass es heutzutage schon wirkungsvolle präventiv einzusetzende Maßnahmen gibt, welche bei Auftreten einer Anämie mit Ei-

273 Dietl, Infektionsrisiken beim Kaiserschnitt und deren Vermeidung, in: Huch et al, Sectio caesarea, S. 58.

274 Huch, Sectio caesarea: die Züricher Operationstechnik, in: Huch et al, Sectio caesarea, S. 143.

275 Schwangerschaft außerhalb der Gebärmutter (so genannte Bauchhöhlen- od. ektopische Schwangerschaft); Pschyrembel, 259. Auflage, Extrauteringraviditäten.

276 Schmidt/Hendrik, Mütterliche Kurz- und Langzeitmorbidität der Geburt im Spiegel der zunehmenden Lebenserwartung, in: Huch et al, Sectio caesarea, S. 55.

277 Vetter, Sectio caesarea – Risiken für die nachfolgende Schwangerschaft, in: Huch et al, Sectio caesarea, S. 61.

278 Vetter, Sectio caesarea – Risiken für die nachfolgende Schwangerschaft, in: Huch et al, Sectio caesarea, S. 61.

279 Breymann et al., Blutverlust und Blutbildung bei der Geburt, in: Huch et al, Sectio caesarea, S. 173.

senpräparaten und eventuell zusätzlichem Einsatz rekombinanten Erythroproteins rasch wirkende und gute Therapiekonzepte darstellen und folglich die Anämiegefahr kein Argument mehr gegen nicht indizierte Sectiones ist[280].

Annahmen, eine Schnittentbindung könne auch zur **Sterilität** der Frau führen, sind bislang nicht eindeutig nachgewiesen[281]. Zwar nennen *Schmidt/Hendrik* als Langzeitmorbidität für die Mutter eine konsekutive Sterilität von 21 bis zu 84 Prozent[282]. Jedoch gelten deren Zahlen nur für den Zustand nach wiederholter Sectio. Zudem konnten andere Autoren keinen Unterschied in der **Fertilität** zwischen spontanen vaginalen, vaginal – operativen Entbindungen und geplanten primären Sectiones ausmachen[283]. Deshalb kann die Wunschsectio nach derzeitigem Kenntnisstand nicht als Durchkreuzung einer eventuellen weiteren Familienplanung gelten.

Ergebnisse einer neuen britischen Studie könnten aber darauf hindeuten, dass der Kaiserschnitt das Risiko für zukünftige **Totgeburten** möglicherweise erhöht[284]. Diesen Ergebnissen zufolge soll eine Verdoppelung des Risikos für eine Totgeburt bei einer zweiten Schwangerschaft möglich sein, wenn die Mutter bei der ersten Schwangerschaft mittels Sectio entbunden hat – wenngleich das absolute Risiko mit ca. 1 zu 1100 Fällen niedrig ist[285]. Diese Risikoerhöhung bei nachfolgenden Schwangerschaften hatte meist keinen erkennbaren Grund und begann in der 34. Schwangerschaftswoche, wobei kein Zusammenhang mit dem Grund für den Kaiserschnitt bei der ersten Schwangerschaft direkt nachweisbar war[286]. Die britischen Mediziner versuchen dennoch, Erklärungen zu finden und mutmaßen, dass ein Kaiserschnitt Gefäße der Gebärmutter verletzen und auf diese Weise in nachfolgenden Schwangerschaften die Blut- und Nährstoffversorgung des Fetus beeinträchtigen; gestützt wird diese Vermutung durch die Beobachtung, dass viele der vorzeitig verstorbenen Ungeborenen vergleichsweise klein für ihr Alter und ihren Entwicklungsstand waren[287].

---

280 Breymann et al., Blutverlust und Blutbildung bei der Geburt, in: Huch et al, Sectio caesarea, S. 173.

281 Berg, – Die geplante Geburt – Kaiserschnitt auf Wunsch; Protokoll Arbeitskreis Ärzte und Juristen – 23. und 24. März 2001 – S. 1 - 7, S. 3; http://www.uni-duesseldorf.de/WWW/AWMF/aej/aej01-1.htm vom 27.11.2004.

282 Schmidt/Hendrik, Mütterliche Kurz- und Langzeitmorbidität der Geburt im Spiegel der zunehmenden Lebenserwartung, in: Huch et al, Sectio caesarea, S. 55.

283 Husslein, Elektive Sectio versus vaginale Geburt – Ist das Ende der herkömmlichen Geburtshilfe erreicht?, in: Huch et al, Sectio caesarea, S. 113.

284 Deutsches Ärzteblatt, Jg. 100, Heft 51 - 52, S. B2829; Die Welt, Freitag 28. November 2003, S. 31, (Wissenschaft).

285 Deutsches Ärzteblatt, Jg. 100, Heft 51 - 52, S. B2829.

286 Deutsches Ärzteblatt, Jg. 100, Heft 51 - 52, S. B2829.

287 Die Welt, Freitag 28. November 2003, S. 31, (Wissenschaft).

Der **Zustand nach Sectio** schränkt folglich bei nachfolgenden Schwangerschaften die Geburtshilfe ein. Dies begründet auch, weshalb die einer Schnittentbindung nachfolgende Schwangerschaft per se als Risikoschwangerschaft eingestuft wird. So diskutiert man zunehmend Blasenrupturen und Blasenläsionen, Ureterenverletzungen und Blasenkonfusionen hinsichtlich vaginaler Entbindungen bei Status nach Sectio und bemüht auch heute noch bzw. schon wieder den Satz „Einmal Sectio, immer Sectio“[288]. Letztere Aussage ist jedoch so abwegig nicht. Schließlich ist der Status nach Sectio mit einem Anteil von ca. 30 Prozent Haupt- oder Zusatzindikation für die Vornahme einer erneuten Schnittentbindung bei nachfolgenden Schwangerschaften[289]. Es zeigt sich, dass – unabhängig vom gewählten Geburtsmodus – bei Zustand nach Sectio die Komplikationen für Mutter und Kind gleichermaßen gehäuft sind[290]. Mütterliche Komplikationen, die bei 99 untersuchten Fällen mit Uterusruptur auftraten, waren neben einem Todesfall von 99, Bluttransfusionen (29 von 99), urologische Verletzungen (7 von 99) und Hysterektomien (19 von 99)[291].

Allerdings gilt auch hier: Sollte aufgrund der vorhergegangenen Geburt mittels Sectio bei der **nachfolgenden Entbindung** beim **Versuch einer vaginalen Geburt** sich das erhöhte Risiko verwirklichen und eine sekundäre notfallmäßig durchgeführte Re-Sectio notwendig werden, wird das Gefahrenpotential enorm gesteigert, was jedoch durch eine primäre Re-Sectio hätte umgangen werden können. Dennoch wird vor allem im europäischen Raum auch bei Status nach Sectio oftmals die vaginale Geburt versucht oder gar präferiert, nur weil die Vaginalgeburt generell als der zu bevorzugende Weg der Entbindung auch in der heutigen Geburtshilfe noch gilt. Auch bei diesen Nachfolgeentbindungen wird nicht berücksichtigt, dass durch Verwirklichung des Risikos – eben z. B. bei einer notfallmäßigen Re-Sectio – die Gefahr langzeitiger Gesundheitsschäden bei Mutter und Kind, damit verbundener Haftungsrisiken sowie mit Kosten für die Gemeinschaft verbunden ist. Daher gibt es sowohl noch als auch wieder und sogar verstärkt die Forderung, nach einer Sectio standardmäßig bei der nächsten Entbindung eine Re-Sectio durchzuführen bzw. wird abgeschwächter zumindest appelliert, bei der Aufklärung der Schwangeren vor der ersten Entbindung aus-

288 1916 zum ersten Mal vom Amerikaner Cragin ausgesprochen: „Once a cesarean, always a cesarean“; Vetter, Sectio caesarea – Risiken für die nachfolgende Schwangerschaft, in: Huch et al, Sectio caesarea, S. 63.

289 Dürig/Schneider, H., Einmal Sectio caesarea immer Sectio caesarea: Wieder zutreffend?, in: Huch et al, Sectio caesarea, S. 66.

290 Dürig/Schneider, H., Einmal Sectio caesarea immer Sectio caesarea: Wieder zutreffend?, in: Huch et al, Sectio caesarea, S. 67.

291 Vetter, Sectio caesarea – Risiken für die nachfolgende Schwangerschaft, in: Huch et al, Sectio caesarea, S. 64.

drücklich und besser über die erhöhten Risiken nach Kaiserschnitt, wie Rupturgefahren bei nachfolgenden Schwangerschaften, zu informieren[292].

(3) Psychische Auswirkungen

Der Wunsch nach einer Schnittentbindung ist immer auch beeinflusst durch mehr oder weniger starke psychische Gründe. Auch nach der Entbindung spielt die psychische Belastung der Frau eine große Rolle. Den **psychischen Faktoren**, was das Erleben von Schwangerschaft und gerade der Geburt betrifft, wird daher immer mehr Platz in der Diskussion um Vor- und Nachteile einer Schnittentbindung eingeräumt. Für eine Frau ist das Geburtserlebnis allgemein ein zentrales, oft prägendes Erlebnis, welches Selbstwertgefühl und Körpererleben beeinflussen, Auswirkungen auf das Bonding sowie die gesamte Beziehungsstruktur zwischen Mutter und Kind bzw. Mutter, Kind und Partner einerseits und der Paarbeziehung selbst andererseits haben kann [293]. Diese Aspekte sollen – da dies für die Entscheidung zugunsten eines Wunschkaiserschnittes die entscheidenden Gesichtspunkte sein können – intensiv besprochen werden.

(a) Geburtserlebnis

Zwar konnte es noch nicht beweiskräftig festgestellt werden, doch hält sich hartnäckig die Behauptung, die Schwangere würde bei einer Sectio um das **Erlebnis der Geburt** als „Urerleben“ gebracht[294]. Auf psychischer Ebene soll dies „Versagensgefühle“ bei der Mutter hervorrufen können, da die Mutter das Kind nicht selbst auf die Welt gebracht habe. Allerdings kann dieses Argument in seiner Pauschalität nicht mehr so stehen bleiben: Bei den heutzutage verwendeten Regionalanästhesien erlebt die Mutter die Geburt des Kindes vollkommen bewusst mit. Zwar kann dies dem Urerleben nach eigener Geburtsanstrengung nicht gleichgestellt werden. Jedoch sind die Versagensgefühle nicht etwa bei einer Sectio am stärksten, sondern gerade dann, wenn einer zunächst spontan begonnenen vaginalen Geburt eine sekundäre Sectio beispielsweise aufgrund Geburtsstillstandes folgen muss.

292 Dürig/Schneider, H., Einmal Sectio caesarea immer Sectio caesarea: Wieder zutreffend?, in: Huch et al, Sectio caesarea, S. 66.

293 Schücking, Bedeutung des Geburtserlebnisses für Frau und Partner, in: Huch et al, Sectio caesarea, S. 194.

294 Wachter; Frauenarzt 43 (2002) Nr.8, S. 902, 903; vgl. 3. Kapitel C III. 1. a) aa).

(b) Auswirkungen von Geburts- und sonstigen Vorerfahrungen

Es wurden Studien über die Effekte der Geburtserfahrungen bei vaginaler Geburt im Vergleich zur Schnittentbindung angefertigt, die zeigen sollen, dass Kaiserschnitte mit ungünstigeren psychosozialen Ergebnissen für Mütter und Kinder verbunden sind als bei vaginaler Geburt. Kaiserschnitte werden darin mit negativen Geburtserfahrungen in Verbindung gebracht, aber auch mentalen Traumen wie posttraumatischem Stress und Depressionen, geringeren Stillraten, schlechten Auswirkungen auf die Mutter-Kind-Interaktion und geringeren späteren Schwangerschaften[295]. Allerdings müssen die Ergebnisse dieser Studien mehr als kritisch betrachtet werden. Bedauerlicherweise wird z. B. in den meisten Studien nicht unterschieden zwischen primären und sekundären Sectiones, obwohl gerade dies Schlussfolgerungen für psychische Auswirkungen bei steigenden elektiven Schnittentbindungsraten erschwert[296] bzw. gänzlich unmöglich macht.

In einzelnen Studien ließ sich feststellen, dass die Frauen am zufriedensten sind nach vaginaler Entbindung, gefolgt von elektiver, dann notfallmäßiger Schnittentbindung[297]. Anderen Untersuchungen zufolge sei der Modus der Entbindung jedoch zumindest kein Prädiktor für postpartale Depressionen – wie es teilweise angenommen wurde –, sondern die Faktoren hierfür seien vielmehr hohe soziale Dysfunktionen sowie hohe dispositionelle Ängstlichkeit und geringes Selbstvertrauen; der sogenannte Baby Blues kann auch Frauen nach der Entbindung betreffen, welche keinerlei operativen Maßnahmen bei der Geburt ihres Kindes unterzogen wurden. Folglich muss man – bezogen auf die vorliegenden Untersuchungen bzw. den aufgezeigten Mängeln der Studien – davon ausgehen, dass eine primäre geplante und von der Mutter gewünschte Schnittentbindung nicht aus sich selbst heraus zu psychischer Überforderung der Mutter oder zu Störungen des Mutter-Kind-Partner-Verhältnisses führt, sondern sich derartige Belastungen immer aus einem Zusammenspiel komplexer medizinischer, soziologischer, kultureller, psychologischer und eventuell sogar ökonomischer Zusammenhänge ergeben. Um dem entgegen zu kommen und sowohl die Schwangere vor der Geburt, als auch die Wöchnerin und ihr Kind nach der Geburt optimal zu betreuen und eventuellen Depressionen schon im Vorfeld begegnen zu können, sollten allgemein das psychische Befinden der werdenden Mutter erfasst

295 Waldenström, Significance of the Birth Experience for the Woman and her Partner, in: Huch et al, Sectio caesarea, S. 197.
296 Waldenström, Significance of the Birth Experience for the Woman and her Partner, in: Huch et al, Sectio caesarea, S. 197.
297 Waldenström, Significance of the Birth Experience for the Woman and her Partner, in: Huch et al, Sectio caesarea, S. 197.

und präventive Maßnahmen für mögliche oder nötige Interventionen entwickelt werden[298].

Außerdem erlebt jede Gebärende die Geburtssituation anders und geht mit dieser Erfahrung dann individuell verschieden um. Klinikvorerfahrung oder gar geburtshilfliche Vorerfahrungen, z. B. eventuell bereits erlittene eigene oder berichtete Geburtstraumata können die werdende Mutter beeinflussen, genauso andere Traumatisierungen, vor allem solche auf sexuellem Gebiet und allgemein die psychische Verfassung oder sogar Vorerkrankungen der Frau[299]. Gerade derart vorgeprägte Frauen wünschen sich für eine weitere nachfolgende Entbindung die Sectio, auch wenn sie sonst nicht medizinisch indiziert ist. Zudem kommt es auf die Gesamtumstände und Rahmenbedingen der Entbindung sowie die soziokulturellen Hintergründe an[300]. Äußert die werdende Mutter insbesondere Ängste vor Schmerzen oder vor dem Versagen und versucht sie diese schlichtweg mittels Kaiserschnitt zu vermeiden, kann die positive Bewältigung eben dieser Faktoren bei einer erfolgreichen vaginalen Spontangeburt das Selbstwertgefühl der Frau steigern, und zwar möglicherweise weit über die Geburtssituation hinaus.

(c) Bonding und Mutter-Kind-Interaktion

Eine so schnell wie möglich geschaffene Kontaktaufnahme zwischen Mutter und Kind ruft positive Aspekte für schnelleres und sogar längeres Stillen hervor und festigt das **„Bonding“**, d. h., die Mutter-Kind-Beziehung[301]. Bei der spontanen vaginalen Geburt kann die Mutter das Kind sofort zu sich nehmen – nach einem Kaiserschnitt muss die Schnittwunde der Mutter zunächst versorgt werden, so dass Mutter und Kind erst später ungestört beisammen sind[302]. Auch heute noch stelle nach Ansicht vor allem der Hebammen daher die Situation einer Schnittentbindung einen Störfaktor hinsichtlich des Mutter-Kind-Bondings dar[303]. Eine

---

298 Ehlert, Psychische Aspekte der Entbindung. Ist die Sectio caesarea ein Stressor mit negativen Folgen?, in: Huch et al, Sectio caesarea, S. 202.

299 Schücking, Bedeutung des Geburtserlebnisses für Frau und Partner, in: Huch et al, Sectio caesarea, S. 194; Allerdings kann gerade bei psychisch vorerkrankten Frauen durchaus eine psychosomatische Indikation vorliegen und ist daher vom bloßen Wunsch zu unterscheiden.

300 Schücking, Bedeutung des Geburtserlebnisses für Frau und Partner, in: Huch et al, Sectio caesarea, S. 194.

301 Berg, – Die geplante Geburt – Kaiserschnitt auf Wunsch; Protokoll Arbeitskreis Ärzte und Juristen – 23. und 24. März 2001 – S. 1 - 7, S. 3; http://www.uni-duesseldorf.de/WWW/AWMF/aej/aej01-1.htm vom 27.11.2004.

302 Oster; Leben und Erziehen, Oktober 2003, S. 24, 26.

303 Schücking, Bedeutung des Geburtserlebnisses für Frau und Partner, in: Huch et al, Sectio caesarea, S. 195.

solche negative Geburtserfahrung beeinflusst möglicherweise die **Mutter-Kind-Interaktion** direkt nach der Geburt. Da bei den heutzutage verwendeten Regionalanästhesien die Mutter die Geburt des Kindes bewusst miterleben kann, wird eine schnelle Kontaktaufnahme zwischen Mutter und Kind so zumindest ermöglicht.

Es konnte ein unterschiedliches Interaktionsverhalten in Abhängigkeit davon, ob es zu einer Sectio oder einer Vaginalgeburt kam, beobachtet werden: Direkt nach der Entbindung, wenn sich die Frau in stationärer Behandlung befindet, interagieren Frauen nach vaginaler Geburt mehr mit dem Neugeborenen und schätzen zudem selbst ihre Mutter-Kind-Beziehung als besser ein als jene Wöchnerinnen nach Kaiserschnitt[304]. So soll es Hinweise darauf geben, dass postnatale Depressionen verbunden sind mit Störungen der kognitiven und emotionalen Entwicklung des Kindes, die langfristig sein können[305]. Diese Annahme ist jedoch noch theoretischer Natur und müsste in dieser Form und für eine klare Aussage noch intensiv psychologisch untersucht werden. Außer Acht gelassen werden außerdem bei dieser Betrachtung die Gefühlslage und Ausprägung des Charakters der Mütter an sich: Möglicherweise gibt es Charaktere, für die der Kaiserschnitt geradezu prädestiniert ist oder sie hätten von ihrer Persönlichkeit bzw. Gefühlslage aus auch nach vaginaler Geburt eine weniger starke Bindung zum Kind gehabt. Ebenso sind die Neugeborenen schon von unterschiedlicher Charakterstruktur und zeichnen sich auch bereits kurz nach der Geburt durch verschiedenste Verhaltensmuster aus. Ein direkter Zusammenhang, wonach das Verhalten untrennbar vom Geburtsmodus abhängt, wurde noch nicht nachgewiesen.

Auch, dass sich eine geplante Schnittentbindung von einer notfallmäßig durchgeführten Sectio in psychischer Hinsicht unterscheidet, kann noch nicht nachgewiesen werden, da es in den meisten der bisher durchgeführten Untersuchungen zu psychischen Auswirkungen verschiedener Entbindungswege ebenfalls an der Unterscheidung zwischen primärer und sekundärer Sectio mangelt. In Studien, in denen dieser Unterschied beachtet wurde, konnte bislang keine signifikante Andersartigkeit des Interaktionsverhaltens zwischen Mutter und Kind bzw. dem Partner festgestellt werden in Abhängigkeit davon, ob eine geplante oder ungeplante Schnittentbindung vorgenommen wurde[306].

---

304 Ehlert, Psychische Aspekte der Entbindung. Ist die Sectio caesarea ein Stressor mit negativen Folgen?, in: Huch et al, Sectio caesarea, S. 200.

305 Waldenström, Significance of the Birth Experience for the Woman and her Partner, in: Huch et al, Sectio caesarea, S. 196.

306 Ehlert, Psychische Aspekte der Entbindung. Ist die Sectio caesarea ein Stressor mit negativen Folgen?, in: Huch et al, Sectio caesarea, S. 200.

(d) Auswirkungen auf die weitere Familienplanung

Ein weiteres Spannungs- und Problemfeld ist das der psychischen Auswirkungen einer Schnittentbindung auf die mögliche weitere Familienplanung der Mutter. Ein traumatisches Geburtserlebnis kann weitere Geburtswünsche an sich oder, in weit geringerem Ausmaß, Wünsche die den Entbindungsmodus betreffen, beeinflussen[307]. Angst vor der Geburt könnte eine traumatisierte Frau veranlassen, nach einer elektiven Sectio zu verlangen oder sogar dazu, eine erneute Schwangerschaft und Geburt gänzlich zu vermeiden[308]. Es liegen – leider schon etwas ältere – Studien vor, denen zufolge Frauen nach einem Kaiserschnitt nur 1,8 Kinder, jene nach Vaginalgeburt 3 Kinder bekamen[309]. Angst vor einer weiteren Geburt hatten im Übrigen mehr Frauen nach einer Sectio[310]. Was hier allerdings unberücksichtigt blieb, war, zu untersuchen, ob nicht jene Frauen, die einen Kaiserschnitt erhielten, sowieso weniger Kinder hatten bekommen wollen und zudem schon von vornherein mehr Angst vor einer Geburt hatten als die Vergleichsgruppen mit vaginaler Geburt. Die derartige Interpretation der Verhaltensweisen der Vergleichsgruppen kann folglich nicht dermaßen pauschal erfolgen. Es ist vorstellbar, dass gerade Frauen, die von Anfang an eine genaue Familienplanung hatten und möglicherweise nur ein einziges Kind haben wollten, sich genau deshalb bewusst für eine Sectio entschieden. Auf die Spitze getrieben könnte es sogar sein, dass zumindest einige dieser Frauen, z. B. Karrierefrauen mit genauester Zeit- und Familienplanung, nur deshalb eine Schwangerschaft überhaupt „zuließen", weil sie die Möglichkeit zu einer elektiven planbaren primären Sectio hatten. Folglich kann nicht – zumindest nicht nur – aus der Wahl der Entbindungsmethode beim ersten Kind und dem Vergleich der weiteren Anzahl von Kindern der jeweiligen Frauen auf den Zusammenhang von Entbindungsmethode und weiterer Familienplanung geschlossen werden. Dazu sind noch aktuelle Studien durchzuführen.

307 Waldenström, Significance of the Birth Experience for the Woman and her Partner, in: Huch et al, Sectio caesarea, S. 196.

308 Waldenström, Significance of the Birth Experience for the Woman and her Partner, in: Huch et al, Sectio caesarea, S. 196.

309 Vetter, Sectio caesarea – Risiken für die nachfolgende Schwangerschaft, in: Huch et al, Sectio caesarea, S. 64.

310 Vetter, Sectio caesarea – Risiken für die nachfolgende Schwangerschaft, in: Huch et al, Sectio caesarea, S. 64.

(4) Risikosenkung

In Medizinerkreisen wird davon ausgegangen, dass **Morbidität und Mortalität** bei Schnittenbindungen von der Geschicklichkeit, Sorgfalt und Erfahrung des Operateurs und des Anästhesisten abhängen und deshalb die Risiken **weiter gesenkt werden können**, wenn Sectiones von gut ausgebildeten und aufeinander eingespielten Geburtshelferteams durchgeführt werden[311]. Weitere Möglichkeiten der Absenkung von Mortalität und Letalität bei Sectio könnten sich nach Welsch aus folgenden Aspekten ergeben[312]:

- Durch die Vermeidung postoperativer Verblutungsfälle bei Sectio durch engmaschige kompetente postoperative mütterliche Überwachung;
- Einstufung von Schwangeren nach vorausgegangener Sectio als Hochrisikoschwangerschaften;
- pränatale Hospitalisierung nur in Perinatalzentren oder Schwerpunktkliniken mit kontinuierlicher Verfügbarkeit ausreichender Blutmengen rund um die Uhr;
- besonders erfahrene Operateure;
- rechtzeitige Indikationserstellung zur lebensrettenden Hysterektomie;
- generelle und rechtzeitige sowie ausreichend hoch dosierte Thromboseprophylaxe;
- perioperative Antibiotikaprophylaxe.

Zusätzlich könnten eine generelle Verwendung von Regionalanästhesie und Neutralisierung des Mageninhaltes mit Natriumzitrat und einem H2-Blocker bei Notfallintubationen weitere Sicherheitsrisiken ausschließen[313].

Das durch das operative Verfahren und die Anästhesie erhöhte Gefahrenpotential der Sectio hinsichtlich (infektiöser) Morbiditätsrisiken gegenüber der vaginalen Geburt kann schließlich noch gesenkt werden, wenn eine entsprechende Operationstechnik – wenig Nähte, Verzicht auf Drainagen, ungepuderte Handschuhe – verbunden wird mit kurzer Operationsdauer und der Blutverlust gering ist sowie regelmäßig postoperativ eine Wundkontrolle stattfindet[314].

311 Wachter; Frauenarzt 43 (2002) Nr.8, S. 902, 902.

312 Welsch, Können Mortalität und Letalität der Schnittentbindung weiter gesenkt werden?, http://www.nwggg.de/archiv/PDF/welsch.pdf vom 27.11.2004.

313 Zimmermann, Mütterliche Risiken im Zusammenhang mit einem Kaiserschnitt – Erfahrungen aus der Schweiz, in: Huch et al, Sectio caesarea, S. 53.

314 Dietl, Infektionsrisiken beim Kaiserschnitt und deren Vermeidung, in: Huch et al, Sectio caesarea, S. 60.

2. Vorteile und Nachteile für das Kind

Aufgrund der sinkenden Letalitätsraten der Schwangeren bei Schnittentbindungen, Fortschritten in der Anästhesie und technischen Entwicklungen für die Sicherheit der Mutter, richtet sich nun verstärkt der Blickpunkt auf das Wohlergehen des Kindes.

a) Bei vaginaler Geburt

aa) Vorteile

Als herausragendster Vorteil für das Kind bei der vaginalen Geburt gilt, dass durch den Geburtsvorgang Flüssigkeit aus der Lunge des Neugeborenen gepresst wird. Die OR bei einem Vergleich von Sectio und Vaginalgeburt bezüglich des Risikos, dass das Neugeborene an einer Asphyxie[315], dem Atemnotsyndrom, oder einer generalisierten Infektion leidet, liegt bei der vaginalen Geburt mit 0,59 zwar minimal aber doch signifikant niedriger als bei der primären Schnittentbindung[316].

bb) Nachteile

Zu der überschaubaren Anzahl von Vorteilen der vaginalen Geburt gesellt sich jedoch eine recht große Zahl von Nachteilen. Damit ist nicht nur der der vaginalen Geburt innewohnende enorme **Geburtsstress** für das Kind angesprochen. Das größte Problem bei vaginaler Geburt liegt immer noch in der **Säuglingssterblichkeit**[317]. Zwar selten, aber möglich, sind auch in Deutschland folgende katastrophale Situationen für das Kind: Bei einer vaginalen Geburt kann intrapartal[318]

---

315 Atemdepression bzw. Atemstillstand (Apnoe) und Herz-Kreislauf-Versagen bei Atemwegverlegung oder Atemlähmung; führt zu Bewusstlosigkeit; Notfallsituation, die eine Reanimation erfordert; Pschyrembel, 259. Auflage, Asphyxie.

316 Schneider, K. T. M./Schelling/Gnirs/Lack, Wunschsectio und Morbiditätsrisiken bei Mutter und Kind, in: Huch et al, Sectio caesarea, S. 119.

317 Hierfür wird zur Betrachtung die Zahl der im 1. Lebensjahr gestorbenen Kinder bezogen auf 1000 Lebendgeborene des Sterbejahrs unter Berücksichtigung der Geburtenentwicklung herangezogen; dabei zeigte die Säuglingssterblichkeit in den letzten Jahrzehnten eine sinkende Tendenz und betrug 1993 in der Bundesrepublik Deutschland bei den männlichen Säuglingen 6,5 Prozent, bei den weiblichen 5,1 Prozent; sie liegt über der Säuglingssterblichkeit vergleichbarer Industrienationen, weist regionale Differenzen auf und ist in Großstädten höher als auf dem Land; Pschyrembel, 259. Auflage, Säuglingssterblichkeit.

318 Während bzw. unter der Geburt.

der Tod eintreten, aber auch vor dem Termin könnte eine Totgeburt erfolgen, ebenfalls intrapartal kann das Kind eine hypoxische Enzephalopathie[319] oder Zerebralparese[320] davontragen; diese Ereignisse nehmen zusammen ein kumulatives Risiko von 1 : 5000 bei allen Vaginalgeburten ein, die *nur* durch eine Schnittentbindung etwa 10 bis 14 Tage vor dem errechneten Geburtstermin verhindert werden können[321]. Allerdings stellen diese möglichen Gefahren *keine* Indikationen nach dem Indikationskatalog[322] dar, weshalb eine Schnittentbindung letztlich indikationslos vorgenommen werden müsste.

Dramatisch sind daneben die **Nabelschnurvorfälle**, die **Sauerstoffmangelschäden** verursachen, weil sich die Nabelschnur bei der Ausstoßung durch den Geburtskanal um den Hals des Kindes legt und diesen abschnürt. Dadurch werden Mortalitätsfälle durch Sauerstoffmangel unter der Geburt bzw. Fälle schwerer zerebraler Spätmorbidität des Kindes hervorgerufen. Immer wieder treten bei eigentlich völlig gesunden Feten später Behinderungen auf, weil sie bei der Geburt einen Sauerstoffmangel erleiden – in Deutschland ist das etwa bei 1000 Babys jährlich der Fall[323].

Im schlimmsten Fall sind – neben post partum auftretenden **Atemstörungen** unterschiedlichen Ausmaßes – **geburtstraumatische Läsionen** (Kephalhämatom[324], Klavikulafraktur[325], Plexuslähmung[326] etc.) zu behandeln, wobei aber bleibende Schäden selten sind[327]. Besonders bei instrumenteller Geburt besteht die Gefahr von **Verletzungen**, beispielsweise mit Zange oder Saugglocke. Vor

319 Hypoxische Enzephalopathien sind nichtentzündliche Erkrankungen oder Schädigungen des Gehirns durch Verminderung des Sauerstoffpartialdrucks im arteriellen Blut bzw. durch verminderte Sauerstoffversorgung im Gesamtorganismus oder in bestimmten Körperregionen; Pschyrembel, 259. Auflage, Hypoxie; Enzephalopathie.

320 Zerebrale Kinderlähmung; allgemeine Bezeichnung für Folgen eines frühkindlichen Hirnschadens; Pschyrembel, 259. Auflage, Zerebralparese.

321 Husslein, Elektive Sectio versus vaginale Geburt – Ist das Ende der herkömmlichen Geburtshilfe erreicht?, in: Huch et al, Sectio caesarea, S. 109.

322 3. Kapitel B. I. und II.

323 Oster; Leben und Erziehen, Oktober 2003, S. 24, 25.

324 Ein Kephalhämatom ist eine Kopfblutgeschwulst, d. h. ein Bluterguss zwischen Knochenhaut und Knochen, der eine tauben- bis hühnereigroße, halbkugelige pathologische Anschwellung am Schädel bei Neugeborenen darstellt und dessen Ursache die Zerreißung von Gefäßen zwischen Knochenhaut und Knochen während des Kopfdurchtritts unter der Geburt infolge Verschiebung der Weichteile gegenüber den platten Schädelknochen ist; Pschyrembel, 259. Auflage, Kephalhämatom.

325 Schlüsselbeinbruch.

326 Lähmung infolge der Schädigung mehrerer oder aller peripherer Nerven eines Nervengeflechts; Pschyrembel, 259. Auflage, Plexuslähmung.

327 Wachter; Frauenarzt 43 (2002) Nr.8, S. 902, 903.

allem die Fälle von **Geburtslähmungen**, d. h. kindlichen Entbindungslähmungen die mehr oder weniger gut zu heilen sind, entstehen fast immer durch Druck des Zangenlöffels bei Zangenextraktion – aber auch durch bloßen Druck oder Zerrung kann z. B. eine Armplexuslähmung entstehen[328]. Vor Gericht gebracht werden häufig gerade letztere Fälle von Plexusparesen, wenn beispielsweise das Kind nach schwieriger Geburtsentwicklung den Arm nicht mehr heben kann.

Dies alles wird unter dem Begriff der **Geburtsschäden** zusammengefasst, der verschiedenartigste Geburtstraumen bezeichnet. Davon umfasst sind gesundheitliche Schäden des Neugeborenen, die ursächlich mit dem Geburtsvorgang zusammenhängen, vor allem **Blutungen** (z. B. Hirnblutung, Blutungen im Bauchraum, Nebennierenblutungen), sämtliche **Haut- und Weichteilverletzungen**, aber auch die bereits genannte Geburtslähmung und **Knochenverletzungen,** beispielsweise Frakturen von Klavikula, Humerus und Femur[329] sowie nicht zuletzt die prognostisch ungünstig bzgl. der Heilungschancen zu beurteilenden seltenen **Wirbel- und Schädelfrakturen**[330].

b) Bei der Schnittentbindung (primäre Sectio)

aa) Vorteile

Das Risiko, dass das Kind bei der primären Sectio durch eine erschwerte Kindesentwicklung Schaden erleidet, ist gering[331]. Sämtliche oben beschriebenen **Geburtsschäden**, Geburtstraumata und Läsionen (Plexusparesen bei 6 Prozent aller Vaginalgeburten, sonstige Blutergüsse, Schlüsselbeinbrüche, Dystokien u. ä.), hervorgehend aus teilweise sehr dramatischen Situationen, werden verhindert.

Die **Sauerstoffversorgung** des Kindes ist zudem sicher[332], es kann hier keine Erstickungsgefahr durch einen Nabelschnurvorfall bestehen. Bei einem Kaiserschnitt kann dies verhindert werden, da Arzt und Hebamme das Kind, welches sich nicht wie bei der vaginalen Geburt einen Weg durch den Geburtskanal der Mutter „bahnen" muss, herausheben[333]. Durch Umgehung des schwierigen Weges durch den Geburtskanal kann auch der enorme **Geburtsstress**, dem das Kind

---

328 Pschyrembel, 259. Auflage, Geburtslähmung. Eine Armplexuslähmung ist eine Läsion des Plexus cervicobrachialis, was beispielsweise zu Lähmungen im Schulter- und Ellenbogengelenk sowie zur Zwerchfelllähmung führt oder zur Lähmung von Hand- bzw. Fingerbewegungen; Pschyrembel, 259. Auflage, Armplexuslähmung.

329 Schlüsselbein, Oberarmknochen und Oberschenkelknochen.

330 Pschyrembel, 259. Auflage, Geburtsschäden.

331 Wachter; Frauenarzt 43 (2002) Nr.8, S. 902, 903.

332 Oster; Leben und Erziehen, Oktober 2003, S. 24, 25.

333 Oster; Leben und Erziehen, Oktober 2003, S. 24, 25.

– womöglich über Stunden – ausgesetzt ist, vermieden werden. Zwar wird oft betont, dass dem **Geburtsstress** des Kindes bei der vaginalen Geburt eine wichtige physiologische Rolle bei der Umstellung von der intrauterinen Umgebung des Feten im Gegensatz zur Außenwelt, in die das Kind hineingelangt, zukommt[334]. Andererseits haben durch Kaiserschnitt geborene Kinder einen geringeren Stress-Response bei späteren Stress-Situationen, z. B. bei der Säuglings-Impfung, was als gesundheitlich erfreulich einzustufen ist.

Im Übrigen kommt es nach primärer Sectio weniger zu generalisierten **Infektionen**[335]. Ein Vorteil, der zwar nur in einer geringen Anzahl von Fällen zum Tragen kommt, aber dennoch wichtig zu erwähnen ist, liegt zudem in der Verhinderung einer **HIV-Infektion** durch Übertragung von der Mutter auf das Kind unter der Geburt, indem bei einem Kaiserschnitt vermieden werden kann, Nabelschnurblut oder andere Körpersekrete zu übertragen. So konnte in Studien nachgewiesen werden, dass schon die Durchführung einer primären Sectio allein die Übertragungswahrscheinlichkeit signifikant senken kann, wobei die Effekte noch größer sind, wenn dies medikamentös unterstützt wird[336].

bb) Nachteile

Den Vorteilen stehen allerdings dreizehn Fälle auf eintausend von mittelschweren bis schweren Komplikationen gegenüber, die bei Plansectio auftreten können[337]. So ist nach einer Schnittentbindung – dies konnte in verschiedenen Studien mit mehr als 10.000 Geburten nachgewiesen werden – zwei- bis siebenmal häufiger mit **pulmonalen Anpassungsstörungen** zu rechnen als bei vergleichbaren Kindern nach vaginaler Geburt[338]. Dies kommt daher, dass bei einer Kaiserschnittentbindung die Resorption der Lungenflüssigkeit verzögert und dadurch das Lungenvolumen verringert ist[339]. Als Ursache nimmt man an, dass bei der primären Sectio eine geringere Cortisolausschüttung als bei vaginaler Geburt stattfin-

334 Schneider, H.; Die Wunschsectio – eine gleichwertige Alternative zur Wunschgeburt?, Gynäkologisch geburtshilfliche Rundschau 42 (2002); S. 4, 6.

335 Schneider, K. T. M./Schelling/Gnirs/Lack, Wunschsectio und Morbiditätsrisiken bei Mutter und Kind, in: Huch et al, Sectio caesarea, S. 120.

336 Lauper/Rohling/Rudin und die Swiss HIV Mother and Child Cohort Study, Primäre Sectio caesarea und die Prävention der vertikalen HIV-1 Infektion, in: Huch et al, Sectio caesarea, S. 96.

337 Schneider, H.; Die Wunschsectio – eine gleichwertige Alternative zur Wunschgeburt?, Gynäkologisch geburtshilfliche Rundschau 42 (2002); S. 4, 7.

338 Bucher, Vom Feten zum Neugeborenen: kindliche Risiken bei der Entbindung durch Sectio, in: Huch et al, Sectio caesarea, S. 106.

339 Bucher, Vom Feten zum Neugeborenen: kindliche Risiken bei der Entbindung durch Sectio, in: Huch et al, Sectio caesarea, S. 106.

det, wozu es wahrscheinlich der Wehentätigkeit bedarf[340]. Da durch das Fehlen der Wehentätigkeit eine Kortisonausschüttung verhindert wird, findet kein Abtransport der Flüssigkeit aus der Lunge des Neugeborenen statt („wet-lung"-Symptomatik)[341]. Dadurch kann bei einigen Neugeborenen nach dem Kaiserschnitt eine geringere Adaptationsfähigkeit und signifikant häufigeres Atemnotsyndrom beobachtet werden[342]. Dieses ist jedoch minimal, da die Flüssigkeit innerhalb der ersten 24 Stunden physiologischerweise resorbiert wird[343]. Die betroffenen Neugeborenen sind damit nicht in Lebensgefahr, jedoch vorübergehend behandlungsbedürftig und als Folge dessen muss ihnen Sauerstoff verabreicht werden, den sie in der Klinik über einen dünnen Schlauch bekommen[344]. Sie stehen dann möglicherweise unter Beobachtung im Inkubator und hinzukommen kann – in äußerst seltenen Fällen – eine maschinelle Beatmung, welche durch Pneumothorax[345] und pulmonale Hypertension[346] erschwert sein kann[347].

Anpassungsstörungen wie beschrieben treten vor allem dann auf, wenn die Schnittentbindung vor Wehenbeginn – nach anderen Studien soll der Beginn der Wehen ohne Einfluss sein – bzw. in der 37. oder 38. Schwangerschaftswoche durchgeführt wird[348]. Bei Geburten durch Sectio nach 37 Schwangerschaftswochen war eine unterstützende Behandlung des Neugeborenen in 35,5 Fällen pro 1000 Eingriffen erforderlich, wenn die Operation am wehenlosen Uterus durchgeführt wurde – aber selbst bei Schnittentbindungen bei bereits begonnener Wehentätigkeit waren noch bei 12,2 Fällen pro 1000 nachträgliche Maßnahmen notwendig[349]. Idealerweise sollte die Wunschsectio daher in der 38. Schwangerschaftswoche durchgeführt werden – dann kann die Entwicklung einer ernsten

340 Schneider, K. T. M./Schelling/Gnirs/Lack, Wunschsectio und Morbiditätsrisiken bei Mutter und Kind, in: Huch et al, Sectio caesarea, S. 120.

341 Schneider, K.T.M.; Sectio nach Wunsch – Muss man hinsichtlich der Morbiditätsrisiken umdenken? Gynäkologisch–geburtshilfliche Rundschau 42 (2002); S. 12, 14.

342 Schmidt/Hendrik, Mütterliche Kurz- und Langzeitmorbidität der Geburt im Spiegel der zunehmenden Lebenserwartung, in: Huch et al, Sectio caesarea, S. 55.

343 Wachter; Frauenarzt 43 (2002) Nr.8, S. 902, 903.

344 Oster; Leben und Erziehen, Oktober 2003, S. 24, 25.

345 Ansammlung von Luft im Pleuraraum (Rippenfell) mit Aufhebung des normalerweise negativen intrapleuralen Drucks; führt zu teilweisem oder komplettem Kollaps der betroffenen Lunge; Pschyrembel, 259. Auflage, Pneumothorax.

346 Spannungs- bzw. Druckerhöhung in der Lunge.

347 Bucher, Vom Feten zum Neugeborenen: kindliche Risiken bei der Entbindung durch Sectio, in: Huch et al, Sectio caesarea, S. 106.

348 Bucher, Vom Feten zum Neugeborenen: kindliche Risiken bei der Entbindung durch Sectio, in: Huch et al, Sectio caesarea, S. 106.

349 Schneider, H.; Die Wunschsectio – eine gleichwertige Alternative zur Wunschgeburt?, Gynäkologisch geburtshilfliche Rundschau 42 (2002); S. 4, 6.

Lungenproblematik praktisch ausgeschlossen werden[350]. Jedoch sind diese Risiken transient und daher wohl nicht vordergründig zu betrachten – allerdings hat eine entsprechende Aufklärung auch sie zu umfassen[351].

Auffallend ist also, dass hier „nur" die **Morbidität** des Kindes angesprochen werden muss – Mortalität und Letalität von Kindern sind gering und werden auch bei der Veränderung der Sectioraten nicht beeinflusst. *Künzel* schreibt sogar, dass es scheine, als seien Risiken des Kindes **durch** die Indikation zur Sectio am Termin nicht vorhanden, weshalb unterschieden werden muss zwischen den Risiken, die während der Entbindung auftreten und erst ausschlaggebend sind für die Durchführung einer Sectio und den Risiken, die direkt mit ihr verbunden sind[352].

Vordergründig bei einer Sectio als direkte Risiken zu betrachten sind natürlich auch die möglichen **Auswirkungen der Anästhesie** auf das Kind. Eine Vertiefung der Periduralanästhesie kann begleitet sein von einem Blutdruckabfall, was eine verschlechterte Sauerstoffversorgung des Kindes nach sich ziehen kann; bei der Intubationsnarkose kann bei deren Verzögerung ebenfalls die Sauerstoffversorgung des Feten unzureichend sein[353].

Weiterhin besteht ein – wenn auch minimales – Risiko der **Schnittverletzung**[354]. Ebenso selten sind **frühkindliche Krämpfe und Enzephalopathie**, diese Folgen konnten jedoch nach primärer Sectio mit 0,2 Prozent doppelt so häufig beobachtet werden wie nach einer Vaginalgeburt[355]. Das Auftreten **intrakranieller Blutungen** nach primärer Schnittentbindung ist dagegen nicht signifikant im Vergleich zur Vaginalentbindung[356] und kann daher vernachlässigt werden.

Aber auch die bereits beschriebene **Lagerung der Schwangeren** auf der linken Seite zur Operation kann sowohl die Vena cava als auch die Aorta komprimieren, was zu einer Reduktion des Perfusionsdrucks am Uterus führen und die uterine Perfusion verringern könnte[357]. Das Kind sollte daher zügig und unter

350 Husslein, Elektive Sectio versus vaginale Geburt – Ist das Ende der herkömmlichen Geburtshilfe erreicht?, in: Huch et al, Sectio caesarea, S. 112.

351 Schneider, K.T.M.; Sectio nach Wunsch – Muss man hinsichtlich der Morbiditätsrisiken umdenken? Gynäkologisch–geburtshilfliche Rundschau 42 (2002); S. 12, 14.

352 Künzel, Kindliche Risiken bei der Entbindung durch Sectio caesarea bei Frühgeburt und am Termin, in: Huch et al, Sectio caesarea, S. 91.

353 Künzel, Kindliche Risiken bei der Entbindung durch Sectio caesarea bei Frühgeburt und am Termin, in: Huch et al, Sectio caesarea, S. 91.

354 Wachter; Frauenarzt 43 (2002) Nr.8, S. 902, 903.

355 Schneider, K. T. M./Schelling/Gnirs/Lack, Wunschsectio und Morbiditätsrisiken bei Mutter und Kind, in: Huch et al, Sectio caesarea, S. 120.

356 Schneider, K. T. M./Schelling/Gnirs/Lack, Wunschsectio und Morbiditätsrisiken bei Mutter und Kind, in: Huch et al, Sectio caesarea, S. 120.

357 Künzel, Kindliche Risiken bei der Entbindung durch Sectio caesarea bei Frühgeburt und am Termin, in: Huch et al, Sectio caesarea, S. 92.

ständiger Überwachung der fetalen Herztöne entwickelt werden. Ein weiterer Problempunkt kann die **Abnabelung** des Kindes sein. Wird das Kind oberhalb der Plazenta gehalten und sofort abgenabelt, kann die Restblutmenge aus der Plazenta nicht oder nicht ausreichend übertreten, was vor allem bei Kindern, die mit Schock oder Zentralisation des Kreislaufs geboren wurden, zur Stabilisierung des fetalen Blutdrucks benötigt würde[358]. Allerdings kann dies bei Anwesenheit eines Neonatologen schnell gemindert werden.

Wie sich aus dieser Zusammenstellung erkennen lässt, ist jedoch in der Regel nicht die Vornahme der Sectio an sich ein Risiko für das Kind, sondern risikobegründend ist das **Unterlassen** begleitender und überwachender Maßnahmen während des Kaiserschnittes.

3. Sectio als Präventivmaßnahme

Dass der Kaiserschnitt Schädigungen, die bei einer Vaginalgeburt auftreten, sowohl bei der Mutter als auch beim Kind verhindern kann, wurde bei der Abwägung der Vor- und Nachteile der Durchführung einer Sectio aufgezeigt[359]. Daher wird der Kaiserschnitt auch als „Präventivmaßnahme“ diskutiert, zumal unter optimalen Bedingungen das Mortalitätsrisiko bei Vaginalgeburt und Schnittentbindung vergleichbar ist[360]. Die Sectio als Präventivmaßnahme ist damit allerdings ein weiterer Schritt in die Defensivmedizin. Von einer derartigen vorbeugenden Sectio muss aber die eigentliche elektive Sectio unterschieden werden, welche ausschließlich auf Wunsch der Schwangeren durchgeführt wird[361]. Beide Überlegungsansätze entspringen jedoch einem gleichen Gedanken: Die Angst vor Schädigungen von Mutter und/oder Kind bei der vaginalen, spontanen Vaginalgeburt, wobei hinsichtlich des handelnden Arztes noch die Angst vor Haftungsfolgen hinzutritt. Dabei darf hier keinesfalls vernachlässigt werden, dass der Frau ein Selbstbestimmungsrecht zusteht. Wenn daher eine werdende Mutter die Sectio ablehnt, darf nicht aufgrund von präventiven Überlegungen des Arztes oder Krankenhausträgers eine Schnittentbindung angewandt werden – das wäre strafbares eigenmächtiges Handeln des Arztes.

---

358 Künzel, Kindliche Risiken bei der Entbindung durch Sectio caesarea bei Frühgeburt und am Termin, in: Huch et al, Sectio caesarea, S. 92.

359 3. Kapitel C. III.

360 Faridi/Willis/Schumpelick/Rath; Anale Inkontinenz nach vaginaler Geburt, DÄ 1999; 1 - 2, S. A 48.

361 Faridi, Willis, Schumpelick, Rath; Anale Inkontinenz nach vaginaler Geburt, DÄ 1999; 1 - 2, S. A 48.

4. Bedeutung der Sectio für Ärzte und Kliniken

Ein geplanter Kaiserschnitt hat sowohl für die Ärzte als auch für die Kliniken viele Vorteile. Die Schwangere kommt zum vereinbarten **Termin** und damit zu normalen Dienstzeiten in die Klinik – niemand muss in der Nacht oder am Wochenende in den Kreißsaal gerufen werden, womit auch **Notfälle**, bei denen Lebensgefahr für Mutter oder Kind besteht, auf ein nicht beeinflussbares Minimum reduziert sind[362]. Zudem bleiben Frau und Kind meist fünf bis zehn Tage in der Klinik, was auch für die Klinik **wirtschaftlich attraktiv** ist[363]. Gerade von Hebammen – weil diese um ihre Profession fürchten – wird immer wieder auf die Lukrativität von Kaiserschnitten für die sie durchführenden Kliniken hingewiesen[364]. Die Honorare für einen Kaiserschnitt liegen deutlich höher als für eine normale Geburt, er dauert aber längst nicht so lang[365]. Es wird wesentlich weniger **Personal** benötigt und Hebammen sind mehr oder weniger überflüssig. Zudem – was hinter vorgehaltener Hand und leider nur anonym geäußert wurde – bestehen bei häufiger Durchführung von Schnittentbindungen **Übungsgelegenheiten** für das Personal, z. B. auszubildende Ärzte.

IV. Ergebnis

Als Antwort auf die Ausgangfrage[366], ob die Bezeichnung „nicht indizierte Schnittentbindung" heute noch so bestehen bleiben kann, ist festzustellen, dass die als Wunschsectio bezeichnete elektive primäre Schnittentbindung ein Eingriff ohne Indikation bleibt. Weder der Wunsch nach einem Kaiserschnitt an sich noch die Erweiterung des Indikationskataloges führen zur Indikation. Zum anderen sollten der Begriff Indikation und der entsprechende Indikationskatalog nur den Heilanzeigen im eigentlichen Sinne vorbehalten bleiben.

---

362 Bopp, Kaiserschnitt auf Wunsch, S. 31.

363 Bopp, Kaiserschnitt auf Wunsch, S. 31.

364 So koste nach dem neu eingeführten Abrechnungs- System der DRG's (Diagnosis Relatet Groups) eine normale Geburt in einer kleineren Klinik ohne weitere Eingriffe 1.500 € und für das Kind erhalte das Klinikum nochmals 1.200 €; im Gegensatz dazu beliefen sich die Kosten einer Sectio abhängig nach dem Schwierigkeitsgrad zwischen 3.500 € und 4.800 € zuzüglich 1.200 € für das Kind – sollte das Kind dann noch leichter sein als 2.500 Gramm, erhalte die Klinik nochmals 1.800 € zusätzlich; Carreras; „...Dem Messer überlassen?" – Betrachtungen zur aktuellen Situation der Geburtshilfe in Deutschland, http://www.bfhd.de./dem_messer_ueberlassen.pdf vom 29.11.2004.

365 Vgl. dazu insbesondere in Anhang II die beispielhaft aufgeführten Fallpauschalen.

366 3. Kapitel C.

Anders aussehen müssen jedoch die Konsequenzen, die nach dem Vergleich der Vor- und Nachteile von Vaginalgeburt und Sectio caesarea gezogen werden. Die spontane vaginale Geburt und die elektive primäre Sectio ließen sich dabei, trotz der lückenhaften oder zum Teil sogar mit Mängeln behafteten Studienlage, vergleichen. Damit ist die immer wieder festzustellende nicht vorhandene Trennung der Ergebnisse von sekundären und primären Schnittentbindungen gemeint, und besonders die dann – unglücklicherweise – pauschale Übertragung dieser Mischergebnisse auch auf speziell allein die primären elektiven Sectiones betreffenden Materien. Dann verwundert es nicht, wenn der Wunschsectio mit gegenüber der Vaginalgeburt vergleichsweise hohen Mortalitäts- und Morbiditätszahlen entgegengetreten wird, da die risikoreichen sekundären Notsectiones die Statistiken von Zwischenfällen in der Höhe verfälschen. Eigentlich müssten diese gefahrgeneigten sekundären Kaiserschnitte den missglückten spontanen vaginalen Geburten zugerechnet werden, denn Notsectiones werden durchgeführt, wenn nach dem Versuch der spontanen Vaginalgeburt dies scheiterte, weil es z. B. zu Geburtsstillstand, Nabelschnurvorfall und ähnlichem kam. Bemüht man sich dagegen um eine bereinigte Gegenüberstellung, lassen sich nahezu angeglichene Niveaus von Mortalitäts- und Morbiditätsraten zwischen primären elektiven Sectiones und Vaginalgeburten erkennen. Aus diesem Vergleich wird hier gefolgert, dass die im Voraus geplante, zu einem festen Datum am Termin[367] durchgeführte Schnittentbindung, zu der es auch keine Kontraindikation gibt, sich als alternativer Entbindungsmodus für Mutter und Kind herausstellt. Daher ist aus heutiger Sicht die elektive primäre Schnittentbindung, mithin die Wunschsectio, medizinisch vertretbar[368].

Allerdings macht der Vergleich die Sectio gerade nicht zum indizierten Heileingriff. Denn nach der Gegenüberstellung erwies sich die Sectio als echte Alternative zur Vaginalgeburt. Liegen jedoch alternative ärztliche Eingriffsmöglichkeiten vor, kann gerade nicht von einer Indikation für oder gegen einen bestimmten ärztlichen Eingriff gesprochen werden.

Aus der Einordnung der Sectio als alternativen Entbindungsmodus ergibt sich aber die entscheidende Antwort, dass die Durchführung der Sectio eine medizinische Indikation im eigentlichen Sinne, d. h. eine Heilanzeige, nicht erfordert. Der Kaiserschnitt kann der Gesunderhaltung dienen, da eine Reihe von Folgeschäden gar nicht erst eintritt. Deshalb muss zu seiner Durchführung nicht erst eine Indikation vorliegen. Folglich kann jeder Frau die Möglichkeit eröffnet werden, eine

367 „am Termin“ meint am vorausberechneten wahrscheinlichen Geburtstermin.

368 Faridi/Willis/Schumpelick/Rath, Anale Inkontinenz. Ein Argument für den Kaiserschnitt auf Wunsch? Deutsches Ärzteblatt (1999) Heft 1-2, S. A 42, 42.

Schnittentbindung an sich vornehmen zu lassen, wenn sie sich dies für ihre Gesundheit und die ihres Kindes wünscht und es nicht kontraindiziert ist.

D. Zusammenfassung

Der medizinisch indizierte Eingriff unterscheidet sich vom medizinisch nicht indizierten Eingriff dadurch, dass Ersterem eine Heilanzeige zugrunde liegt. Ist diese Heilanzeige zwingend, besteht eine absolute Indikation, sonst ist sie relativer Natur. Bei der Sectio unterscheidet man weiterhin die relativen und „weichen" relativen Indikationen. Sie gelten sowohl für primäre als auch sekundäre Schnittentbindungen. All diese Heilanzeigen sind zusammengestellt in einem Indikationskatalog, der als Richtlinie dient.

Keinerlei medizinische Indikation sondern ausschließlich der Wunsch der Schwangeren gibt dagegen den Ausschlag zur Durchführung einer elektiven primären Sectio, der sogenannten Wunschsectio. Nach den hier beschriebenen Voraussetzungen und nach den Daten der bislang erschienen Studien kann aber davon ausgegangen werden, dass eine geplante primäre Sectio nach risikoarmer Schwangerschaft in Spinalanästhesie bei Gabe entsprechender Magenschutztherapie sowie Antibiotika- und Thromboseprophylaxe, Vornahme durch qualifiziertes Fachpersonal innerhalb der Kerndienstzeit in einem ausreichend ausgestatteten Krankenhaus, eine äußerst geringe Letalität bzw. Mortalität und Morbidität sowohl von Mutter und Kind zeigt. Daraus folgt, dass es zur Vornahme eines Kaiserschnittes einer Indikation im herkömmlichen Sinne nicht bedarf.

4. Kapitel: Die rechtlichen Voraussetzungen zulässigen ärztlichen Handelns bei einer Sectio auf Wunsch

Nach der medizinischen Bearbeitung des Themas ist das ärztliche Handeln bei der Sectio auf Wunsch unter juristischen Gesichtspunkten zu betrachten.

A. Der medizinische Eingriff als „Heileingriff"

Noch immer wird es als problematisch angesehen, ob jede ärztliche Maßnahme den Tatbestand einer Körperverletzung gem. § 223 Absatz 1 StGB erfüllt[369]. Nach der geläufigen Definition liegt eine Körperverletzung im Sinne des § 223 Absatz 1 StGB vor, wenn es zu einer körperlichen Misshandlung und bzw. oder einer Gesundheitsbeschädigung kommt. Eine Gesundheitsbeschädigung liegt in jedem Hervorrufen, Steigern oder Aufrechterhalten eines pathologischen, d. h. krankhaften, Zustandes und eine körperliche Misshandlung ist jede üble, unangemessene und nicht unerhebliche Beeinträchtigung des körperlichen Wohlbefindens eines anderen Menschen[370].

Nach der in der Rechtsliteratur wohl derzeit noch vorherrschenden *Lehre* erfüllt der ärztliche Heileingriff nicht den Tatbestand einer Körperverletzung[371]. Danach ist ein ärztlicher Heileingriff eine in die Körperintegrität eingreifende Behandlung, die vorgenommen wird, um Krankheiten, Leiden, körperliche Beschwerden und seelische Störungen zu verhüten, zu erkennen, zu heilen oder zu lindern. Lässt man die vielen Modifizierungen außer Acht, stehen sich in der Lehre im Grundsatz zwei verschiedene theoretische Ansatzpunkte gegenüber. Nach der Erfolgstheorie wird danach differenziert, ob der Heileingriff gelungen oder misslungen ist[372]. Ein anderer Ansatz ist die Handlungstheorie[373], nach der

369 Strafgesetzbuch v. 15.05.1871 (RGBl. S. 127) in der ab 01.01.1999 geltenden Fassung, BGBl. I S. 3322, zuletzt geändert am 27.12.2003; LK-Lilie, Vor § 223 Rn. 3, 4; Tröndle/Fischer, § 223 Rn. 9, 11; Schönke/Schröder-Eser, § 223, Rn. 28 - 30; Laufs/Uhlenbruck-Ulsenheimer, Handbuch des Arztrechts, 23. Kapitel, Rn. 1 - 11a.

370 Schönke/Schröder-Eser, § 223, Rn. 5, 3.

371 Laufs/Uhlenbruck-Ulsenheimer, Handbuch des Arztrechts, § 138 Rn. 5 ff.; LK-Lilie, Vor § 223 Rn. 3 ff.

372 Schönke/Schröder-Eser, § 223, Rn. 30; Laufs/Uhlenbruck-Ulsenheimer, Handbuch des Arztrechts, § 138 Rn. 9.

373 Laufs/Uhlenbruck-Ulsenheimer, Handbuch des Arztrechts, § 138 Rn. 9.

nicht nur beim gelungenen Heileingriff der Tatbestand entfällt, sondern selbst beim misslungenen, aber medizinisch indizierten und lege artis durchgeführten Heileingriff.

Nach der *ständigen Rechtsprechung* hingegen erfüllt jede in die körperliche Unversehrtheit eingreifende ärztliche Maßnahme den Tatbestand einer Körperverletzung. Auf den verfolgten Heilungszweck oder den Eingriffserfolg komme es nicht an[374]. Mit dieser Ansicht werden vor allem das Selbstbestimmungsrecht und die Menschenwürde des Patienten unter Schutz gestellt, da es nicht schon am Tatbestand wie nach den Literaturansichten fehlt, sondern die Rechtswidrigkeit eines ansonsten lege artis durchgeführten ärztlichen Heileingriffes erst durch die rechtfertigende Einwilligung des Patienten in den Eingriff entfällt. Dieses letztere Argument führt auch dazu, dass die ständige Rechtsprechung zunehmend im Schrifttum an Vertretern gewinnt[375].

Allerdings kann in jedem Falle von einer Heilbehandlung nur dann gesprochen werden, wenn der Eingriff medizinisch indiziert ist, d. h. überhaupt eine Heilanzeige vorliegt und auch der Arzt aufgrund dessen tätig wird[376]. Bei Fällen von *Wunscheingriffen* fehlt es an jeglicher medizinischer Indikation und mithin auch an der Voraussetzung, dass der Arzt den Eingriff subjektiv zu Heilzwecken vornimmt. Folglich kann bei Gefälligkeits- oder Wunscheingriffen – auch wenn sie von einem Arzt durchgeführt werden – weder nach der Literaturmeinung noch nach der Rechtsprechung von einem Heileingriff gesprochen werden. Diese ärztlichen Maßnahmen unterfallen demnach unstreitig dem Körperverletzungstatbestand gem. § 223 Absatz 1 StGB[377].

B. Der Begriff „Heileingriff" bei der Entbindung

Schwangerschaft und Geburt stellen eine besondere Situation dar: Im Unterschied zu anderen Bereichen der Medizin sind hier Mutter und Kind gewissermaßen als Einheit betroffen. Zudem ist problematisch, ob Schwangerschaft und Entbindung überhaupt verglichen werden können mit anderen entweder patholo-

---

374 BGH, Urt. v. 10.02.1959 – 5 StR 533/58, BGH St 12, S. 379; BGH, Urt. v. 01.02.1961 – 2 StR 457/60, BGH St 16, S. 309 f.

375 Darauf verweist insbesondere Lilie, in: LK-Lilie, Vor § 223 Rn. 3; der Rspr. zustimmend auch Tröndle/Fischer, § 223 Rn. 9.

376 Ulsenheimer, Wunschsectio: forensische Aspekte; Der Gynäkologe 12 (2000), S. 882, 882.

377 NK-Paeffgen, § 228 Rn. 58. Dies gilt auch für die hier zuvor gebildete Ansicht, dass in medizinischer Hinsicht es für die Vornahme einer Sectio auf Wunsch keiner Heilanzeige bedarf.

gischen oder aber rein kosmetischen Motiven und ob daher der Begriff „Heilbehandlung" in diesem Zusammenhang zu verwenden ist.

Zunächst ist im Vorhinein schon umstritten, ob man eine Schwangerschaft, die als solche in der Fortpflanzung notwendigerweise angelegt ist, als Krankheit bezeichnen kann und darf[378]. Ganz *überwiegend* wird die *Ansicht* vertreten, dass in einer Schwangerschaft keine Krankheit zu sehen ist, da hierbei „nur" normale körperliche Abläufe geschehen und es nicht die Schädigung des Normalzustandes der Körperfunktionen darstellt[379].

Dagegen wird argumentiert, dass allein die Einstufung von Schwangerschaft und Geburt als natürliche Ereignisse nicht zu einem Ausschluss der Annahme einer Körperverletzung und mithin Krankheit führen kann: Der Zustand der Schwangerschaft könne nicht – zumindest in unserem Kulturkreis – als natürlicher Normalzustand einer Frau gelten und in einer Schmerzempfindung kann immer auch eine Körperverletzung liegen[380].

Dem ist entgegen zu halten, dass eine Schwangerschaft – auch wenn sie nicht der Normalzustand ist, in dem sich eine Frau üblicherweise befindet – dennoch kein Krankheitsbild darstellt. Liegt jedoch keine Krankheit vor, ist zu prüfen, ob dann bei der Geburtshilfe von der Vornahme von Heileingriffen gesprochen und dessen rechtliche Voraussetzungen angelegt werden können.

I. Bei indizierter Schnittentbindung und vaginaler Entbindung

1. Stationäre Entbindung unter ärztlicher Leitung

Bei einer medizinisch *indizierten Schnittentbindung* ist die Beurteilung, ob eine Heilbehandlung vorliegt, unproblematisch zu bejahen. Wie zuvor beschrieben, ist nach Literatur und Rechtsprechung dann von einem ärztlichen Heileingriff auszugehen, wenn dieser ärztliche Eingriff medizinisch indiziert ist, subjektiv vom Arzt auch zu diesem Heilzweck vorgenommen wird und die Schwangere zuvor nach umfassender Aufklärung hierin eingewilligt hat. Bei den absoluten und relativen Indikationen für eine Schnittentbindung liegen gerade Heilanzeigen zur

378 Selbst eine risikofreie, komplikationslose Schwangerschaft ist mit Übelkeit und Geburtsschmerzen verbunden, worin sowohl eine körperliche Misshandlung gemäß § 223 Absatz 1 1. Alt. StGB, als auch eine Gesundheitsschädigung gemäß § 223 Absatz 1 2. Alt. StGB liegen kann; Hiersche, Die rechtliche Position der Hebamme bei der Geburt, S. 137.

379 LK-Lilie, § 223 Rn. 7, 13.

380 Junker, Pflichtverletzung, Kindesexistenz und Schadensersatz: wrongful life, wrongful birth, wrongful pregnancy, wrongful adoption & wrongful parenthood, S. 547.

Vornahme eines operativen ärztlichen Heileingriffes vor, wobei operative Eingriffe und medikamentöse Behandlungen zu den klassischen ärztlichen Maßnahmen zählen[381].

Die Frage, ob die *vaginale spontane Geburt* einen Heileingriff darstellen kann, wird dagegen nach herrschender Auffassung verneint: Die Entbindung eines Kindes könne nicht als eine Krankheit bezeichnet werden, denn sie stelle nur einen ganz natürlichen biologischen Vorgang im Leben einer Frau dar und zu einer Normalgeburt bedarf es auch keiner Heilung[382]. Vertreter dessen weisen darauf hin, dass Empfängnis und Entbindung biologisch zu würdigen seien und danach für die gesunde Frau eine Erfüllung und nicht die Störung von Naturgesetzen sei, zumindest wenn die Schwangerschaft normal verläuft[383]. Insbesondere die Rechtsprechung vertritt die Ansicht, dass die vaginale Entbindung lediglich ein vom Arzt zu unterstützender natürlicher Vorgang sei, zu dem es nicht der Einwilligung der Schwangeren bedürfe[384], da er schließlich unabhängig vom Willen der Schwangeren in Gang gesetzt werde. Folglich muss hiernach eine Schwangere, bei der eine Sectio caesarea nicht indiziert ist, auch weder vor noch während der Geburt über Durchführung und Risiken der Schnittentbindung aufgeklärt werden[385].

Jedoch muss eine instrumentalisierte und in stationärer Behandlung gynäkologisch-geburtshilflich ärztlich abgesicherte Entbindung, wie sie heute in den allermeisten Fällen stattfindet, als Heileingriff eingestuft werden. Eine Vaginalgeburt, durchgeführt nach den heutigen medizinischen Standards, ist kaum noch als natürlicher Vorgang – zumindest wenn von stationärer Entbindung gesprochen wird – zu bezeichnen[386]. Denn selbst bei komplikationslosen Entbindungen und guter ärztlicher Prognose erfolgen Routinekontrollen und Untersuchungen sowie

381 Schönke/Schröder-Eser, § 223 Rn. 28.

382 Hiersche, Die rechtliche Position der Hebamme bei der Geburt, S. 138.

383 Junker, Pflichtverletzung, Kindesexistenz und Schadensersatz: wrongful life, wrongful birth, wrongful pregnancy, wrongful adoption & wrongful parenthood, S. 556.

384 OLG Stuttgart, Urt. v. 19.05.1988 (14 U 34/87), VersR 1989, S. 519, 521. Hiernach sei die vaginale Geburtsmethode zudem Methode der ersten Wahl, wenn auch eingeräumt wird, dass diese Einschätzung eher weltanschaulich als medizinisch sei.

385 OLG Stuttgart, Urt. v. 19.05.1988 (14 U 34/87), VersR 1989, S. 519, 521. Etwas anderes ergibt sich, wenn sich die Kreißende erst unter der vaginalen Geburt, z. B. aufgrund von Angst und Schmerzen, für eine Schnittentbindung entscheidet. Dazu siehe 4. Kapitel C II 2. c) cc).
Bei einer – z. B. aufgrund eines Unfalles – bewusstlosen Schwangeren am Termin mit Geburtsanzeichen wird immer eine Indikation zur Vornahme einer Sectio vorliegen, die ohne Aufklärung aufgrund des Notfalles mit mutmaßlicher Einwilligung vorgenommen wird.

386 Becker-Schwarze; Rechtliche Probleme bei einer sectio auf Wunsch?; Zentralblatt für Gynäkologie, 123 (2001), S. 111, 113.

Befunderhebungen bei der werdenden Mutter und dem Kind, welche dazu dienen sollen, möglicherweise doch auftretenden Komplikationen entgegenzuwirken bzw. sie rechtzeitig erkennen und behandeln zu können[387]. All diese routinemäßigen Handlungen sind ärztliche Untersuchungen[388]. Und auf solche Untersuchungen und Befunderhebungen kann der Begriff des Heileingriffes bzw. der Heilbehandlung ausgedehnt werden. Denn der ärztliche Heileingriff wird weit ausgelegt und umfasst damit sowohl operative Eingriffe, als auch medikamentöse oder gar somatisch-psychische Behandlungen[389]. Nicht nur Maßnahmen, welche unmittelbar der Heilung eines Leidens dienen, sondern auch die begleitenden vor- und nachbereitenden Maßnahmen (Diagnostik, Prophylaxe[390]) füllen den Begriff Heilbehandlung aus. Die Fortentwicklung in der Medizin lässt eine Begrenzung des eigentlichen ärztlichen Eingriffes nur auf Operationen nicht mehr zu, denn neue Therapien und Behandlungen lassen eine weite Auslegung des Heilbegriffes erforderlich werden, so dass schon jedwede Verabreichung von Medikamenten als ärztlicher Eingriff zu gelten hat[391]. Wenn der Heileingriff nicht mehr auf Eingriffe beschränkt werden kann, die in die Köpersubstanz eindringen, weil es nicht mehr den Anforderungen der modernen Medizin entspricht, dann zählen neben dem chirurgischen Eingriff auch internistische, diagnostische, therapeutische und prophylaktische Maßnahmen zu den ärztlichen Eingriffen[392]. Die vorbereitenden Handlungen und sämtliche Betätigungen bei der stationären ärztlichen Geburtsleitung entsprechen genau solchen Maßnahmen, wie sie von der Ausweitung des Begriffes Heilbehandlung wie gerade beschrieben umfasst werden. Folglich sind die geburtshilflichen Maßnahmen, die bei der stationären – auch vaginalen – Entbindung unter ärztlicher Leitung stattfinden, Heileingriffe.

Werden nun die Eingriffe zur Unterstützung der vaginalen Geburt bei stationärer Behandlung als Heileingriffe bewertet, müssen zur Rechtfertigung ihrer Durchführung die rechtlichen Voraussetzungen für Heileingriffe erfüllt sein. So ist im Ergebnis die werdende Mutter auch umfassend wie vor jedem ärztlichen Eingriff über alle Vorgehensweisen, Risiken und Folgen aufzuklären und sie muss ebenso in die Vaginalgeburt (und vor allem deren mögliche operative Be-

387 Becker-Schwarze; Rechtliche Probleme bei einer sectio auf Wunsch?; Zentralblatt für Gynäkologie, 123 (2001), S. 111, 113.

388 Laufs/Uhlenbruck, Handbuch des Arztrechts, § 49, Rn. 3 ff.

389 Schönke/Schröder-Eser, § 223 Rn. 28.

390 Hiersche, Die rechtliche Position der Hebamme bei der Geburt, S. 136, 137 Schönke/Schröder-Eser, § 223 Rn. 34.

391 Papaneofytou, Die strafrechtliche Bewertung des ärztlichen Heileingriffs nach griechischem und deutschen Recht, S. 11.

392 Papaneofytou, Die strafrechtliche Bewertung des ärztlichen Heileingriffs nach griechischem und deutschen Recht, S. 11.

endigung) einwilligen[393]. Das Einwilligungserfordernis ist an dieser Stelle auch für die Vaginalgeburt aus zweierlei Gründen erforderlich. Erstens muss die werdende Mutter in den Entbindungsmodus der vaginalen Geburt an sich einwilligen, da sie auch eine Sectio hätte wählen können und durch die Einwilligung deutlich macht, dass sie eine Risikoabwägung getroffen und sich für die Vaginalentbindung selbstbestimmt entschieden hat. Zweitens stellen Dammschnitte und ähnliche vaginal-operative Maßnahmen eine enorme Störung der Gesundheit und des körperlichen Wohlbefindens der Gebärenden mit möglicherweise langfristigen Folgen dar. Diese Eingriffe sind nach weiter Auslegung Heilbehandlungen und in diese müsste die Kreißende einwilligen, denn sonst läge wegen eigenmächtiger Heilbehandlung eine Körperverletzung vor. Allerdings kann dies während der Geburt nur noch dann geschehen, so sie denn unter Medikamenteneinfluss noch einwilligungsfähig ist – sonst müsste sie schon vorher die Einwilligung nach der Aufklärung erklären.

Dieser Schluss ist nicht nur folgerichtig im Hinblick auf die Definition des Heileingriffes, sondern vor allem vor dem Hintergrund, dass insbesondere die Rechtsprechung Patientenrechte und Selbstbestimmung in der arzthaftungs- und medizinrechtlichen Rechtsprechung immer wieder betont und gar zu stärken trachtet[394]. Insofern verhält sie sich mithin widersprüchlich, wenn sie bei der vaginalen bzw. vaginal-operativen Geburt geradezu mit der Ablehnung der Notwendigkeit von Aufklärung und Einwilligung auf die Selbstbestimmung der Schwangeren verzichtet.

2. Entbindung unter Leitung von Hebamme bzw. Entbindungspfleger

Auch bei einer vaginalen spontanen Geburt, die in einem Belegkrankenhaus, ambulant oder als Hausgeburt geschieht, sind Begleitmaßnahmen wie zuvor beschrieben notwendig – nur dass diese von Hebammen bzw. Entbindungspflegern vorgenommen werden. Die Leistung von Geburtshilfe umfasst nach § 4 Absatz 2

---

393 Becker-Schwarze; Rechtliche Probleme bei einer sectio auf Wunsch?; Zentralblatt für Gynäkologie, 123 (2001), S. 111, 113.

394 So verlangt die Rechtsprechung jedenfalls eine grundsätzliche Aufklärung über das schwerwiegendste sich möglicherweise aus einem ärztlichen Eingriff ergebende Risiko, BGH, Urt. v. 14.11.1995 – VI ZR 354/94 (Frankfurt am Main), VersR 1996, S. 195 f. Diesem eigenen Erfordernis wird sie jedoch bei der Aufklärung zur Vaginalgeburt nicht gerecht. Die Notwendigkeit zur Aufklärung hier sieht die Rechtsprechung erst dann, wenn sich schon vorher abzeichnet, dass dem Kind im Falle vaginaler Entbindung ernsthafte Risiken drohen. Dann muss der Arzt hier rechtzeitig vor der Entbindung auch über die Sectio aufklären und zudem die Einwilligung der Schwangeren hierzu einholen, OLG München, Urt. v. 06.08.1993 (24 U 645/90), VersR 1994, S. 1345 f.

HebG die Überwachung des Geburtsvorganges und Betreuung ab Wehenbeginn an, Hilfe bei der Geburt selbst, d. h. der eigentlichen Ausstoßung des Kindes, sowie der anschließenden Überwachung des Wochenbettes und Betreuung der Wöchnerin. Hebammenverbände führen zur Untermauerung ihrer Stellung für Bedeutung und Erfolg außerklinischer Geburtshilfe folgende Zahlen an: bei außerklinisch begonnenen Geburten konnten auch 87,1 Prozent außerhalb der Klinik beendet werden, z. B. in Geburtshäusern oder als Hausgeburt; lediglich 12,8 Prozent aller Fälle mussten in eine Klinik verlegt werden, wobei von allen außerklinisch begonnenen Geburten – mit den in die Klinik verlegten kreißenden Frauen eingeschlossen – 93,8 Prozent der Entbindungen vaginal beendet wurden[395].

Diese Art der Statistik bzw. statistischen Auswertung erscheint jedoch zweifelhaft: Auf Geburtshäuser und Hausgeburten lassen sich zumeist Frauen ein, welche nicht zu Risikogruppen gehören. Daher können von vornherein Vorfälle, welche einen Kaiserschnitt indizieren, ausgeschlossen bleiben. Folglich können die Zahlen gegenüber einem Klinikum, welches Risikoschwangerschaften betreut und allein die Voraussetzungen zur Durchführung von Kaiserschnitten besitzt und diese auch durchführen muss um die Gesundheit von Mutter und Kind zu erhalten, nicht zum Vergleich herangezogen und als Argument für die Leistungsfähigkeit und Sicherheit außerklinischer Geburtshilfe herangezogen werden.

Frauen, die eine Schnittenbindung ausdrücklich wünschen, würden sich zudem im Vorfeld niemals an ein Geburtshaus oder eine außerklinische Hebamme wenden. Denn bei Krisensituationen dürfen in einer solchen Einrichtung keine ärztlichen Maßnahmen wie Notsectio oder sogar bestimmte Griffe und Schnitte nicht angewendet werden, um die Geburt ohne Gefahr für Mutter und Kind schnellstmöglich zu beenden. Bei solchen Umständen verbringen auch Hebammen und Geburtshäuser die Kreißende in ein Klinikum. Die Versorgung mit Schmerzmitteln und Regionalanästhesien ist ebenfalls nicht möglich. Da die Sectio aber meist gerade wegen der Sorge um das Kindeswohl in Betracht gezogen wird, können Hebammen und Geburtshelfer Frauen mit Ängsten um das Kindeswohl deren Furcht nicht nehmen, da sie notwendige Sicherheitsbedürfnisse nicht umfassend befriedigen können. Daher dürfen Hebammen und Entbindungspfleger in letzter Konsequenz nicht den Anspruch der Alleinverantwortlichkeit für Schwangerschaft, Geburt und Wochenbett erheben.

Hierbei unternehmen auch Hebammen bzw. Entbindungspfleger geburtsbegleitende und geburtshilfliche Maßnahmen. Wie oben festgestellt, kommt die

395 Carreras; „...Dem Messer überlassen?“ – Betrachtungen zur aktuellen Situation der Geburtshilfe in Deutschland, http://www.bfhd.de./dem_messer_ueberlassen.pdf vom 29.11.2004.

Geburtshilfe nicht ohne Heileingriffe aus[396], auch wenn Schwangerschaft und Geburt keine Krankheiten, sondern natürliche Vorgänge bei einer gesunden Frau mit gesundem Kind darstellen. Die begleitenden Maßnahmen vor, während und nach der Geburt stellen, wie bereits ausgeführt, bei der weiten Auslegung des Begriffes Heilbehandlung solche dar. Davon umfasst sind die Diagnostik bei der Aufnahmeuntersuchung, medikamentöse Behandlung sowie die stationäre Nachsorge bei der frisch Entbundenen. Folglich ist der Großteil der Eingriffe als Heilbehandlungen zu qualifizieren[397].

Werden aber Heilbehandlungen wie dargestellt ausgeführt, sind auch hier die Köperverletzungstatbestände betroffen, weshalb auch Heileingriffe der Rechtfertigung bedürfen. Daher ist eine Aufklärung mit anschließender Einwilligung ebenso bei der vaginalen Entbindung durch Hebammen und Entbindungspfleger notwendig. Dies gilt insbesondere in den Fällen, in denen mit Risiken gerechnet werden muss – hier ist von der Möglichkeit auszugehen, dass die vaginale Geburt nicht beendet werden kann und mit Hilfe vaginal-operativer Methoden oder sekundärer Sectio durch Herbeirufen eines Arztes fortgefahren werden muss[398]. Dass derartige arztrechtliche Grundsätze auf das Handeln von Hebammen angewandt werden können, ergibt sich einerseits aus den allgemeinen Strafrechtsvorschriften, welche keine Besonderheiten für ärztliche Eingriffe vorsieht und andererseits kann die Beziehung zwischen der Schwangeren und der Hebamme bzw. dem Entbindungspfleger mit der Beziehung zwischen ihr und dem Arzt verglichen werden[399]. Außerdem gibt es zwischen beiden Berufgruppen sich überschneidende Zuständigkeiten, was ebenfalls einer unterschiedlichen Beurteilung der Eingriffe entgegensteht.

---

396 4. Kapitel B. I. 1.

397 Hiersche, Die rechtliche Position der Hebamme bei der Geburt, S. 138. Dazu zählen vor allem: allgemeine Untersuchungen bei der Aufnahme (Blutdruck- und Pulsmessung), äußere und vaginale Untersuchungen (Überwachung der Wehen und des Geburtsfortschritts), Herztonkontrolle mit Stethoskop und CTG, Anleitung der Schwangeren bei der Geburt, eigenständige Verabreichung von Medikamenten (krampflösende, Schmerz- und Wehenmittel und blutstillende Präparate), manuelle Eingriffe in den Geburtsvorgang sowie Dammschnitt und Dammnaht unter teilweiser Verwendung von Lokalanästhetika (Oberflächen- oder Infiltrationsanästhesie).

398 Bülow, Aufklärungs- und Behandlungsfehler bei der Sectio caesarea, S. 72; BGH, Urt. v. 08.01.1985 – VI ZR 15/83 (Karlsruhe), BGH Z 106, S. 153, 156.

399 Hiersche, Die rechtliche Position der Hebamme bei der Geburt, S. 146.

II. Wunschsectio als Heileingriff?

Problematisch ist nun, ob die geburtshilflichen Eingriffe zur Entbindung per Wunschsectio ebenfalls als Heileingriffe anzusehen und nach den Rechtfertigungsvoraussetzungen für diese zu beurteilen sind. Es werden prinzipiell die gleichen medizinischen und ärztlichen Maßnahmen angewendet, wie bei der indizierten Sectio, welche dort als Heileingriffe klassifiziert wurden. Bei der Sectio auf Wunsch stellt sich die Situation jedoch anders dar. Hier kann nicht von einer Heilbehandlung gesprochen werden, denn dazu hätte diese Schnittentbindung medizinisch indiziert zur Heilung und subjektiv zu diesem Zweck erfolgt sein müssen[400]. Die unterschiedliche Beurteilung des Heileingriffes durch Rechtsprechung und Lehre ist mithin für die rechtliche Beurteilung der Sectio auf Wunsch nicht von Belang: Es liegt nach beiden Ansichten dann keine Heilbehandlung vor, wenn es an der Indikation fehlt und damit dann auch der Eingriff nicht subjektiv zu Heilzwecken erfolgte. Zur Durchführung der Wunschsectio bedarf es keiner Heilanzeige, mithin fehlt es an der Indikation und subjektiven Motivation des Arztes gerade für die Vornahme einer Sectio zu Heilzwecken – schließlich hätte auch eine Vaginalgeburt durchgeführt werden können. Die Sectio auf Wunsch ist folglich kein Heileingriff und muss sich in ihrer rechtlichen Beurteilung sowohl aus Sicht der Rechtsprechung als auch des Schrifttums nach den rechtlichen Voraussetzungen der Körperverletzungstatbestände des StGB richten, §§ 223 Absatz 1, 228 StGB.

C. Rechtliche Voraussetzungen zur Durchführung einer medizinisch nicht indizierten Sectio

Die in Kenntnis mangelnder medizinischer Indikation durchgeführte ärztliche Maßnahme stellt eine vorsätzliche Körperverletzung und mithin keinen Heileingriff dar[401]. Bei der Frage der möglichen Rechtfertigung solcher nicht zur Heilung dienenden ärztlichen Eingriffe werden die von der Rechtsprechung entwickelten Grundsätze zur Rechtfertigung ärztlicher Heileingriffe auch von der juristischen Lehre herangezogen[402]. Nach den allgemeinen Grundsätzen ist die erste

---

400 Ulsenheimer, Wunschsectio: forensische Aspekte; Der Gynäkologe 12 (2000), S. 882, 882. Eine Indikation liegt nicht vor und einer solchen bedarf es nach der hier gebildeten Ansicht zur Durchführung der Schnittentbindung auch nicht, vgl. 3. Kapitel C. IV.

401 LK-Hirsch, § 228 Rn. 48; Schönke/Schröder-Eser, § 223 Rn. 49, 50. Vgl. dazu auch 4. Kapitel A.

402 LK-Hirsch, § 228 Rn. 48; NK-Paeffgen, § 228 Rn. 58.

Voraussetzung zur Rechtfertigung eines Heileingriffes, dass die Behandlung zu Heilzwecken indiziert ist[403]. Die zweite Voraussetzung ist, dass eine Einwilligung der zu Operierenden in diesem konkreten Einzelfalle nach der umfassenden und rechtswirksamen Aufklärung durch den Arzt in einen nicht sittenwidrigen Eingriff vorliegt[404]. Drittens muss auch ein fach- und sorgfaltsgerechtes Handeln sichergestellt sein, d. h. dass die Vornahme der ärztlichen Behandlung lege artis erfolgt[405].

Diese Rechtsprechungsgrundsätze zur Rechtfertigung ärztlicher Heileingriffe stellen auch die generellen Anforderungen für die rechtliche Zulässigkeit einer Operation auf Wunsch, die als medizinisch nicht indizierte Maßnahme den Körperverletzungstatbeständen des StGB unterfällt, dar. Sie gelten jedoch nicht nur für das Strafrecht. Zur Wahrung der Einheit der Rechtsordnung und zur Vermeidung von Widersprüchen zwischen den Rechtsgebieten, müssen die rechtlichen Voraussetzungen ebenso dem zivil-haftungsrechtlichen als auch berufs- und standesrechtlichen Aspekt zugrunde gelegt werden. Daher sind für diese drei zwar unterschiedlichen Rechtsgebiete gleichermaßen die allgemeinen Zulässigkeitskriterien für ärztliches Handeln bzw. dessen Rechtfertigung ausschlaggebend[406].

I. Erste Voraussetzung: Die Indikation

1. Fehlende Indikation

Strafrechtlich besonders problematisch ist bei der elektiven Sectio die Frage der Indikationsstellung. Denn Ablehnung oder Bejahung einer Indikation sind folgenreich für die Anforderungen an die Aufklärung und damit die Einwilligung der Schwangeren. Wie zuvor erklärt, liegt der eigentlichen elektiven primären Sectio keine Indikation, sondern ausschließlich der Wunsch der werdenden Mutter nach einem Kaiserschnitt zugrunde[407]. Zudem bedarf es nach der hier vertre-

403 BGH, Urt. v. 23.09.1980 – VI ZR 189/79 (Zweibrücken), NJW 1981, S. 633 f.

404 BGH, Urt. v. 22.02.1978 – 2 StR 372/77, NJW 1978, S. 1206.

405 BGH, Urt. v. 27.09.1977 – VI ZR 162/76 (Düsseldorf), NJW 1978, S. 587 f.

406 Becker-Schwarze; Rechtliche Probleme bei einer sectio auf Wunsch?; Zentralblatt für Gynäkologie, 123 (2001), S. 111, 111.

407 Wie bereits im 3. Kapitel C. I., II und III besprochen, kann sich weder aus dem Wunsch der Schwangeren nach einer Sectio, noch aus der Abwägung der Vor- und Nachteile eines Kaiserschnittes gegenüber einer vaginalen Geburt eine Indikation ergeben. Auch wurde der Indikationskatalog nicht dahingehend erweitert.

tenen Ansicht nach Gegenüberstellung der Vor- und Nachteile der unterschiedlichen Entbindungsmethoden keiner Indikation zur Durchführung einer Sectio[408].

Zwar gehört zur Qualifikation einer Behandlung als einer zu Heilzwecken indizierten Maßnahme auch die Abwägung verschiedener Methoden und Risiken[409], wie sie in dieser Arbeit vorgenommen wurde. Danach stellte sich die Sectio als echte Alternative zur Vaginalgeburt heraus. Liegen jedoch alternative ärztliche Eingriffsmöglichkeiten vor, kann gerade nicht von einer Indikation für oder gegen einen *bestimmten* ärztlichen Eingriff gesprochen werden. Damit fehlt es medizinisch betrachtet an der Indikation zur Schnittentbindung und rechtlich an der Rechtfertigungsbedingung einer Indikationsstellung für den Eingriff.

Gerade die fehlende medizinische Indikation des ärztlichen Eingriffes klassifiziert die Sectio auf Wunsch daher zur Körperverletzung. Daher ist die Sectio auf Wunsch auch kein Heileingriff, weshalb hier die gleichen Voraussetzungen zur Rechtfertigung wie für sonstige medizinisch nicht indizierte ärztliche Maßnahmen gelten[410]. Diese umfassen eine rechtswirksame Einwilligung nach umfassender Aufklärung und Durchführung der Operation lege artis[411]. Die fehlende Indikation führt also nicht zum Ausschluss der Rechtfertigung der Maßnahme durch Einwilligung[412]. Ebenso kommt es durch den Mangel der Indikation nicht zur Unwirksamkeit der Einwilligung[413]. Denn: „Nicht jede ärztliche Maßnahme geschieht zu Heilzwecken. Der Arzt führt vielmehr in grundsätzlich zulässiger Weise auch Behandlungen durch, die wie Sterilisationen oder kosmetische Operationen anderen Zielen dienen können. [...] jedenfalls fehlt es an einem Heileingriff, wenn eine Operation nicht – auch nicht aus Gründen der Vorsorge – ärztlich indiziert ist und der Arzt das weiß“ [414].

Folglich ist im Ergebnis festzuhalten, dass die Voraussetzung der Indikation lediglich eine Bedingung darstellt, um einen Heileingriff bejahen zu können. Sie ist nicht die Voraussetzung für jedes ärztliche Handeln[415]. Vielmehr gibt es unzählige ärztliche Maßnahmen, die nicht medizinisch indiziert und mithin keine Heileingriffe sondern Körperverletzungen sind, die zudem gerechtfertigt werden

408 3. Kapitel C. III, IV.
409 Schönke/Schröder-Eser, § 223 Rn. 34.
410 Vgl. 4. Kapitel C.
411 Laufs/Uhlenbruck-Ulsenheimer, Handbuch des Arztrechts, § 139 Rn. 26.
412 Becker-Schwarze; Rechtliche Probleme bei einer Sektio auf Wunsch?; Zentralblatt für Gynäkologie, 123 (2001), S. 111, 112.
413 Schönke/Schröder-Eser, § 223 Rn. 50.
414 BGH Urt. v. 22.02.1978 – 2 StR 372/77; NJW 1978, S. 1206.
415 Ulsenheimer, Arztstrafrecht in der Praxis, S. 76, 77.

können[416]. Daher scheitert die Rechtfertigungsmöglichkeit der Einwilligung in die Wunschsectio nicht am Mangel der fehlenden Indikation.

Allerdings sind Patienten und Ärzten bei solchen indikationslosen Eingriffen Grenzen gesetzt – nicht in jedwede, medizinisch mögliche Wunschoperation kann rechtswirksam eingewilligt werden. Der BGH geht also zwar davon aus, dass eine rechtswirksame Einwilligung des Patienten auch den indikationslosen ärztlichen Eingriff rechtfertigen kann und damit aus dem Fehlen der medizinischen Indikation auch nicht per se die Rechtswidrigkeit des Eingriffes folgt[417]. Hinzukommen muss dann aber als weitere Voraussetzung, dass der indikationslose Eingriff nicht gegen die guten Sitten verstößt.

2. Verhältnis zur Sittenwidrigkeit des § 228 StGB

Die Durchführung der Wunschsectio ist nur dann zu rechtfertigen, wenn diese Operation nicht gegen die guten Sitten gemäß § 228 StGB verstößt[418]. Der § 228 StGB stellt eine Schranke bei der Beurteilung der Unzulässigkeit ärztlicher Maßnahmen dar, da trotz einer möglicherweise bestehenden Einwilligung seitens der Patientin dennoch eine sowohl tatbestandliche als auch rechtswidrige Körperverletzung gemäß § 223 Absatz 1 StGB vorliegen kann, wenn die Maßnahme gegen die guten Sitten verstößt[419]. Diese Sittenwidrigkeitsklausel wird angewandt, um die Funktionsfähigkeit und Vertrauenswürdigkeit des Gesundheitssystems gewährleisten zu können und Patienten so vor unkalkulierbaren Gesundheitsrisiken zu schützen[420].

Fraglich ist, ob eine ohne medizinische Indikation vorgenommene Sectio sittenwidrig ist. Die Sittenwidrigkeit ist je nach Art und Schwere des Eingriffes,

---

416 Ärztliche Maßnahmen, die keine Heileingriffe darstellen weil sie nicht medizinisch indiziert sind und allein auf Wunsch der Patienten durchgeführt werden, sind neben den rein kosmetisch-ästhetischen Operationen die Gefälligkeitssterilisationen bzw. -kastrationen und Geschlechtsumwandlungen sowie Blutspenden und Organentnahmen bei lebenden Spendern, aber auch In-Vitro-Fertilisation ohne therapeutische Gründe, Schwangerschaftsabbrüche gemäß § 218 a Absatz 2 StGB, Doping sowie Humanexperimente. Ulsenheimer, Wunschsectio: forensische Aspekte; Der Gynäkologe 12 (2000), S. 882, 883. Allein der durch den Patienten dem Arzt angetragene Wunsch nach einer solchen Operation gibt hier den Ausschlag für die Vornahme.

417 BGH Urt. v. 22.02.1978 – 2 StR 372/77; NJW 1978, S. 1206.

418 Dettmeyer; Medizin und Recht für Ärzte, Kapitel 2, S. 27; Ulsenheimer, Wunschsectio: forensische Aspekte; Der Gynäkologe 12 (2000), S. 882, 885.

419 Becker-Schwarze; Rechtliche Probleme bei einer sectio auf Wunsch?; Zentralblatt für Gynäkologie, 123 (2001), S. 111, 112.

420 Ulsenheimer, Operative Wunscheingriffe aus rechtlicher Sicht, in: Huch et al, Sectio caesarea, S. 125.

seiner konkreten, spezifisch ihm anhaftenden Gefährlichkeit sowie nach seinem individuellen Zweck zu beurteilen[421]. Als solcherart sittenwidrige Eingriffe werden unter anderem Suchtförderung, Doping, Organhandel und allgemein ärztliche Eigenmacht beurteilt[422]. Ebenso sittenwidrig sind Verstümmelungen zwecks Vorbereitung eines Betruges zum Nachteil einer Versicherung sowie Humanexperimente ohne vorherige Erschöpfung aller anderen zur Verfügung stehenden medizinischen Möglichkeiten[423].

Anhand der aufgezeigten Beispiele ist erkennbar, dass ein Verhalten nur in Ausnahmefällen als sittenwidrig beurteilt wird. Zwar kann nicht bei jedem Eingriff gleichermaßen die Sittenwidrigkeitsprüfung stattfinden. Ein Handeln ist jedoch immer dann sittenwidrig, wenn es gegen das Wertgefühl aller billig und gerecht Denkenden verstößt[424]. Das Vorgehen des Arztes müsste sich für ein solch eindeutiges Sittenwidrigkeitsurteil gegen allgemeingültige Wertmaßstäbe richten, die vernünftigerweise nicht anzweifelbar sind[425]. Vergegenwärtigt man sich die genannten Literatur- und Rechtsprechungsbeispiele für sittenwidriges ärztliches Handeln, kann eine Wunschsectio jedenfalls nicht neben unzulässige Experimente am Menschen, illegale Abtreibungen oder sadistisch-masochistisch motivierte Verletzungshandlungen[426] gestellt werden und mit keinem der vorgenannten Eingriffe verglichen werden.

Allerdings genügt ein bloßer Vergleich nicht. Zur Feststellung einer Sittenwidrigkeit ist zu prüfen, ob eine eindeutige gesetzgeberische Missbilligung vorliegt[427]. Dies ist der Fall bei § 216 StGB[428]. In eine Tötung kann nicht mit rechtfertigender Wirkung eingewilligt werden[429]. Im Vordergrund des gesetzlichen Verbotes der Tötung auf Verlangen stehen der grundsätzliche Schutz der Unantastbarkeit fremden Lebens und der Gedanke der Verhinderung von Missbrauchsgefahren[430]. Daher ist auch das Unrecht der Tat, nämlich der in der Tö-

421 Ulsenheimer, Operative Wunscheingriffe aus rechtlicher Sicht, in: Huch et al, Sectio caesarea, S. 128.

422 BGH, Urt. v. 11.12.2003 – 3 StR 120/03 (Kiel); Neuefeind, Arzthaftungsrecht, S. 124.

423 MüKo-Hardtung, § 228 Rn. 37; Neuefeind, Arzthaftungsrecht, S. 130.

424 BGH, Urt. v. 22.01.1953 – 4 StR 373/52 (Dortmund), BGH St 4, S. 88, 92.

425 Becker-Schwarze; Rechtliche Probleme bei einer sectio auf Wunsch?; Zentralblatt für Gynäkologie, 123 (2001), S. 111, 113.

426 BGH, Urt. v. 26.05.2004 – 2 StR 505/03 (Kassel).

427 Bülow, Aufklärungs- und Behandlungsfehler bei der Sectio caesarea, S. 78.

428 Berg, – Die geplante Geburt – Kaiserschnitt auf Wunsch; Protokoll Arbeitskreis Ärzte und Juristen – 23. und 24. März 2001 – S. 1 - 7, S. 2; http://www.uni-duesseldorf.de/WWW/AWMF/aej/aej01-1.htm vom 27.11.2004.

429 Tröndle/Fischer, § 216 StGB Rn. 9.

430 Schönke/Schröder – Eser, § 216 StGB Rn. 1.

tung auf Verlangen zum Ausdruck kommende Rechtsgutverzicht, lediglich gemindert[431].

Im Fall der Sectio auf Wunsch fehlt es dagegen zum einen an einem dem § 216 StGB entsprechenden Rechtsgutverzicht, dessen es für die Bejahung einer Missbilligung des Gesetzgebers bedürfte. Zwar erlaubt die Schwangere eine Körperverletzung an ihrem Körper. Sowohl behandelnder Arzt als auch werdende Mutter haben dabei aber langfristig betrachtet den Schutz der Rechtsgüter Leben und Gesundheit im Blick. Außerdem mangelt es an einem durch den geplanten primären Kaiserschnitt verwirklichten Unrecht, welches der Gesetzgeber ausdrücklich verbieten müsste. Sinn und Zweck der Wunschsectio sprechen gegen eine Vergleichbarkeit der Tötung auf Verlangen und der Aufgabe des Rechtsgutes Leben mit einer aus achtenswerter Abwägung einer besorgten werdenden Mutter bezüglich der Gesundheit des Kindes und ihre eigener körperliche Integrität getroffenen Entscheidung zur Schnittentbindung. Bei einer elektiven primären Sectio liegt demnach keine eindeutige Missbilligung des Gesetzgebers vor.

Im Gegenteil wird im Schrifttum ebenso wie in der Rechtsprechung oft auf eine Parallele zur freiwilligen, ebenfalls auf Wunsch der Patientin durchgeführten Sterilisation hingewiesen, welche trotz fehlender medizinischer Indikation als nicht sittenwidrig angesehen wird[432]. Denn von der fehlenden Indikation kann nicht automatisch auf eine Sittenwidrigkeit geschlossen werden. Als weiteres Beispiel medizinisch nicht indizierter und dennoch durchgeführter, anerkannter Operationen wird weiterhin die Geschlechtsumwandlung angeführt. Sowohl bei freiwilligen Sterilisationen, Kastrationen und Geschlechtsumwandlungen können einerseits rechtswirksam Behandlungsverträge mit dem Arzt geschlossen werden. Hier bedarf es ebenfalls keiner besonderen Indikation, dennoch sind diese Eingriffe nicht sittenwidrig[433]. Hält sich der Arzt im Rahmen gesetzlicher Bestimmungen, so sind diese Verträge auch rechtlich voll wirksam. Andererseits kann in sie erst rechtswirksam eingewilligt werden, wenn auch die übrigen Voraussetzungen für medizinisch nicht indizierte Eingriffe vorliegen. Bei vorliegender Einwilligung darf der Arzt diese Eingriffe daher rechtswirksam und straffrei vor-

---

431 Schönke/Schröder – Eser, § 216 StGB Rn. 1.

432 Becker-Schwarze; Rechtliche Probleme bei einer sectio auf Wunsch?; Zentralblatt für Gynäkologie, 123 (2001), S. 111, 113; BGH, Urt. v. 27.10.1964 – 5 StR 78/64 (Hannover), BGH St 20, S. 81; BGH, Urt. v. 29.06.1976 – VI ZR 68/75 (Düsseldorf), BGH Z 67, S. 48.

433 Entezami/Fenger, Gynäkologie und Recht, Kapitel 1, S. 7; BGH, Urt. v. 10.03.1981 – VI ZR 202/79 (Hamm), NJW 1981, S. 2002; BGH, Urt. v. 29.06.1976 – VI ZR 68/75 (Düsseldorf), NJW 1976, S. 1790; BGH, Beschl. v. 21.09.1971 – VI ZB 61/70, NJW 1972, S. 330.

nehmen. Hieran lässt sich folglich die rechtliche Behandlung der Sectio auf Wunsch orientieren.

Ob aber eine medizinisch nicht indizierte, mithin nicht zu Heilzwecken erfolgende Sectio gerechtfertigt ist durch die Einwilligungserklärung der Schwangeren vor dem Eingriff, ist abhängig davon, ob die Patientin vor dem Eingriff umfassend über Nutzen, Risiken und Kosten aufgeklärt wurde[434]. Jedoch kann das Vorliegen allein einer wirksamen, unwiderrufenen Einwilligung nach Aufklärung noch nicht die Sittenwidrigkeit einer Schnittentbindung im Einzelfall ausschließen. Es muss weiterhin das Verhältnis zwischen Art, Zweck und Umfang des Eingriffes auf der einen Seite und der Gefährlichkeit des Eingriffes auf der anderen Seite betrachtet werden[435].

Bei der Wunschsectio wird das Kind per Kaiserschnitt entbunden, was den Zweck der Vermeidung unzähliger Risiken und nachteiliger Folgen der Vaginalgeburt hat. Der Wunsch der Schwangeren nach einer Sectio, die eine umfangreiche Operation darstellt, beruht daher in der überwiegenden Zahl der Fälle auf sorgfältiger Abwägung aller Vor- und Nachteile sowie gewichtigen Gründen der Wahrung der Gesundheit von Kind und Mutter. Zudem nähern sich Morbiditäts- und Mortalitätsraten von Vaginal- und Schnittentbindung – zumindest in den westlichen Industrieländern – nahezu an. Alle vorgestellten Gründe für eine Wunschsectio[436] zeigen deutlich, dass einem Entschluss der Schwangeren zur primären Sectio nicht ein „launenhafter Entschluss[437]" sondern dieser Entscheidung berechtigte und durchdachte Argumente zugrunde liegen. Folglich ist das Verhältnis von Art, Zweck, Umfang und Gefährlichkeit durchaus als ausgeglichen zu bezeichnen und damit die auf das Selbstbestimmungsrecht der Patientin gegründete Vornahme der Wunschsectio durch den Arzt auch aus diesem Grund nicht sittenwidrig.

Nach Darstellung aller achtenswerter Gründe, die für die Vornahme einer Sectio sprechen und dem Vergleich mit sonst rechtlich missbilligtem und daher sittenwidrigem Handeln kann auch ausgeschlossen werden, dass die Zulassung von medizinisch nicht indizierten Schnittentbindungen die Funktionsfähigkeit und Vertrauenswürdigkeit des Gesundheitssystems untergraben würde und die Schwangeren dadurch nicht mehr vor unkalkulierbaren Gesundheitsrisiken ge-

---

434 Becker-Schwarze; Rechtliche Probleme bei einer sectio auf Wunsch?; Zentralblatt für Gynäkologie, 123 (2001), S. 111, 113.

435 Berg, – Die geplante Geburt – Kaiserschnitt auf Wunsch; Protokoll Arbeitskreis Ärzte und Juristen – 23. und 24. März 2001 – S. 1 - 7, S. 2; http://www.uni-duesseldorf.de/WWW/AWMF/aej/aej01-1.htm vom 27.11.2004.

436 3. Kapitel B. IV. sowie C. III. 1. a) bb) bzw. b) aa) und 2. a) bb) bzw. 2.) b) aa).

437 Hickl; „Wandlungen in der Kaiserschnittindikation"; Gynäkologische geburtshilfliche Rundschau 42 (2002); S. 15, 16.

schützt werden könnten. Folglich kann auch hiernach ein Kaiserschnitt auf Wunsch nicht als sittenwidrig bezeichnet werden. Mithin ist die rechtfertigende Einwilligung in eine Wunschsectio möglich, wenn sie rechtswirksam abgegeben wurde.

II. Zweite Voraussetzung: Rechtswirksame Einwilligung

Der Umstand, dass sich ein bestimmtes ärztliches Verhalten unter einen Strafrechtstatbestand subsumieren lässt, sagt über die Rechtswidrigkeit des Verhaltens noch nichts aus. Strafrechtswidrig und damit strafwürdig ist auch eine ärztliche Handlung nur dann, wenn das tatbestandsmäßige Verhalten nicht gerechtfertigt werden kann. Im Zusammenhang mit medizinisch nicht indizierten Eingriffen kommt als mögliche Rechtfertigung nur die Einwilligung des Patienten in Frage.

1. Einleitung

a) Das Selbstbestimmungsrecht als Grundlage der Einwilligung

Das Grundgesetz schützt in Artikel 1 Absatz 1 GG sowie Artikel 2 Absatz 1 und Absatz 2 GG die Würde des Menschen, die Freiheit der Persönlichkeitsentfaltung sowie Freiheit allgemein, sein Recht auf Leben und körperliche Unversehrtheit. Nach Auffassung der Rechtsprechung wird das verfassungsrechtlich festgeschriebene Selbstbestimmungsrecht der Patientin durch die Aufklärungspflicht geschützt[438]. Deshalb kann die Patientin sich durchaus auch gegen eine nicht nur dem Arzt mögliche, sondern auch medizinisch indizierte Maßnahme entscheiden. Auch nach der Ansicht der Literatur kann die Einwilligung nur dann rechtswirksam erfolgen, wenn die Aufklärung derart erfolgt, dass die von der Rechtsprechung als „maßgeblich“ erachteten Grundsätze eingehalten werden, was von den Gerichten individuell für jeden einzelnen Fall geprüft wird[439].

So kann die Patientin von ihrem Selbstbestimmungsrecht nur Gebrauch machen, wenn sie auch über die nötigen Informationen verfügt, um selbstbestimmt entscheiden zu können. Eine werdende Mutter kann erst dann selbstbestimmt ihre Entscheidung treffen – und damit einwilligen – wenn die behandelnden Ärzte der Frau sowohl sachlich als auch wertungsfrei die primäre Sectio der vaginalen Ge-

---

438 BVerfGE 52, S. 131, 166/167 bzw. 171 ff., Beschl. v. 25.07.1979 – 2 BrR 878/74; BGH, Urt. v. 14.02.1989 – VI ZR 65/88 (Frankfurt), NJW 1989, S. 1533, 1535.

439 Bülow, Aufklärungs- und Behandlungsfehler bei der Sectio caesarea, S. 62; Ulsenheimer, Arztstrafrecht in der Praxis, S. 75 ff.

burt gegenüberstellen und sie mit den jeweiligen Vor- und Nachteilen und Gefahrenpunkten für Mutter und Kind vergleichen[440]. Sie muss umfassend aufgeklärt werden, kann dann selbstständig abwägen und entscheiden und schlussendlich, wenn sie die Sectio auf Wunsch vornehmen lassen möchte, in diesen Eingriff einwilligen. Eine derartige Einwilligung beruht mithin auf dem Selbstbestimmungsrecht der aufgeklärten Schwangeren.

b) Aufklärung als Voraussetzung für die Einwilligung

Die Patientin kann nur dann wirksam in eine ärztliche Behandlung einwilligen, wenn sie über deren Voraussetzungen, Sinn und Zweck sowie die Durchführung aufgeklärt wurde. Folglich geht die Aufklärung der Einwilligung voraus und füllt sie ihrem Inhalt nach aus, weshalb die Einwilligung auch nicht weiter als das vorhandene Wissen bzw. die vorausgegangene Aufklärung reicht[441]. Die Einwilligung kann demnach nur dann rechtfertigend wirken, wenn der Arzt mittels Aufklärung über Wesen, Bedeutung und Tragweite des Eingriffes, Anlass und Dringlichkeit, aber auch Schwere, Risiken, Komplikationen und Nebenwirkungen dem Patienten vor Augen führt[442].

2. Aufklärung

Die Aufklärungspflicht stellt die Verpflichtung des Arztes zur Information und Aufklärung des Patienten über alle relevanten Umstände seiner Erkrankung sowie ihrer Behandlung aus therapeutischen und rechtlichen Gründen dar[443]. Verstöße gegen die Aufklärungspflicht haben als Aufklärungsfehler Bedeutung erlangt und können auch im Strafrecht entscheidend sein: Ist kein Behandlungsfehler nachgewiesen, kann der Patient mittels des Vorwurfes einer Aufklärungspflichtverletzung einen Prozess für sich entscheiden, trotz einer lege artis durchgeführten Operation[444]. Denn die fehlende Aufklärung macht den ärztlichen Eingriff zur

440 Wachter; Frauenarzt 43 (2002) Nr.8, S. 902, 902.

441 Sehr umfassend zur Aufklärung Deutsch/Spickhoff, Medizinrecht, S. 130, Rn. 187; S. 139, Rn. 202.

442 Bülow, Aufklärungs- und Behandlungsfehler bei der Sectio caesarea, S. 62; Laufs/Uhlenbruck-Ulsenheimer, Handbuch des Arztrechts, § 139 Rn. 38.

443 Pschyrembel, 259. Auflage, Aufklärung.

444 Laufs/Uhlenbruck-Ulsenheimer, Handbuch des Arztrechts, § 139 Rn. 38; Bülow, Aufklärungs- und Behandlungsfehler bei der Sectio caesarea, S. 61. Nach den Erhebungen von Orben sind 4 Prozent der vorgeworfenen ärztlichen Fehler Aufklärungsfehler bzw. bezogen auf mangelnde Einwilligung, Orben, Rechtliche Verantwortung für Behandlungsfehler, S. 60. Orben weist den Aufklärungsmängeln eine stark untergeordnete Rolle zu, während vor allem Ulsenheimer dem mehr Beachtung

rechtswidrigen Körperverletzung, da es dann an der wirksamen Einwilligung fehlt.

a) Aufklärung als persönliche Hauptpflicht

Die Aufklärung der Patientin stellt zivilrechtlich eine Hauptpflicht des Behandlungsvertrages zwischen der Schwangeren und dem behandelnden Arzt dar. Strafrechtlich bedeutsam daran ist, dass die Aufklärungspflicht mithin eine dem Arzt obliegende Pflicht ist, d. h., er kann sie nicht auf z. B. eine Krankenschwester oder einen Pfleger übertragen bzw. delegieren[445]. Das Strafrecht bietet hier keine Regelungen an. Gesetzliche Verankerung findet diese Pflicht lediglich in Spezialgesetzen wie dem Arzneimittelgesetz, Transplantationsgesetz sowie dem Kastrationsgesetz und wurde in § 8 der Musterberufsordnung (MBO) eingebracht[446].

Erfolgte die Aufklärung über den Kaiserschnitt schon vor dem Eingriff durch einen anderen Arzt, so muss die Schwangere zum Termin der Schnittentbindung nicht erneut aufgeklärt werden. Allerdings hat sich der nun behandelnde Arzt Gewissheit darüber zu verschaffen, dass und wie aufgeklärt wurde. Denn der jeweils Behandelnde kann zwar die Aufklärung einem anderen Arzt übertragen, wobei immer bei dem originär Behandelnden die Verantwortung verbleibt, dass der letztendlich aufklärende Arzt umfassend aufgeklärt hat sowie den dazu erforderlichen Wissens- und Erfahrungsstand hat[447]. So brauchen beispielsweise der operierende und der aufklärende Arzt nicht identisch zu sein, wenn der Aufklärende über die im Hinblick auf den konkreten Eingriff erforderliche Sachkenntnis sowie Kenntnis der Person der Schwangeren verfügt; andererseits aber kann auch die Frau die Einwilligung in die Behandlung auf einen bestimmten Arzt beschränken[448].

---

schenkt, da Aufklärungsfehler vor allem als Annex oder nachgeschobene zusätzliche Vorwürfe nach seiner Beobachtung häufig in der Verfahrenspraxis vorkommen, Ulsenheimer, Arztstrafrecht in der Praxis, S. 64.

445 Kern/Laufs, Die ärztliche Aufklärungspflicht, S. 125; Bülow, Aufklärungs- und Behandlungsfehler bei der Sectio caesarea, S. 67, 68.

446 **§ 8 MBO**: Zur Behandlung bedarf der Arzt der Einwilligung des Patienten. Der Einwilligung hat grundsätzlich die erforderliche Aufklärung in persönlichen Gesprächen vorauszugehen. Entezami/Fenger, Gynäkologie und Recht, Kapitel 2, S. 33. Zivilrechtlich ergibt sich zudem eine vertragliche Haftung wegen Vertragsverletzung bei Aufklärungsmängeln gemäß § 280 Absatz 1 BGB.

447 Entezami/Fenger, Gynäkologie und Recht, Kapitel 2, S. 47.

448 Deutsch/Spickhoff, Medizinrecht, S. 152, 153, Rn. 233, 234.

b) Arten der Aufklärung

Im Grundsatz unterscheidet man zwischen therapeutischer Aufklärung bzw. Sicherungsaufklärung und Selbstbestimmungsaufklärung[449]. Die *therapeutische Aufklärung bzw. Sicherungsaufklärung* ergibt sich aus der ärztlichen Fürsorgepflicht, nach welcher der Arzt der Patientin erläutern muss, welche Besonderheiten mit ihrer Situation verbunden sind und welche Maßnahmen zu ihrer Behandlung ärztlicherseits und seitens der Patientin erforderlich sind, um drohende Schäden von ihr abzuwenden[450]. Die Patientin soll durch die therapeutische Aufklärung bzw. Sicherungsaufklärung insbesondere vor Folgen, vor allem in ihrem Verhalten, gewarnt werden[451]. Der Arzt klärt die Schwangere also über die Entbindungssituation auf, insbesondere, dass ein Kaiserschnitt in ihrem Falle nicht dringlich ist und er erklärt ihr, wie Geburthelfer und werdende Mutter sich verhalten (müssen), um möglichst weitgehend Gefahren ausschließen zu können. So muss die Mutter alle Umstände nennen, die für den einen oder anderen Entbindungsweg entscheidend sein können und alle Handlungen unterlassen, die Schwangerschaft und Geburt stören können. Ebenso wird ihr erklärt, welche Narkosemittel und sonstige Medikamente eingesetzt werden und wie die Frau sich nach der Schnittentbindung zu verhalten hat, um beispielsweise Wundinfektionen zu vermeiden.

449 Bülow, Aufklärungs- und Behandlungsfehler bei der Sectio caesarea, S. 64; Ehlers, Die ärztliche Aufklärung vor medizinischen Eingriffen, S. 48; Ulsenheimer; Ausgreifende Arzthaftpflichtjudikatur und Defensivmedizin, S.37. Zu den verschiedenen Ausprägungen der Aufklärungspflicht detailliert Deutsch/Spickhoff, Medizinrecht, S. 139 ff., Rn. 203 ff.; Dettmeyer; Medizin und Recht für Ärzte, Kapitel 2, S. 29.

450 Bülow, Aufklärungs- und Behandlungsfehler bei der Sectio caesarea, S. 64. Hierbei werden therapeutische Verhaltensmaßregeln mitgeteilt im Sinne der Schadensabwehr durch Hinweise, Anweisungen und Empfehlungen, nach welchen die Patientin sich richten soll, um so die Therapie nicht zu stören und zur Vermeidung von Komplikationen beizutragen, Ulsenheimer, Arztstrafrecht in der Praxis, S. 84.

451 Entezami/Fenger, Gynäkologie und Recht, Kapitel 2, S. 33. Die therapeutische Sicherungsaufklärung dient damit der Vorbereitung, Ermöglichung und Unterstützung des medizinisch Notwendigen und soll die Patientin veranlassen, durch Schutz- und Warnhinweise zur Mitwirkung an der Heilung und der Vermeidung möglicher Selbstgefährdung, soll heißen, dass der Arzt der Patientin erklären muss, wie diese sich zukünftig verhalten soll und sie über die Dringlichkeit der Behandlung, die bei der Nachsorge zu beachtenden Gegebenheiten, Medikamentierung und die hinsichtlich seiner Krankheit gebotene Lebensweise in Kenntnis setzt, Ulsenheimer; Ausgreifende Arzthaftpflichtjudikatur und Defensivmedizin, S. 37. Haftungsrechtlich stellen Fehler bei der Therapeutischen Aufklärung einen ärztlichen Behandlungsfehler dar und sind von der Patientin zu beweisen, Entezami/Fenger, Gynäkologie und Recht, Kapitel 2, S. 50, Ehlers, Die ärztliche Aufklärung vor medizinischen Eingriffen, S. 49.

Von der therapeutischen Aufklärung bzw. Sicherungsaufklärung zu unterscheiden ist die im Interesse der verfassungsrechtlich gewährleisteten Entschlussfreiheit der Patientin liegende *Selbstbestimmungsaufklärung*. Schon aus dem Namen erschließt sich, dass die Selbstbestimmungsaufklärung der Wahrung des Selbstbestimmungsrechtes der Patientin bei einem medizinischen Eingriff dient und eine selbstbestimmte Entscheidung der werdenden Mutter ermöglichen soll. Durch diese Aufklärung deckt die Einwilligung der Patientin den ärztlichen Eingriff[452]. Diese erfordert, dass die Patientin für sich Bedeutung und Risiko der Maßnahme einschätzen können muss, weshalb individuell über Art und Schwere des ärztlichen Handelns aufzuklären ist und folgende Faustformel gilt: Je höher ein mögliches Risiko einzustufen ist, desto intensiver muss darüber aufgeklärt werden und zweitens, die Anforderungen an die Aufklärung sind umso höher, je weniger vital indiziert die Maßnahme ist[453]. Daher hat grade bei der Wunschsectio die Aufklärung besonders umfassend zu sein.

Die Selbstbestimmungsaufklärung besteht aus der Diagnose-, Verlaufs- und Risikoaufklärung; hier kann zudem eine eventuelle wirtschaftliche Aufklärung sowie die Aufklärung über Alternativen hinzu gezählt werden. Bei der *Diagnoseaufklärung* wird die Patientin über den ärztlichen Befund aufgeklärt[454]. An dieser Stelle bedeutet das, dass der Frau mitzuteilen ist, dass sie und ihr Kind gesund sind sowie dem gewünschten Entbindungsweg keine Kontraindikation entgegensteht.

Die *Verlaufsaufklärung* bezieht sich – hinsichtlich normalerweise zu behandelnder Krankheiten – auf den Verlauf der Erkrankung mit und ohne Behandlung[455] und hat an dieser Stelle immer unabhängig vom jeweiligen Risiko des Eingriffes Art und Umfang, Durchführung und Tragweite zu enthalten, d. h., hier erfährt die Patientin, was genau beim geplanten Eingriff geschieht, wobei sichere Behandlungsfolgen genauso angesprochen werden müssen wie nur mögliche Folgen und sonstige Belastungen künftiger Lebensführung[456]. Die schwangere Frau

452 Ehlers, Die ärztliche Aufklärung vor medizinischen Eingriffen, S. 51 ff.; Entezami/Fenger, Gynäkologie und Recht, Kapitel 2, S. 33.

453 Urteil des Oberlandesgerichts Oldenburg vom 11.11.1997 – 5 U 47/97.

454 Martius (Hrsg.), Rechtliche Probleme in Geburtshilfe und Gynäkologie, S. 48; Ehlers, Die ärztliche Aufklärung vor medizinischen Eingriffen, S.68; Dettmeyer; Medizin und Recht für Ärzte, Kapitel 2, S. 29; Ulsenheimer, Arztstrafrecht in der Praxis, S. 86.

455 Ehlers, Die ärztliche Aufklärung vor medizinischen Eingriffen, S. 69, 70; Martius (Hrsg.), Rechtliche Probleme in Geburtshilfe und Gynäkologie, S. 48, 52; Ulsenheimer, Arztstrafrecht in der Praxis, S. 89; Dettmeyer; Medizin und Recht für Ärzte, Kapitel 2, S. 29.

456 Entezami/Fenger, Gynäkologie und Recht, Kapitel 2, S. 35, Ehlers, Die ärztliche Aufklärung vor medizinischen Eingriffen, S. 69.

erfährt hier, in welcher Art und Weise bei ihr im konkreten Einzelfall die Schnittentbindung durchgeführt werden wird.

Bei der *Risiko- oder Komplikationsaufklärung* sind die für den geplanten Eingriff nach dem medizinischen Erfahrungsstand bekannten sowie dem Eingriff spezifisch anhaftenden Risiken zu nennen und speziell bei nicht indizierten Eingriffen sind selbst entfernt liegende Komplikationen darzustellen[457], weshalb bei der Wunschsectio durchaus die Mortalitäts- bzw. Letalitätsraten anzusprechen sind. Die Patientin soll dabei in der Regel im Großen und Ganzen über Art, Schwere und Umfang der Risiken des bevorstehenden Eingriffes aufgeklärt werden[458]. Dabei ist jedoch „maßgeblich darauf abzustellen, ob das in Frage stehende Risiko dem Eingriff spezifisch anhaftet und bei seiner Verwirklichung die Lebensführung des Patienten besonders belastet“[459]. Diese Risikoaufklärung soll zudem darüber informieren, welche Gefahren bestehen, die sich auch bei Anwendung der erforderlichen Sorgfalt nicht mit Sicherheit vermeiden lassen und je gefährlicher der Eingriff oder je weniger indiziert er ist, umso höher sind die Anforderungen an die Risiko- bzw. Komplikationsaufklärung[460]. Hiernach soll gewährleistet werden können, dass die Patientin die nötigen Informationen über das Für und Wider der Behandlung erhält, um von ihrem Selbstbestimmungsrecht auch wirksam Gebrauch machen zu können und nicht zuletzt eine ungefähre Vorstellung über das Ausmaß der Risiken bekommen, um sich ein zutreffendes Bild von der Maßnahme machen zu können und derart eine eigenverantwortliche Entscheidung zu ermöglichen[461]. Dies ist auch die Stelle, an der die verschiedenen Entbindungsmodi mit ihren Vor- und Nachteilen benannt und mögliche wirtschaftliche Auswirkungen erläutert werden müssen, wenn diese nicht von der Krankenversicherung übernommen werden.

c) Durchführung der Aufklärung bei der Sectio auf Wunsch

aa) Inhalt, Umfang und Grenzen der Aufklärung

Die Aufklärung muss sich allgemein in ihrem Inhalt, Umfang und ihrer Begrenzung nach der Art der möglichen Risiken, der Dringlichkeit der ärztlichen Maß-

---

457 Ulsenheimer, Arztstrafrecht in der Praxis, S. 89, 90 ff.; Entezami/Fenger, Gynäkologie und Recht, Kapitel 2, S. 36.

458 Kern/Laufs, Die ärztliche Aufklärungspflicht, S. 126; Ehlers, Die ärztliche Aufklärung vor medizinischen Eingriffen, S. 72; Martius (Hrsg.), Rechtliche Probleme in Geburtshilfe und Gynäkologie, S. 59.,

459 BGH, Urt. v. 02.11.1993 – VI ZR 245/92 (Frankfurt a.M.), NJW 1994, S. 793.

460 Kern/Laufs, Die ärztliche Aufklärungspflicht, S. 126, 127.

461 Bülow, Aufklärungs- und Behandlungsfehler bei der Sectio caesarea, S. 65.

nahme, ihrem Zweck und ihrer Schwere sowie nach der aufzuklärende Person, ihrem Zustand und ihrem Verhalten richten[462]. Um allerdings konkrete Anforderungen für eine Kaiserschnittoperation, die sich eine gesunde Schwangere nach komplikationsloser Schwangerschaft nach eigener Zweck-Risiko-Abwägung wünscht, aufstellen zu können, bietet es sich an, die Anforderungen von anderen rechtlich zulässigen aber medizinisch nicht indizierten Eingriffen heranzuziehen.

Vor allem in der plastischen bzw. kosmetisch-ästhetischen Chirurgie, bei Blutspenden, freiwilligen Sterilisationen sowie Kastrationen, wird ebenfalls nicht aufgrund einer Heilanzeige, sondern ausschließlich wegen des Wunsches des Patienten bzw. der Patientin nach einem solchen ärztlichen Eingriff gehandelt[463]. Damit dies in rechtlich zulässiger Weise geschehen kann, werden in einem solchen Falle äußerst strenge Maßstäbe an die Aufklärung gelegt[464].

Für ähnliche Fälle nicht indizierter Operationen führte der BGH aus, dass der Patient besonders sorgfältig und umfassend über die Erfolgsaussichten und die Risiken des konkreten Eingriffs, vor allem bleibende Entstellungen und gesundheitliche Beeinträchtigungen, aufzuklären ist[465]. Erfolgt hier die Aufklärung nicht umfassend genug, dann ist die Einwilligung möglicherweise unwirksam. Je weniger ein ärztlicher Eingriff medizinisch geboten ist, umso ausführlicher und eindrücklicher ist der Patient, über den Eingriff, dessen Vornahme er ausdrücklich wünscht, insbesondere Erfolgsaussichten und etwaige schädliche Folgen, zu informieren[466]. Das gilt in besonderem Maße für Operationen, die nicht oder nicht in erster Linie der Heilung eines körperlichen Leidens dienen. Der Patient ist in diesen Fällen darüber aufzuklären, welche Verbesserungen günstigenfalls zu erwarten sind, und ihm müssen etwaige Risiken deutlich vor Augen gestellt werden, damit er genau abwägen kann, ob er einen möglichen Misserfolg des ihn schließlich auch belastenden Eingriffs, bleibende Entstellungen oder gesundheitliche Beeinträchtigungen in Kauf nehmen will, selbst wenn diese auch nur entfernt als eine Folge des Eingriffs in Betracht kommen[467]. Noch weniger als sonst ist es bei Wunschoperationen einerseits selbstverständlich, dass der Patient unwissend dem ärztlichen Eingriff zustimmt, und es gehört andererseits zu der besonderen Verantwortung des Arztes, der eine Operation durchführt, seinem Pati-

462 Vgl. statt vieler Ulsenheimer, Arztstrafrecht in der Praxis, S. 90, 97, 102,103.

463 Ulsenheimer, Operative Wunscheingriffe aus rechtlicher Sicht, in: Huch et al, Sectio caesarea, S. 125.

464 Martius (Hrsg.), Rechtliche Probleme in Geburtshilfe und Gynäkologie, S. 61, 62.

465 BGH Urt. v. 06.11.1990 – VI ZR 8/90 (München); NJW 1991, S. 2349.

466 BGH Urt. v. 06.11.1990 – VI ZR 8/90 (München); NJW 1991, S. 2349. Ulsenheimer, Operative Wunscheingriffe aus rechtlicher Sicht, in: Huch et al, Sectio caesarea, S. 126.

467 BGH Urt. v. 06.11.1990 – VI ZR 8/90 (München); NJW 1991, S. 2349.

enten das Für und Wider des Wunscheingriffs mit allen Konsequenzen vor Augen zu stellen[468].

Im Aufklärungsgespräch müssen daher nicht nur Art, Umfang, Tragweite, Ziel, Notwendigkeit und Erfolgsaussicht des vorgesehenen medizinischen Eingriffs erläutert und eingriffstypische Risiken mitgeteilt werden[469]. Vielmehr müssen mögliche Risiken dem Patienten deutlich, mit schonungsloser Offenheit dargestellt werden, damit er abwägen kann, ob er gesundheitliche Beeinträchtigungen in Kauf nehmen will, selbst wenn diese nur entfernt als Folge des Eingriffes in Betracht kommen[470]. Für die Aufklärung vor einer Wunschsectio bedeutet dies daher, dass auch die Letalitäts- und Mortalitätsraten dargelegt werden müssen[471]. Das ist insoweit folgerichtig, als auch in dieser Arbeit davon ausgegangen wird, dass die elektive primäre Sectio nicht medizinisch indiziert ist. Damit haben sich die Aufklärungsanforderungen noch immer an den Zulässigkeits- und Rechtfertigungsvoraussetzungen für ärztliches Handeln bei medizinisch nicht indizierten Eingriffen zu orientieren. Allerdings sind hier die Zahlen für beide Entbindungsalternativen (Vaginalgeburt und primäre Sectio) zu nennen. Dies hat zur Folge, dass bei immer stärkerer Angleichung der Letalitäts- und Mortalitätsraten von vaginaler Geburt und primärer Sectio die Zahlen immer weniger aussagekräftig für die Erfolgsgeneigtheit des ärztlichen Eingriffes sind. Dort erhält dann die Betrachtung der Morbiditätsrisiken der verschiedenen Geburtsmodi entscheidendes Gewicht[472].

Bezogen auf diese Morbiditätsrisiken, die der Arzt bei der Aufklärung anzusprechen hat, braucht im Normalfall über ganz unvorhersehbare und außergewöhnliche Risiken nicht aufgeklärt werden, da der Arzt hier wohl davon ausge-

---

468 BGH Urt. v. 06.11.1990 – VI ZR 8/90 (München); NJW 1991, S. 2349.

469 Ulsenheimer; Die elektive Sectio aus rechtlicher Sicht, http://www.nwggg.de/archiv/PDF/ulsenheimer.pdf, vom 27.11.2004; Dettmeyer; Medizin und Recht für Ärzte, Kapitel 2, S. 49.

470 Hickl; „Wandlungen in der Kaiserschnittindikation“; Gynäkologisch-geburtshilfliche Rundschau 42 (2002); S. 15, 18; Martius (Hrsg.), Rechtliche Probleme in Geburtshilfe und Gynäkologie, S. 61, 62.

471 Bopp, Kaiserschnitt auf Wunsch, S. 68.

472 Dabei ist zu beachten, dass hier davon ausgegangen wird, dass beide Geburtsmodi echte Entbindungsalternativen sind. Daher ist sowohl bei der elektiven primären Sectio, als auch bei der Vaginalgeburt (um nicht in die Gefahr eines Einwilligungsmangels zu gelangen bei z. B. sekundärer Schnittentbindung) umfassend aufzuklären. Daher wird hier nicht dem Ansatz gefolgt, dass die Aufklärung vor der elektiven Sectio schlicht im vergleichbaren Maß wie bei vaginaler Entbindung geschehen sollte. Denn dort ist es die Regel, gar nicht über den Geburtsmodus und dessen Risiken aufzuklären, sondern schlicht eine kreißende Frau aufzunehmen und höchstens über die möglicherweise in Betracht kommende Lokalanästhesie zu informieren. Dies reicht hinsichtlich des Selbstbestimmungsrechtes nicht aus.

hen kann, dass bei der Seltenheit des Auftretens auch die Entscheidung der Patientin und mithin die Einwilligung nicht dadurch beeinflusst wird[473]. Ein Patient muss danach nicht über jedwedes denkbar mögliche Risiko aufgeklärt werden, sondern es genügt, wenn im Großen und Ganzen über die wesentlichen Gefahren der Operation unterrichtet wurde[474]. Grundsätzlich hängen Aufklärungsbedürftigkeit über ein mögliches Risiko und statistisches Verwirklichungsrisiko nicht unbedingt voneinander ab, sondern es kommt darauf an, ob gerade dieses Risiko der geplanten Operation spezifisch anhaftet, es unter Umständen die Lebensführung des Patienten bei seiner Verwirklichung beeinträchtigen würde und damit für die Risikoabwägung des Patienten sowie seiner Einwilligung von entscheidender Bedeutung ist[475]. Allerdings ergibt sich dabei die Intensität der Aufklärung aus den Umständen des konkreten Einzelfalles. Hier liegt ein Fall eines medizinisch nicht indizierten Eingriffes vor. Daher ist bei der Wunschsectio anders als im angesprochenen Normalfall über die möglichen Komplikationen aufzuklären, auch wenn diese noch so entfernt, außergewöhnlich und selten sind – jeweils für die Schwangere und das Kind – vor allem auch bei nachfolgenden Schwangerschaften. Eine Aufklärung im Großen und Ganzen genügt den Anforderungen nicht.

Der behandelnde Arzt muss folglich darauf achten, dass er neben Art und Umfang vor allem die Folgen sowie eventuell auftretende Nebenwirkungen mit der werdenden Mutter bespricht. *Ulsenheimer* bringt das treffend mit der Aussage auf den Punkt, dass das Minus auf der Seite der Indikation durch ein Plus an Aufklärung auszugleichen ist[476].

Die Aufklärung bezieht sich damit nicht nur auf die Risiken des „Ob“, sondern auch auf das „Wie“ des Eingriffs: Der Arzt muss der Schwangeren hierbei sowohl die vaginale Geburt, als auch die vorhandenen alternativen Geburtsmodi mit den ihnen innewohnenden unterschiedlichen Belastungen für Mutter und Kind vorstellen[477]. Neben der Vorstellung von Vor- und Nachteilen einer Schnittentbindung sollte auch die nochmalige unmissverständliche Klarstellung erfolgen, dass keine wie auch immer geartete Indikation für eine Sectio be-

---

473 BGH, Urt. v. 08.01.1991 – VI ZR 102/90 (Hamm), NJW 1991, S. 1541, 1542; Laufs, Die Entwicklung des Arztrechts 1991/92, NJW 1992, S. 1529, 1533.

474 BGH, Urt. v. 07.02.1984 – VI ZR 174/82 (Frankfurt a. M.), VersR 1984, S. 465 ff.; Ulsenheimer, Arztstrafrecht in der Praxis, S. 92.

475 BGH, Urt. v. 12.03.1991 – VI ZR 232/90 (Hamm), NJW 1991, S. 2346 ff.; BGH, Urt. v. 17.12.1991 – VI ZR 40/90 (Düsseldorf), NJW 1992, S. 743, 744.

476 Ulsenheimer, Operative Wunscheingriffe aus rechtlicher Sicht, in: Huch et al, Sectio caesarea, S. 126.

477 Ulsenheimer; Die elektive Sectio aus rechtlicher Sicht, http://www.nwggg.de/archiv/PDF/ulsenheimer.pdf, vom 27.11.2004.

steht[478]. Dies schließt nach ganz überwiegender Ansicht ein, dass die Schwangere darüber aufgeklärt werden muss, dass die vaginale Entbindung noch immer die Methode der ersten Wahl ist[479]. Allerdings konnte in dieser Arbeit gezeigt werden, dass diese Haltung anzweifelbar ist. Der Aufklärungspflicht ist vielmehr schon Genüge getan, wenn auf die fehlende Indikation deutlich eingegangen wird. Alles Weitergehende wäre eine unzulässige Beeinflussung des Abwägungsprozesses der Schwangeren, die schließlich eine eigene, selbstbestimmte Entscheidung treffen soll.

Da nach dieser Aufklärung die jeweilige Patientin auch in der Lage sein muss, eine Risikoabwägung zu treffen, müssen sich Inhalt und Umfang der Aufklärung zudem nach dem Bildungs- und Informationsstand der werdenden Mutter richten[480].

Wurde die Patientin bereits genügend aufgeklärt oder sind dies allgemeine Risiken, die gemeinhin bekannt sind und mit denen die Patientin im Allgemeinen rechnet, so braucht über diese nicht aufgeklärt zu werden, da ein Arzt davon ausgehen kann, dass die Patientin über derartiges Basiswissen verfüge[481]. Der aufklärende Arzt kann dabei davon ausgehen, dass eine Grundkenntnis allgemeiner Operationsrisiken, worunter Wundinfektionen, Thrombosen oder Embolien zu fassen sind, vorherrscht und daher über diese Sachverhalte nicht aufgeklärt werden muss. Allerdings muss auch hier von erhöhten Aufklärungsanforderungen ausgegangen werden, da hier ein Wunscheingriff vorliegt. Folglich gehören zur schonungslosen Darstellung aller möglichen Operationsfolgen auch solch allgemein bekannte Folgen wie Thrombosen etc. Die Aufklärung muss so beispielsweise auch den Hinweis auf erhebliche Schmerzen nach dem Eingriff einschließen[482].

Es ist jedoch ausreichend, wenn die Patientin über schwerwiegende Risiken einmalig deutlich aufgeklärt wurde – danach braucht sie nicht erneut oder sogar ständig auf schwere Risiken hingewiesen werden, denn ausschlaggebend ist der einmal vermittelte situationsbezogene Risikokenntnisstandard, selbst wenn zwischendurch das Krankenhaus verlassen wird, weil sie sich nicht sofort für die

---

478 Ulsenheimer; Die elektive Sectio aus rechtlicher Sicht, http://www.nwggg.de/archiv/PDF/ulsenheimer.pdf, vom 27.11.2004.

479 Ulsenheimer, Operative Wunscheingriffe aus rechtlicher Sicht, in: Huch et al, Sectio caesarea, S. 126, 127; Ulsenheimer, Wunschsectio: forensische Aspekte; Der Gynäkologe 12 (2000), S. 882, 884.

480 Bülow, Aufklärungs- und Behandlungsfehler bei der Sectio caesarea, S. 65.

481 Ulsenheimer, Arztstrafrecht in der Praxis, S. 93, 94.

482 Ulsenheimer; Die elektive Sectio aus rechtlicher Sicht, http://www.nwggg.de/archiv/PDF/ulsenheimer.pdf, vom 27.11.2004.

ärztliche Maßnahme entscheiden braucht und so noch einige Zeit bis zum Eingriff vergeht[483].

Dem Recht der Patientin darauf, aufgeklärt zu werden, entspricht in umgekehrter Weise aber auch das Recht auf Nichtwissen[484]. So kann die Patientin sich auf ihr Selbstbestimmungsrecht berufen und auf eine Aufklärung ganz oder zumindest teilweise verzichten, indem sie ihrem behandelnden Arzt das Vertrauen ausspricht und ihm sozusagen freie Hand lässt, ohne aufgeklärt worden zu sein. Hingegen ist ein Blankoverzicht unwirksam[485]. Dies entbindet den aufklärenden Arzt daher nicht von seiner Verpflichtung, die Patientin über die Diagnose aufzuklären – jedoch kann die Patientin nach dieser Diagnoseaufklärung auf die dazugehörige Risiko- und Verlaufsaufklärung verzichten[486]. Hier allerdings geht es um den Fall der Sectio auf Wunsch. Die Schwangere möchte sich bewusst für eine bestimmte Methode zu entbinden entscheiden. Dem muss aber eine Abwägungsentscheidung der Frau vorausgehen, die auf einer umfassenden Kenntnis der Umstände, der Alternativen, Risiken, aber auch der Vorteile, beruhen sollte. Daher muss die Patientin in diesem konkreten Falle trotzdem über die Risiken und möglichen Folgen sowie über Alternativen Bescheid wissen, weshalb ein Aufklärungsverzicht hier nur bedeuten kann, dass die Patientin verzichtet, über genaueste Einzelheiten und Details informiert zu werden. Schließlich sollte aus Gründen der Dokumentation und späterer eventueller Beweislast des Arztes ein derartiger Aufklärungsverzicht von der Patientin auch schriftlich erklärt oder zumindest unterschrieben werden. Zudem sollte der behandelnde Arzt regelmäßig fragen, ob sie weiterhin bei ihrem Aufklärungsverzicht bleibt[487].

Ein Unterlassen der Aufklärung durch den Arzt wird dagegen dann für zulässig gehalten, wenn die ernste Gefahr eines schweren seelischen oder körperlichen Schadens besteht[488]. Damit entfällt die Aufklärungspflicht aber nur, wenn durch sie Leben oder Gesundheit des Patienten ernstlich gefährdet ist – soweit lediglich die Stimmung oder das Allgemeinbefinden betroffen sind, sind dies hinzunehmende Nachteile. Durch die Aufklärung über die Geburt bzw. insbesondere Narkose und Schnittführung sind Leben oder Gesundheit der Patientin nicht ernstlich gefährdet, sondern in diesem Fall können lediglich die Stimmung, vor allem Angstgefühle, betroffen sein. Folglich liegt keine irgendwie geartete Kontraindikation für eine umfassende und sogar wie gefordert schonungslose Aufklärung vor.

---

483 Urteil des Oberlandesgerichts Köln vom 12.01.1995 – 5 U 29/94.
484 Lexikon der Bioethik, Aufklärungspflicht.
485 Ulsenheimer; Ausgreifende Arzthaftpflichtjudikatur und Defensivmedizin, S. 44.
486 Lexikon der Bioethik, Aufklärungspflicht.
487 Dettmeyer; Medizin und Recht für Ärzte, Kapitel 2, S. 49.
488 Pschyrembel, 259. Auflage, Aufklärung.

bb) Art und Weise der Aufklärung

Wie aus dem zuvor Besprochenen folgt, hat die Art und Weise der Aufklärung vor einer Sectio auf Wunsch sehr ausführlich zu sein. Dazu kann das Aufklärungsgespräch in mehreren Teilen während des Verlaufes der Schwangerschaft geführt werden[489]. Die Schwangere muss über die Risiken und die möglichen Folgen der Sectio extrem aufgeklärt werden[490]. Dabei sind Art und Weise dem Arzt überlassen, da dies grundsätzlich zur Therapiefreiheit gehört. Der Arzt muss jedoch nicht nur über Risiken und Folgen aufklären, sondern zunächst auch einmal die Vorstellungen der Frau und ihre Gründe für eine elektive Sectio erfragen und eventuelle Fehlvorstellungen ausräumen[491]. Denn der Zweck eines solchen profunden Gespräches zwischen dem Arzt und der Schwangeren ist es, ihre eigenen Vorstellungen über Geburt und Geburtsweg festzustellen, ihre Prioritäten zu erkennen und eventuell vorhandene ambivalente Gefühle zu ordnen oder Beeinflussungen von außen auszuschließen. Daher sollte eine Frau, die mit dem Wunsch an den Arzt herantritt, ihr Kind per medizinisch nicht indiziertem Kaiserschnitt zu entbinden, in der folgenden Art und Weise aufgeklärt werden:

- **Detailliert:** Auf jedes Detail in Prämedikation, Anästhesieeinleitung und -ausleitung sowie vor allem der Schnittführung, stationärer Versorgung und Wundheilung muss eingegangen werden.
- **Vollständig:** Die Aufklärung ist nur dann vollständig, wenn sämtliche Komplikationsmöglichkeiten, Risiken für Mutter als auch Kind und insbesondere die Auswirkungen dieser Schnittentbindung auf nachfolgende Schwangerschaften dargestellt werden.
- **Breit:** Dass das Aufklärungsgespräch breit angelegt werden muss folgt daraus, dass hier eine andere Entbindungsalternative – die spontane vaginale Geburt – möglich wäre. Auch diese sollte der Schwangeren erläutert und mit den ihr innewohnenden Vor- und Nachteilen der elektiven primären Sectio gegenübergestellt werden.
- **Eingehend:** Mit der Frau sollte ein eingehendes Gespräch stattfinden, was einschließt, dass auf die Reaktionen der Frau zu achten und einzugehen ist, da so eventuelle Unsicherheiten, Fragen und Zweifel offenbar werden können.
- **Genau:** Die Genauigkeit des Aufklärungsgespräches ergibt sich zum einen daraus, dass auf die hier im konkreten Einzelfall vorliegenden, individuellen Besonderheiten bei Mutter und Kind und die daraus folgenden spezifischen

489 Husslein, Elektive Sectio versus vaginale Geburt – Ist das Ende der herkömmlichen Geburtshilfe erreicht?, in: Huch et al, Sectio caesarea, S. 112.

490 AGMEDR, Frauenarzt 42 (2001) Nr.11, S. 1311, 1314.

491 Bopp, Kaiserschnitt auf Wunsch, S. 68.

Vorgehensweisen eingegangen wird. Zum anderen können neben spezifischen Erläuterungen auch Zahlenmaterial (z. B. der Bayerischen Perinatalerhebung von Welsch) und Erfahrungswerte (des behandelnden Arztes und der jeweiligen Einrichtung) der Veranschaulichung möglicher Auswirkungen dienen. Eventuell können der Frau auch Informationsmöglichkeiten genannt werden.

- **Erschöpfend:** Das Thema der Wunschsectio sollte erschöpfend im Aufklärungstermin besprochen werden. Bei der Besprechung verschiedener Fragen zu verschiedenen Zeitpunkten besteht die Gefahr, dass eine unterschiedliche Gewichtung des Besprochenen je nach dem stattfindet, wie lange her es ist, seit dies zur Rede kam. Zudem muss davon ausgegangen werden, dass die Schwangere sich möglicherweise in allen Punkten mit dem Partner bzw. ihrer Familie beraten möchte. Allerdings steht ein nochmaliges Gespräch dem nicht entgegen, wenn zwar schon ein erschöpfendes Aufklärungsgespräch stattgefunden, die Frau aber den Wunsch nach erneuter Besprechung geäußert hat.
- **Gründlich:** Unter den Punkt der Gründlichkeit fällt, dass der aufklärende Arzt Fragen der Frau beantworten muss und vor allem, dass er gezielt nachfragen sollte, um derart feststellen zu können, inwieweit die Frau das Besprochene verstanden hat. Auch hier gilt, dass im Zweifel und wenn viel Zeit zwischen Aufklärungsgespräch und Geburtstermin liegt, noch vor dem Termin der Arzt nachfragen oder einen neuen Gesprächstermin mit der Schwangeren ausmachen sollte.
- **Deutlich, klar, präzise:** Medizinische Fachbegriffe sollten erläutert, übersetzt oder ganz vermieden werden. Auch sollten keine Verschleierungen oder Beschönigungen durch Umschreibungen stattfinden.
- **Gewissenhaft:** Das Gespräch ist gewissenhaft, d. h. nicht schnell nebenher auf dem Flur oder flüchtig im Vorbeigehen, zu führen. Es sollte bewusst ein Termin vereinbart und Zeit eingeplant werden.
- **Eindeutig:** Dies bedeutet, dass nochmals eine Klarstellung der fehlenden Indikation unter Einschluss der Erklärung, was Indikationen sind und welche es gibt, zu erfolgen hat.
- **Fehlerlos:** Natürlich darf dieses Gespräch nicht fehlerhaft sein. Das sollte aber auch bedeuten, dass keine pauschalisierten Angaben und Angaben ins Blaue hinein gemacht werden, beispielsweise wenn der Arzt nicht sicher ist, dass nur eine kaum sichtbare Narbe im Bikinibereich zurückbleiben wird, sondern unter Umständen eben auch eine deutlich sichtbare Narbe entstehen kann.
- **Intensiv:** Um ein intensives Gespräch sicherstellen zu können, sollte es unter vier Augen, also nur zwischen Arzt und werdender Mutter, stattfinden. Dazu soll nicht nur ein ruhiger Raum ohne Störungen gewählt werden, sondern auch der Partner oder anderer Anhang der Frau sollte nicht teilnehmen, um

eine Beeinflussung zumindest in diesem Moment der ärztlichen Aufklärung auszuschließen und eine Risikoabwägung für ihre Gesundheit und die ihres Kindes zu ermöglichen.

- **Neutral:** Daran schließt sich an, dass auch der Arzt nicht von seinen Motiven und seiner Einstellung zur Wahl der Entbindungsmethode ausgehen und folglich die Frau nicht dahingehend beeinflussen darf, sondern ihr eine selbstbestimmte Entscheidung ermöglichen muss.
- **Minutiös:** Nicht zuletzt wäre eine minutiöse Darstellung der Abläufe bei der Operation zu wünschen, um das Bild der Ereignisse für die Mutter im Vorhinein deutlich zu machen. Das schließt die Erklärung ein, welche ärztlichen Handlungen wann passieren, z. B. wann die Frau zum Termin erscheinen soll, wann und wo sie prämediziert wird und wie lange die Anästhesie wirkt, wann die Schnitte erfolgen und es zur Entwicklung des Kindes kommt, das Nähen erfolgt und natürlich, wann und wie sie ihr Kind in den Arm nehmen kann sowie ob und wie eventuell ihr Partner teilnehmen kann. Das alles muss sich an Erfahrungs- und Durchschnittwerten orientieren, da durch das Eintreten von im Vorhinein nicht absehbaren aber möglichen Komplikationen ein genauer Plan nicht immer einzuhalten ist.
- **Persönlich:** Zwar ist es im Rahmen der Arbeitsteilung möglich, dass der behandelnde Arzt sich vom aufklärenden unterscheidet, wenn beide sich der erfolgten umfassenden Aufklärung und rechtswirksamen Einwilligung versichern. Jedoch ist dies hier nicht empfehlenswert und sollte nur im Ausnahmefall zulässig sein, wenn beispielsweise der zuvor behandelnde Arzt, der die Frau auch aufgeklärt hatte, krank oder wirklich unabkömmlich ist. Eine Aufklärung per Video ist insoweit abzulehnen, als der Frau dann keine Möglichkeit zum Nachfragen bliebe. Die ärztliche Beratung in einem persönlichen Gespräch ist ein Grundpfeiler des informed consent zwischen Arzt und Patientin und kann durch technische Möglichkeiten nicht ersetzt werden. Auch kann der Arzt nur so feststellen, ob Einwilligungsfähigkeit sowie eine freie Willensentscheidung der Schwangeren vorliegt.
- **Sorgfältig:** Zur Sorgfaltspflicht des Arztes bei einem Aufklärungsgespräch gehört es mittlerweile auch, dass der Arzt der Dokumentationspflicht genügen muss und dies eben sorgfältig auch im eigenen Interesse zu tun hat. Denn die Beweislast, dass eine ordnungsgemäße Aufklärung stattgefunden hat, obliegt dem Arzt[492].

Allerdings ist diese Auflistung nicht schematisch abzuarbeiten während der Aufklärung. Denn Aufklärungspflichten und Beweislastregelungen dürfen schließlich nicht dazu führen, dass an den Arzt übertriebene oder unbillige An-

492 Bopp, Kaiserschnitt auf Wunsch, S. 68.

forderungen gestellt werden: Die Aufklärung muss im Grundsatz in der richtigen Art und Weise, d. h. inhaltlich korrekt und im erforderlichen Umfang in jedem speziellen Einzelfall sowie rechtzeitig erfolgen[493]. Hier wurde daher mit einer derartig umfassenden Art und Weise der Aufklärung nur ein bewusst idealisiertes Bild dargestellt. Personalmangel und sich daran anschließende Zeitprobleme vor allem in klinischer Umgebung werden kaum in jedem Fall vor einer Wunschsectio eine solche Aufklärung zulassen. Jedoch gilt es dabei erstens zu bedenken, dass hier ein elektiver Eingriff betroffen ist, an den die Rechtsprechung und Literatur hohe Aufklärungsanforderungen stellen. Zweitens muss sich der behandelnde und aufklärende Arzt vergegenwärtigen, dass die Geburt eines Kindes ein einschneidendes Erlebnis insbesondere für die Mutter und auch ihre Familie ist. Zudem ist die Entbindung gerade bei der heute zumeist anzutreffenden Ein-Kind-Familie auch ein einmaliges Erlebnis. Daher sollte sich die Aufklärung vor einem gewünschten Kaiserschnitt wenigstens an den hier aufgestellten Anforderungen der Art und Weise der Aufklärung orientieren.

cc) Zeitpunkt der Aufklärung

Im Allgemeinen soll die Aufklärung, welche die Anästhesie umfasst, am Vortag einer Operation genügen[494]; wohingegen die Aufklärung über den Eingriff selbst früher erfolgen soll. Der BGH konkretisiert dies dahingehend, dass die Aufklärung zu einem Zeitpunkt stattfinden muss, zu dem der Patient noch im vollen Besitz seiner Erkenntnis- und Entscheidungsfähigkeit ist[495]. Im Fall der Wunschsectio sollte die Aufklärung allerdings möglichst frühzeitig vor dem errechneten Geburtstermin erfolgen[496]. Denn in Anbetracht dessen, dass medizinisch nicht indi-

493 Dettmeyer; Medizin und Recht für Ärzte, Kapitel 2, S. 27. Macht der Arzt nach unzureichender Aufklärung geltend, dass der Patient auch bei ordnungsgemäßer Aufklärung und Beratung eingewilligt hätte, trägt dann der Patient die Darlegungslast, dass er bei der ordnungsgemäßen Aufklärung sich in einem echten Entscheidungskonflikt befunden hätte; die Vornahme des ärztlichen Eingriffes ohne die Entscheidungsmöglichkeit des Patienten ist rechtswidrige „ärztliche Eigenmacht".

494 BGH, Urt. v. 08.01.1985 – VI ZR 15/83 (Karlsruhe), NJW 1985, S. 1399, 1400, wobei hier die Aufklärung über die Operation insgesamt am Vortag als ausreichend deklariert wurde. Dies wurde später dahingehend abgeändert, dass zumindest bei einfacheren Eingriffen und geringerem Risiko der Vortag zur Aufklärung ausreichend sei, wohingegen bei umfangreicheren und risikobehafteteren Operationen der Patient bei der Terminvereinbarung zur Operation aufgeklärt werden sollte; BGH, Urt. v. 07.04.1992 – VI ZR 224/91 (Köln), NJW 1992, S. 2351, 2352.

495 BGH, Urt. v. 16.02.1993 – VI ZR 300/91 (Nürnberg); NJW 1993, S. 2373.

496 Ulsenheimer; Die elektive Sectio aus rechtlicher Sicht, http://www.nwggg.de/archiv/PDF/ulsenheimer.pdf, vom 27.11.2004.

zierte Maßnahmen zeitlich und räumlich planbar sind und der Frau insgesamt deutlich vor Augen stehen muss, dass sie einen eigenständigen, freiverantwortlichen Entschluss trifft, muss diese ärztliche Aufklärung in deutlichem Abstand vor dem eigentlichen Operationstermin erfolgen[497]. Die ärztliche Aufklärung hat also derart zeitlich abgesetzt von dem Eingriff zu erfolgen, dass der Schwangeren ausreichend Zeit bleibt, um sich innerlich frei für oder gegen die Maßnahme zu entscheiden[498]. In der Regel fordern sowohl Literatur als auch Rechtsprechung bei nicht dringenden Operationen Überlegungsfristen von mehreren Tagen[499]. Ein solcher deutlicher Abstand ist gewahrt, wenn die Aufklärung bei im Voraus geplanten Operationen schon bei der Festlegung des Operationstermins erfolgt[500]. Wird also ein fester Entbindungstermin vereinbart, müssen bis dahin alle wesentlichen Risiken mit der Schwangeren besprochen und geklärt werden.

Im Zentrum der Diskussion um den Aufklärungszeitpunkt steht folglich auch hier das Selbstbestimmungsrecht der Frau. Die werdende Mutter muss genügend Zeit zur Überlegung haben, um die unterschiedlichen Risiken entsprechend gewichten zu können[501] und eine Entscheidung zu fällen, sowie sich der Tragweite des Entschlusses für eine Schnittentbindung bewusst zu sein. Ihr ist die Gelegenheit zu geben, nach der Aufklärung und rechtzeitig vor dem Eingriff die Einwilligung in die Operation grundsätzlich sowie die jeweiligen Vor- und Nachteile der verschiedenen Behandlungsmethoden[502] zu durchdenken. Daher muss ihr auch die Möglichkeit gegeben werden, gegebenenfalls weitere Fragen an den Arzt oder Geburtshelfer richten zu können[503]. Sollten neue Aspekte hinzugekommen oder Fragen bei der Patientin aufgetreten sein, ist es ratsam, trotz vorangegangener Aufklärung bei der Terminvereinbarung eine erneute Aufklärung am Vortag der Operation vorzunehmen.

---

497 Dettmeyer; Medizin und Recht für Ärzte, Kapitel 3, S. 59.

498 Ulsenheimer; Ausgreifende Arzthaftpflichtjudikatur und Defensivmedizin, S. 41; Dettmeyer; Medizin und Recht für Ärzte, Kapitel 2, S. 49.

499 Kern/Laufs, Rn. 247, in: Laufs, Arztrecht, S. 126.

500 BGH, Urt. v. 16.02.1993 – VI ZR 300/91 (Nürnberg); NJW 1993, S. 2373.

501 Ulsenheimer, Operative Wunscheingriffe aus rechtlicher Sicht, in: Huch et al, Sectio caesarea, S. 126; BGH St 12, Urt. v. 10.02.1959 – 5 StR 533/58, S. 379, 383.

502 Immer wieder wird diesbezüglich darauf hingewiesen, dass eine allzu zeitige Aufklärung und eine Aufklärung über Behandlungsalternativen bei einer komplikationslosen Schwangeren, die vaginal gebären kann und sich noch nicht anderweitig geäußert hat, zu theoretisch wäre und die werdende Mutter bloß in Konflikte führe; Bender, Entbindungsmethoden und ärztliche Aufklärungspflicht, NJW 1999, S. 2706, 2707. Dies gilt jedoch dann nicht, wenn die Schwangere explizit nach der Sectio fragt.

503 Bülow, Aufklärungs- und Behandlungsfehler bei der Sectio caesarea, S. 78; Hickl/Franzki, Gynäkologe 2002, S. 197, 200.

Exkurs: Problem der Meinungsänderung während der Geburt (sub partu)

Von der eigentlichen Wunschsectio, wie sie hier als elektive primäre Sectio beschrieben wird und für die sich eine Schwangere bereits vor dem Geburtstermin entscheidet, ist der Fall zu unterscheiden, in dem sich eine bereits kreißende Frau unter dem Eindruck einer beginnenden oder lang andauernden vaginalen Geburt sowie in der Regel unter Angst und Schmerzen im Kreißsaal für einen Kaiserschnitt entscheidet. Es wird geschätzt, dass dies bei sogar 80 Prozent aller Geburten vorkommt[504]. Fälschlicherweise wird dieser „Wunsch" der Frau oftmals von Hebammen bzw. Geburtshelfern und ärztlichem Personal als Wunschsectio bezeichnet. Da für diese jedoch nur der Fall einer primären Sectio ohne Indikation am wehenlosen Uterus in Frage kommt, kann hier begriffsnotwendig nicht mehr von der Sectio auf Wunsch gesprochen werden, sondern es liegt eine sekundäre Sectio vor – auch wenn man davon ausgeht, dass sich die Schwangere diesen Eingriff „gewünscht" habe, obwohl die Vaginalgeburt weiterhin möglich wäre.

Problematisch an dieser in der Praxis häufiger vorkommenden Situation ist die Frage nach der Aufklärung und mithin Einwilligung zu diesem Zeitpunkt. Der bis heute vertretenen Rechtsprechung zufolge ist die vaginale Geburt die Entbindungsmethode der ersten Wahl bei einer normalen Entbindungssituation[505]. Daher brauche der Arzt mangels echter Alternativen zu diesem Entbindungsmodus auch nicht über andere Entbindungsmethoden wie der Schnittentbindung aufzuklären. In der Praxis wird in der Regel schon nicht einmal über die Vaginalgeburt aufgeklärt – in einen natürlich ablaufenden Vorgang brauche schließlich nicht eingewilligt werden. Folglich ist die Kreißende, die zu den stundenlangen Wehen einen Ausweg sucht und daher eine Sectio wünscht, in der Regel nicht über den Eingriff aufgeklärt. Einer ordnungsgemäßen Aufklärung im Kreißsaal in der Situation der schon begonnenen Geburt steht jedoch entgegen, dass sich die Schwangere bereits unter dem Einfluss zahlreicher Medikamente zur Sedierung oder Lokalanästhesie befindet, mithin nicht mehr bei völlig klarem Bewusstsein entscheiden und einwilligen kann. Folglich ist eine solch erklärte Einwilligung nicht rechtswirksam und der Arzt kann sich trotz Vorgehens lege artis strafbar machen.

Trotz der Häufigkeit solcher Vorgänge und der zivil- und strafrechtlichen Problematik hält der BGH daran fest, dass eine vorgezogene Aufklärung über die

504 Berg, – Die geplante Geburt – Kaiserschnitt auf Wunsch; Protokoll Arbeitskreis Ärzte und Juristen – 23. und 24. März 2001 – S. 1 - 7, S. 4; http://www.uni-duesseldorf.de/WWW/AWMF/aej/aej01-1.htm, vom 27.11.2004.

505 BGH Urt. v. 06.12.1988 – VI ZR 132/88 (Düsseldorf); OLG Stuttgart, Urt. v. 19.05.1988 (14 U 34/87), VersR 1989, S. 519 f. Becker-Schwarze; Rechtliche Probleme bei einer sectio auf Wunsch?; Zentralblatt für Gynäkologie, 123 (2001), S. 114, 115.

unterschiedlichen Risiken der verschiedenen Entbindungsmodi nicht bei jedweder Geburt erforderlich sei – selbst dann nicht, wenn theoretisch die Möglichkeit besteht, dass im Geburtsverlauf eine Situation eintreten kann, die eine relative Indikation zur Vornahme eines Kaiserschnittes darstellt[506].

Zwar könnte in der Situation einer einwilligungsunfähigen Kreißenden eine Rechtfertigung nach den Grundsätzen der mutmaßlichen Einwilligung in Betracht kommen. Dies wirkt jedoch dann nicht mehr rechtfertigend, wenn der Arzt den Zeitpunkt zur Aufklärung pflichtwidrig versäumte, weshalb der Arzt durch die mutmaßliche Einwilligung nur dann gerechtfertigt ist, wenn sich die Prognose oder Indikation zur Sectio erst nach Eintritt der Einwilligungsunfähigkeit herausstellte[507].

Anders sei die Situation laut BGH in Risikofällen zu beurteilen: In Risikosituationen besteht eine Aufklärungspflicht dann, wenn es deutliche Anzeichen dafür gibt, dass sich der Geburtsvorgang in Richtung auf eine derartige Entscheidungssituation entwickeln kann, in der ein Kaiserschnitt notwendig oder aber zumindest zu einer echten Alternative zur Vaginalgeburt werden kann[508] und damit eine echte Wahlmöglichkeit besteht[509]. Daraus folgt, dass bei fortgeschrittenem Geburtsvorgang dann für den behandelnden Arzt eine Verpflichtung zur Aufklärung über eine anstehende Schnittentbindung und die Einholung der entsprechenden Einwilligung der Schwangeren in Betracht kommt, wenn die Entscheidung für oder gegen den einen oder anderen Entbindungsweg noch nicht akut vorliegt[510]. Das muss geschehen, bevor der Arzt der Frau noch zusätzlich Medikamente verabreicht, die ihre Entscheidungsfähigkeit beeinträchtigen.

Hingegen *muss* der Arzt nach der BGH-Ansicht in allen Fällen, in denen ernsthaft zu erwarten ist, dass während der Entbindung eine Situation eintritt, in der das rechtmäßige Vorgehen des Arztes von der rechtswirksamen Einwilligung der Patientin abhängt, rechtzeitig vorher über die zu erwartenden Komplikationen in erforderlicher Weise aufklären und die Einwilligung für die zu treffenden Maßnahmen einholen[511].

---

506 BGH, Urt. v. 16.02.1993 – VI ZR 300/91 (Nürnberg), VersR 1993, S. 703 ff.; Becker-Schwarze; Rechtliche Probleme bei einer sectio auf Wunsch?; Zentralblatt für Gynäkologie, 123 (2001), S. 115.

507 Bülow, Aufklärungs- und Behandlungsfehler bei der Sectio caesarea, S. 73, 74.

508 BGH, Urt. v. 16.02.1993 – VI ZR 300/91 (Nürnberg), VersR 1993, S. 703, 704.

509 OLG Braunschweig, Urt. v. 19.12.1986 in: Martius (Hrsg.), Rechtliche Probleme in Geburtshilfe und Gynäkologie, S. 54.

510 Becker-Schwarze; Rechtliche Probleme bei einer sectio auf Wunsch?; Zentralblatt für Gynäkologie, 123 (2001), S. 115.

511 OLG Düsseldorf, Urt. v. 30.01.1986 in: Martius (Hrsg.), Rechtliche Probleme in Geburtshilfe und Gynäkologie, S. 53; Becker-Schwarze; Rechtliche Probleme bei einer sectio auf Wunsch?; Zentralblatt für Gynäkologie, 123 (2001), S. 115.

Ansonsten braucht, so sieht es die Rechtsprechung, der Arzt nicht von sich aus die Schnittentbindung anzusprechen, es sei denn, die Schwangere frage danach. Dies wird damit begründet, dass die vaginale Geburt ein natürlicher Vorgang sei, der ohne ärztlichen Eingriff lediglich vom Geburtshelfer unterstützt werde[512]. Man würde die Patientin unnötig einem rein theoretischen Zielkonflikt aussetzen[513], wenn man ihr die verschiedenen Entbindungsmodi vorstellte und sie in unärztlicher Weise verängstigen, wenn man ihr alle Risiken vor Augen hielte[514].

Diese Sichtweise des BGH hinsichtlich von Aufklärungspflichten ist jedoch zu kritisieren. Denn oft ist der Übergang einer normalen Entbindungssituation einer spontanen vaginalen Geburt hin zu einer Situation, in der eine Schnittentbindung ins Blickfeld rückt, derartig fließend, dass für den Arzt gar nicht sicher ist, wann er noch aufklären kann und eine rechtswirksame Einwilligung erhält bzw. wann er vor der Gabe von die Entscheidungsfähigkeit beeinträchtigender Medikamente vorsorglich aufklären und eine vorsorgliche Einwilligung einholen sollte. Der BGH zieht damit die Grenzen der Aufklärung zu eng, wenn nur in Risikosituationen (wo es für eine rechtswirksame Aufklärung oft schon zu spät ist) oder bei zu erwartenden Geburtskomplikationen sowie sonstigen, bereits vorliegenden, Indikationen über eine Sectio caesarea aufzuklären ist. Damit lässt er den Arzt im Zweifel darüber, wann eine Aufklärung „rechtzeitig" und „erforderlich" ist, was für diesen durchaus haftungsrechtliche Konsequenzen hat. Zudem kann der BGH das Selbstbestimmungsrecht – das nur gewährleistet ist bei einer umfassend aufgeklärten und einwilligungsfähigen Patientin – der Frau nicht in ausreichendem Maße wahren. Als Konsequenz daraus ist eine umfassende Beratung und Aufklärung, die alle Entbindungsmodi und deren Vor- und Nachteile umfasst, zu fordern.

Sollte der Fall eintreten, dass der Arzt die Vaginalgeburt vorzieht, obwohl erhebliche Gründe für eine Sectio sprechen und mithin eine echte Wahlmöglichkeit bestehe, muss er ebenfalls – ungefragt – durch eine entsprechende Aufklärung der Patientin ein Mitsprache- und Wahlrecht einräumen und deren Einwilligung

---

512 OLG Hamm, Urt. v. 04.11.1981. Dieses Urteil wird heute allerdings als veraltet angesehen, da es den medizinischen Standard von1975 zugrunde legte. Andererseits geht die Rechtsprechung auch heute noch davon aus, dass die Vaginalgeburt die Geburtsmethode erster Wahl sei, so OLG Stuttgart, Urt. v. 19.05.1988, in: Martius (Hrsg.), Rechtliche Probleme in Geburtshilfe und Gynäkologie, S. 53, 54.

513 BGH Z 106, S. 153, 155/156 = BGH Urt. v. 06.12.1988 – VI ZR 132/88 (Düsseldorf); Bender, Entbindungsmethoden und ärztliche Aufklärungspflicht, NJW 1999, S. 2706, 2707.

514 Berg, – Die geplante Geburt – Kaiserschnitt auf Wunsch; Protokoll Arbeitskreis Ärzte und Juristen – 23. und 24. März 2001 – S. 1 - 7, S. 4; http://www.uni-duesseldorf.de/WWW/AWMF/aej/aej01-1.htm, vom 27.11.2004.

einholen[515]. Dabei sind ihr die Entbindungsmodi und die ihnen jeweils innewohnenden Risiken neutral und in der realen Größenordnung darzustellen. Hat der Arzt jedoch den einen Entbindungsweg verharmlost und den anderen übertrieben risikobehaftet dargestellt, um eine Einwilligung in den von ihm bevorzugten Entbindungsmodus zu erreichen, haftet er im Schadensfalle Mutter und Kind aufgrund der unwirksamen Einwilligung, weil diese Schäden bei der Wahl des anderen Entbindungsweges vermieden worden wären[516].

Es ist auch möglich, dass die werdende Mutter vorsorglich für den Fall, dass sie nicht mehr einwilligungsfähig sein sollte oder sich in der Situation der Geburt bzw. im Kreißsaal, durch ein umfassendes Aufklärungsgespräch überfordert fühlt, einer sie begleitenden Vertrauensperson eine Vollmacht erteilt[517]. Diese/r Bevollmächtigte ist dann Adressat des Aufklärungsgesprächs, solange die noch einwilligungsfähige Patientin die Vollmacht nicht widerrufen hat[518]. Sowohl die Vollmachtserteilung als auch das Aufklärungsgespräch und Einwilligung sind durch den Arzt sorgfältig zu dokumentieren.

dd) Behandlungsalternativen und wirtschaftliche Aufklärung

Die Aufklärung über alternative Geburtsmodi – von einer Alternative ist im Übrigen nur dann zu sprechen, soweit nicht andere Entbindungswege schon kontraindiziert sind – kann von der wirtschaftlichen Aufklärung bei der Sectio auf Wunsch nicht getrennt werden. Zwar ist die wirtschaftliche Aufklärung keine Aufklärungspflicht im eigentlichen Sinne[519]. Jedoch darf hier nicht übersehen werden, dass bei alternativen medizinischen Eingriffen, von denen der eine lediglich elektiv vorgenommen wird, eine so genannte „wirtschaftliche Aufklärung" erfolgen muss, bei der die Schwangere auch über die Kosten dieses elektiven Eingriffes zu informieren ist, denn nicht medizinisch indizierte Maßnahmen sind in der Regel selbst zu bezahlen[520].

515 BGH Urt. v. 06.12.1988 – VI ZR 132/88 (Düsseldorf); OLG Köln, Urt. v. 19.05.1988 in: Martius (Hrsg.), Rechtliche Probleme in Geburtshilfe und Gynäkologie, S. 55; AGMEDR, Frauenarzt 42 (2001) Nr.11, S. 1316.

516 AGMEDR, Frauenarzt 42 (2001) Nr.11, S. 1316.

517 Berg, – Die geplante Geburt – Kaiserschnitt auf Wunsch; Protokoll Arbeitskreis Ärzte und Juristen – 23. und 24. März 2001 – S. 1 - 7, S. 4; http://www.uni-duesseldorf.de/WWW/AWMF/aej/aej01-1.htm, vom 27.11.2004; AGMEDR, Frauenarzt 42 (2001) Nr.11, S. 1316, 1317.

518 AGMEDR, Frauenarzt 42 (2001) Nr.11, S. 1317.

519 Deutsch/Spickhoff, Medizinrecht, S. 144, 145, Rn. 212.

520 Ulsenheimer; Die elektive Sectio aus rechtlicher Sicht, http://www.nwggg.de/archiv/PDF/ulsenheimer.pdf, vom 27.11.2004.

Gegenstand der Aufklärung können mithin auch Informationen sein, die nicht direkt mit der Behandlung an sich zusammenhängen oder auch außerhalb des eigentlich ärztlichen Bereiches liegen[521]. Dazu gehört gerade die Aufklärung darüber, dass der Sozialversicherungsträger bzw. die Krankenkasse die Kosten des Eingriffes gar nicht oder lediglich einen Teil davon übernimmt und ausstehende Beträge folglich von der Patientin zu tragen sind[522]. Damit ergeben sich weitere besondere Informations- und Auskunftspflichten für den Arzt im Hinblick auf wirtschaftliche Bewandtnisse und in Zusammenhang mit der Datenverarbeitung, beispielsweise bei Auskunftsansprüchen[523]. Hier ist der Arzt folglich gehalten, über die Kosten der gewünschten Sectio aufzuklären. In § 12 Absatz 1 S. 2 SGB V ist geregelt, dass die gesetzlichen Krankenversicherungsträger nicht notwendige oder unwirtschaftliche Leistungen nicht bewilligen dürfen. Liegt eine Wunschsectio daher im Wortsinne vor, handelt es sich nach bisheriger Definition und Lesart der Krankenkassen um eine nicht notwendige Leistung und muss daher auch nicht von diesen beglichen werden[524].

So sollte der Arzt die Schwangere zumindest dazu anhalten, die Übernahme der Kosten mit ihrer Versicherung zu klären; sonst muss der Arzt heute schon damit rechnen, dass die Patientin die Zahlung der durch den vorgenommenen Eingriff entstandenen Kosten mit der Begründung verweigert, die Krankenversicherung habe die Kosten nicht erstattet und der Arzt habe sie nicht vorher darüber aufgeklärt, dass sie diese selbst zu tragen hatte[525]. Darüber hinaus nimmt die Rechtsprechung eine zivilrechtliche Nebenpflicht des Arztes an, auf die vermögenswerten Interessen der Patienten Rücksicht zu nehmen, d. h., wenn erkennbar alternative, gleichwertige aber kostengünstigere Behandlungsalternativen in Frage kommen, hat er darüber Auskunft zu geben – insbesondere wenn er annehmen muss, dass die Krankenversicherung die medizinische Notwendigkeit der ärztlichen Maßnahme bezweifeln wird[526]. Hat die Krankenversicherung bereits Zweifel angemeldet, die die medizinische Notwendigkeit der ärztlichen Maßnahme betreffen und weist der Arzt die Schwangere dann nicht auf das mögliche Kostenrisiko hin, verletzt er seine Vertragspflicht. Eine Vertragspflichtverletzung

521 KG Berlin, Urt. v. 21.09.1999 (6 U 261/98), VersR 2000, S. 89, 90.

522 KG Berlin, Urt. v. 21.09.1999 (6 U 261/98), VersR 2000, S. 89, 90.

523 Pschyrembel, 259. Auflage, Aufklärung.

524 Bülow, Aufklärungs- und Behandlungsfehler bei der Sectio caesarea, S. 79; Hickl/Franzki, Gynäkologe 2002, S. 197, 200. Auch wenn diese Position m. E. durchaus überdenkenswert ist angesichts möglicher erheblicher Folgeschäden für Mutter und Kind, für welche die Krankenkassen nach einer komplizierten Vaginalgeburt aufkommen müssen.

525 Entezami/Fenger, Gynäkologie und Recht, Kapitel 2, S. 46.

526 Entezami/Fenger, Gynäkologie und Recht, Kapitel 2, S. 46.

liegt ebenfalls vor, wenn der Arzt in dieser Situation auch noch die Dokumentationspflicht derart verletzt, dass aus den von ihm angefertigten Unterlagen keine Abschätzung über die medizinische Notwendigkeit des Eingriffes hervorgeht – dann hat der Patient hieraus einen auf Befreiung von der Honorarforderung des Arztes gerichteten Schadenersatzanspruch[527], der sich aus den §§ 280 ff. BGB ergibt. Folglich hat er bei der Sectio auf Wunsch die Nebenpflicht aus dem Behandlungsvertrag, die Frau darauf hinzuweisen, dass sie die Kosten der Schnittentbindung selbst zu tragen hätte, aber nicht die einer vaginalen Entbindung.

Allerdings darf der Arzt den Wunsch der Frau nicht beispielsweise wegen der Kosten übergehen oder ihr auszureden versuchen. Vielmehr ist er gehalten, die möglicherweise entstehenden Risiken, die jeweiligen Kosten und eine eventuelle Vorzugswürdigkeit der einen oder der anderen Behandlung im konkreten Einzelfall aufzuzeigen und letztlich eine autonome Entscheidung der Schwangeren zu ermöglichen unter der Beachtung von Kindeswohl und mütterlicher Gesundheit[528]. Besteht die Patientin hierbei auf einen weiterhin nach ärztlicher Sicht nicht indizierten Entbindungsmodus, muss dementsprechend vorgegangen und nach ihrem Wunsch gehandelt werden, denn auch aus ärztlicher Sicht unvernünftige Patientenwünsche sind vom Selbstbestimmungsrecht gedeckt[529]. Denn die ärztliche Aufklärungspflicht soll nicht überreden, nicht einmal die Patientin zu einer vernünftigen Entscheidung bringen, sondern ihr lediglich eine Entscheidung ermöglichen, die sie für sich selbst als richtig ansieht[530].

Der Arzt muss, wenn mit der jeweiligen Therapie unterschiedliche Nachteile und Risiken bzw. Erfolgsaussichten verbunden sind, dies dem Patienten darlegen und über die Behandlungsalternativen aufklären[531]. Es gelten dann die vom BGH in ständiger Spruchpraxis aufgestellten Grundsätze über die Aufklärungspflicht

527 KG Berlin, Urt. v. 21.09.1999 (6 U 261/98), VersR 2000, S. 89, 90.

528 Laufs/Uhlenbruck, Handbuch des Arztrechts, S. 474, Rn. 5; Bender, Entbindungsmethoden und ärztliche Aufklärungspflicht, NJW 1999, S. 2706, 2709.

529 Bülow, Aufklärungs- und Behandlungsfehler bei der Sectio caesarea, S. 75. Zudem ist aus der Sicht der Mutter der Entschluss sehr vernünftig, um Schaden von sich und vor allem ihrem Kind abzuwenden. Auch die Einschätzung vieler Ärzte heute noch, eine Sectio dürfe nicht ohne (absolute) Indikation vorgenommen werden, ist m. E. paternalistisch und auch im Bezug zu Vorteilen sowie gerade zu Haftungsfragen überholt und überdenkenswert. Allerdings kann, wenn der behandelnde Arzt die Durchführung einer Sectio auf Wunsch ablehnt, dieser unter Hinweis auf den Kontrahierungszwang einen solchen Eingriff ablehnen; Hickl/Franzki, Gynäkologe 2002, 197, 200; Bender, Entbindungsmethoden und ärztliche Aufklärungspflicht, NJW 1999, S. 2706, 2709.

530 Hickl/Franzki, Gynäkologe 2002, S. 197, 200.

531 BGH Z 102, BGH Urt. v. 22.09.1987 – VI ZR 238/86 (Karlsruhe), S. 17, 22.

bei Behandlungsalternativen[532]. Besonders zu beachten ist hier, dass die Aufklärung ebenfalls sehr umfangreich zu sein hat. Denn bei Vorliegen von Alternativen ist, da die Urteilskraft der Schwangeren mehr gefordert wird, ein strengerer Maßstab an die Aufklärung zu legen. In einem solchen Falle sollte der Arzt die Frau sachkundig und verständnisvoll beraten, um ihr dann eine eigenständige Entscheidung darüber zu ermöglichen, welche Risiken einzugehen sie gewillt ist[533]. Dazu gehört die Aufklärung über die verschiedenen Arten und Möglichkeiten bei der Narkose und ihrer Risiken[534]. Kommt eine Schnittentbindung in Betracht, müssen die verschiedenen Risiken der unterschiedlichen Entbindungsformen dargestellt werden[535]. Bei chirurgischen Eingriffen, während derer der Arzt die ernsthafte Möglichkeit einer Operationserweiterung oder den Wechsel der Operationsmethode in Betracht ziehen muss und die nicht unterbrochen werden können, verlangt der BGH zudem, dass die Patientin schon vor der Operation entsprechend aufgeklärt werden muss[536], wenn sich also beispielsweise im Voraus eine Hysterektomie abzeichnet.

Problematisch ist allerdings, ob *jeder* Schwangeren bei der Aufklärung Schnittentbindung und vaginale Geburt als Behandlungsalternativen gleichermaßen vorgestellt werden müssen. Nach noch immer herrschender Auffassung in Rechtsprechung, Lehre aber auch den meisten medizinischen Literaturquellen ist die spontane Vaginalgeburt die primär zu wählende Entbindungsmethode[537]. Die bisherige Rechtsprechungspraxis geht davon aus, dass der Kaiserschnitt keine echte Alternative sei, mithin brauche der Arzt eine Schnittentbindung nicht anbieten und folglich nicht über diese aufzuklären. Er muss gegenüber der Gebärenden von sich aus die Möglichkeit einer Schnittentbindung nur zur Sprache bringen, wenn bei vaginaler Geburt für das Kind ernstzunehmende Gefahren drohen und daher gewichtige Gründe für eine Schnittentbindung sprechen[538]. Die Entschei-

532 BGH, Urt. v. 16.02.1993 – VI ZR 300/91 (Nürnberg), VersR 1993, S. 703 ff.

533 BGH Z 102, BGH Urt. v. 22.09.1987 – VI ZR 238/86 (Karlsruhe), S. 17, 22.

534 Bei Risiken genügt es schon, dass ernsthafte Stimmen in der medizinischen Literatur auf diese hingewiesen haben; BGH, Urt. v. 12.02.1974 – VI ZR 141/72 (Frankfurt am Main), VersR 1974, S. 752 sowie BGH, Urt. v. 21.11.1995 – VI ZR 329/94 (München), VersR 1996, S. 233.

535 BGH, Urt. v. 16.02.1993 – VI ZR 300/91 (Nürnberg); NJW 1993, S. 2374.

536 BGH, Urt. v. 16.02.1993 – VI ZR 300/91 (Nürnberg); NJW 1993, S. 2373.

537 BGH Urt. v. 06.12.1988 – VI ZR 132/88 (Düsseldorf); NJW 1989, S. 1539, 1541; BGH, Urt. v. 16.02.1993 – VI ZR 3000/91 (Nürnberg), VersR 1993, S. 703, 704; OLG Stuttgart, Urt. v. 19.05.1988 (14 U 34/87), VersR 1989, S. 519 f. Becker-Schwarze; Rechtliche Probleme bei einer sectio auf Wunsch?; Zentralblatt für Gynäkologie, 123 (2001), S. 111, 114, 115.

538 BGH, Urt. v. 16.02.1993 – VI ZR 300/91 (Nürnberg); NJW 1993, S. 2373. BGH, Urt. v. 16.02.1993 – VI ZR 3000/91 (Nürnberg), VersR 1993, S. 703, 704. Eine

dung über das medizinische Verfahren bei den verschiedenen Entbindungsmodi sei primär Sache des Arztes selbst[539].

Dies kann nicht mehr so vertreten werden, da diese Sicht in höchstem Maße paternalistisch ist. Der BGH verhält sich widersprüchlich, betont er doch stets das Selbstbestimmungsrecht und verneint ein therapeutisches Privileg[540]. Zudem ist eine derartige pauschalisierte Sicht der Geburtshilfe längst wissenschaftlich überholt. Während neue medizinische Standards und Erkenntnisse aber von Medizinern selbst diskutiert und festgelegt werden müssen, müssen auf rechtlicher Seite stärker als bisher die verschiedenen Schutzinteressen betrachtet werden, welche bei einer Nutzen-Risikoabwägung tangiert werden. So ist stärker als bisher das Selbstbestimmungsrecht der Frau in das Blickfeld zu rücken, da es mit diesem nicht zu vereinbaren ist, sie bei der Aufklärung vor der Geburt über die Möglichkeit einer Sectio nicht aufzuklären und auf der Ansicht zu beharren, dass die Vaginalgeburt Geburtsmodus erster Wahl sei, noch ihr Klarheit darüber zu verschaffen, dass eine Notsectio die allergrößten Risiken und Folgekomplikationen birgt. Nach einer solchen, auch die Sectio umfassenden Aufklärung wäre es möglich, dass sich die Schwangere anders entscheidet und sie bewusst die Risiken einer Sectio für sich selbst billigend in Kauf nehmen möchte, um dadurch die Risiken für das Kind zu verringern. Daraus ist hier zu folgern, dass zumindest im Grundsatz jeder Schwangeren eine umfassende, d. h. eine die Sectio enthaltende, Aufklärung angedeihen zu lassen ist, soweit keine Kontraindikation vorliegt.

Die Situation bei der Aufklärung vor der Wunschsectio stellt sich, was die Aufklärung von Behandlungsalternativen betrifft, allerdings komplett anders dar: Nach der hier gebildeten Ansicht sind erstens gewünschte Sectio und vaginale Geburt Alternativen. Fragt zweitens eine Frau gezielt nach einer Sectio, um von

vorgezogene Aufklärung über die unterschiedlichen Risiken der verschiedenen Entbindungsmethoden ist auch dann noch nicht erforderlich, wenn nur die theoretische Möglichkeit besteht, dass im weiteren Verlauf eine Konstellation eintreten kann, die als relative Indikation für eine Schnittentbindung zu werten ist; BGH, Urt. v. 16.02.1993 – VI ZR 300/91 (Nürnberg); NJW 1993, S. 2374.

539 Anm. Laufs, Hiersche zu: BGH, Urt. v. 16.02.1993 – VI ZR 300/91 (Nürnberg); NJW 1993, S. 2375.

540 Folglich muss ein Arzt bei einer Sectio auf Wunsch über alle Behandlungsalternativen und möglichen Erweiterungen bereits dann aufklären, wenn er sich mit der Schwangeren über den Geburtstermin berät. Bei der Wahl zwischen vaginaler Entbindung – egal ob spontan und unkompliziert verlaufend, oder gegebenenfalls mit operativer Geburtsbeendigung mit Saugglocke, Zange oder sekundärer Sectio – und Kaiserschnitt „handelt es sich nämlich für die davon betroffene Frau um eine grundlegende Entscheidung, bei der sie entweder ihrem eigenen Leben oder dem Leben und der Gesundheit ihres Kindes Priorität einräumt. Das Recht jeder Frau, selbst darüber bestimmen zu dürfen, muss möglichst umfassend gewährleistet werden.“; BGH, Urt. v. 16.02.1993 – VI ZR 300/91 (Nürnberg); NJW 1993, S. 2374.

ihrem Selbstbestimmungsrecht Gebrauch zu machen oder zeichnen sich schon im Vorfeld Risiken ab, so muss der Arzt auch die Schnittentbindung von Anfang an in das Aufklärungsgespräch mit einbeziehen und erklären. Da über eine Wunschoperation aufzuklären ist, muss die Schwangere auch ungefragt über die andere Alternative, mithin die Vaginalgeburt, aufgeklärt werden – schon wegen der zuvor besprochenen wirtschaftlichen Aufklärungspflicht, da sich aus den verschiedenen Entbindungswegen unterschiedliche Kosten ergeben.

Aber auch der Anwendung von Behandlungsalternativen und Erweiterungen sind Grenzen gesetzt: Die Wahl einer bestimmten Operationsmethode oder die Arzneimittelauswahl entsprechend Ausbildung, Spezialkenntnis und Erfahrung müsste auch die Wahl eines sorgfältigen anderen Arztes mit gleicher (Spezial-) Ausbildung, Erfahrung und Praxis gewesen sein können. Dies ist anerkannterweise zumindest immer dann der Fall, wenn der Arzt bei seiner Methodenwahl eine Behandlungsmethode anwendet, die dem medizinischen Standard genügt[541].

Die Sectio caesarea sollte der Schwangeren daher zusammen mit der Vaginalgeburt sachlich und wertfrei mit allen Vor- und Nachteilen sowohl für sie als auch für ihr Kind vorgestellt werden – zumindest wenn es sich um eine gesunde Schwangere mit normalem Schwangerschaftsverlauf handelt, deren Kind sich in Schädellage befindet und bei welcher geburtshilflich keine Komplikationen zu erwarten sind[542]. Trifft die Frau dann ihre Entscheidung, ist das Ausdruck ihres Selbstbestimmungsrechtes und sollte als solches vom behandelnden Arzt auch akzeptiert und respektiert werden.

ee) Dokumentation und formularmäßige Aufklärung

Die Aufklärung mithilfe von Aufklärungsbögen und die Dokumentation des Aufklärungsgespräches durch den Arzt sind voneinander zu unterscheidende Sachverhalte. Zunächst zur Dokumentation. Aus Beweislast- und Entlastungsgründen für den Fall gerichtlicher oder sonstiger Auseinandersetzungen sollte der Arzt den Inhalt des Aufklärungsgesprächs dokumentieren[543]. Dabei sind Zeitpunkt und Inhalt des Aufklärungsgesprächs und der Einwilligung sorgfältig und zeitgerecht unter Beifügung etwa verwendeter Merkblätter und Formulare zu dokumentieren[544]. Insbesondere muss er bei der Wunschsectio den Mangel der Indikation

541 BGH, Urt. v. 22.09.1987 – VI ZR 238/86 (Karlsruhe), BGH Z 102, S. 17, 20 ff; Bülow, Aufklärungs- und Behandlungsfehler bei der Sectio caesarea, S. 67.

542 Wachter; Frauenarzt 43 (2002) Nr.8, S. 902, 903.

543 Hecher; Frauenarzt 43 (2002) Nr.8, S. 886, 886.

544 AGMEDR, Frauenarzt 42 (2001) Nr.11, S. 1311, 1314.

festhalten. Diese Dokumentation sollte schriftlich, zumindest in Stichworten, sorgfältig betrieben werden[545].

Ein jeder Arzt wird darauf bedacht sein, zum Beweis, dass er den Patienten ordnungsgemäß aufgeklärt hat, eine entsprechende Beweissicherung durchzuführen. Liegt keine sorgfältige, schriftliche und umfassende Dokumentation vor, kann dies dem behandelnden Arzt leicht zum Verhängnis werden, wenn beispielsweise die Schnittentbindung erhebliche Gesundheitsbeeinträchtigungen nach sich zieht[546]. Als unverständlich und beklagenswert beurteilen deshalb Juristen und hier vor allem Richter die großen Mängel in der Dokumentation, die auch heute noch auftreten und selbst wenn eine Geburt erkennbar nicht gut ausgegangen sei, gebe es Fälle, in denen sich niemand finde, der das zuvor Geschehene dokumentiert[547].

Weniger zur Dokumentation als zur Unterstützung der Aufklärung dienen dagegen die immer weiter verbreiteten Aufklärungsbögen. An erster Stelle ist allerdings darauf hinzuweisen, dass Aufklärung und Einwilligung keiner bestimmten Form bedürfen. Aufklärungsformulare erfüllen mithin keinerlei rechtliche Voraussetzung, sondern befriedigen lediglich den verständlichen Wunsch nach Absicherung[548]. Und wo es eine Nachfrage gibt, wird mit dem entsprechenden Angebot reagiert, so dass Unmengen von Aufklärungsbögen kursieren[549] und kaum in einem Krankenhaus eine Aufklärung noch ohne Formulare und Bögen geschieht. Rechtlich erforderlich ist allerdings nur, dass die Einwilligung erteilt wird, was schriftlich, mündlich oder durch schlüssiges Verhalten erklärt werden kann.

---

545 Hickl; „Wandlungen in der Kaiserschnittindikation"; Gynäkologisch-geburtshilfliche Rundschau 42 (2002); S. 15, 18.

546 Ulsenheimer; Die elektive Sectio aus rechtlicher Sicht, http://www.nwggg.de/archiv/PDF/ulsenheimer.pdf, vom 27.11.2004.

547 Rumler-Detzel, Der Vorwurf fehlerhafter Geburtsbetreuung in der Prozesspraxis eines OLG; Protokoll Arbeitskreis Ärzte und Juristen – 27. und 28. März 1998 – S. 3 - 5, S. 4; http://www.uni-duesseldorf.de/ WWW/AWMF/aej/aej9801.htm, vom 27.11.2004.

548 Ulsenheimer, Arztstrafrecht in der Praxis, S. 144 ff.

549 Aufklärungsbögen sind eine Art vorgefertigter Gesprächsprotokolle und in fast allen Krankenhäusern liegen sie in standardisierter Form vor, oft perimed – Aufklärungsbögen aus dem proCompliance – Verlag. Diese Bögen enthalten Informationen über den Eingriff, wann eine Notwendigkeit besteht, ihn durchzuführen und wie dies gemacht wird; dessen Folgen und Risiken sowie mögliche Alternativen, zusätzlich ist Platz für Fragen sowohl des Arztes als auch des Patienten vorhanden. Allerdings können und sollen auch während des Aufklärungsgesprächs besprochene Fragen hinzugefügt und abgeändert, mithin sollte der Bogen individualisiert werden auf den konkret betroffenen Einzelfall.

In der Praxis wird die Aufklärung im Regelfall nach der sogenannten „Stufenaufklärung" bzw. „Drei-Stufen-Aufklärung" nach *Weißauer* durchgeführt[550]. Hier erhält die Patientin vom behandelnden Arzt zunächst eine schriftliche Grundinformation, die sie durchlesen soll und erst danach kommt es zu einem anschließenden mündlichen Aufklärungsgespräch mit ihrem Arzt. Allerdings ist es nicht ausreichend, das Aufklärungsformular der Patientin schlicht zu überlassen und sie unterzeichnet es dann[551]. Die ausschließliche Aufklärung per Formblatt kann niemals die persönliche Aufklärung in einem Gespräch zwischen Arzt und Patienten ersetzen[552] – zumal dieses Aufklärungsgespräch gerade die Basis des informed consent ist und das notwendige Vertrauensverhältnis vor einer Operation aufzubauen geeignet ist. Problematisch ist hier zudem, dass dieser Bogen vom Arzt einbehalten wird und die Patientin keine Kopie des Bogens erhält. Weiterhin konnte bis heute nicht nachgewiesen werden, dass die Aufklärung durch diese Formulare verbessert würde – im Gegenteil: der größte Teil der Informationen wird vergessen. Nach der Stufenaufklärung nach *Weißauer* sind nach dem Eingriff höchstens noch Spuren der besprochenen Sachverhalte beim Patienten abrufbar. Zudem verlassen sich Ärzte zu oft auf den Bogen, weil sie ihn für ausreichend halten und es findet kein persönliches Aufklärungsgespräch mehr statt.

Ein Formular kann zwar die persönliche Aufklärung durch den Arzt niemals ersetzen, andererseits muss es dem Arzt möglich sein, mittels unterschriebenen Schriftstücks den ihm obliegenden Nachweis erfolgter Aufklärung aufzuzeigen und ihm damit von vornherein die Möglichkeit an die Hand zu geben, dem Vorwurf mangelnder Aufklärung mit einem durch den Patienten selbst unterschriebenen Schriftstück entgegenzutreten. Dennoch wird der Beweiswert von Formularen sowohl in der Literatur als auch von der Rechtsprechung eher als gering eingeschätzt: Fehlen Angaben auf dem Formular, wie z. B. der Zeitpunkt der Aufklärung oder enthält der Bogen nur den pauschalierten Hinweis, die Patientin sei über Verlauf, Folgen und Risiken informiert, kann sich dies nachteilig auf die Beweislage des Arztes niederschlagen[553].

Es ist folglich sehr problematisch, wenn sich der behandelnde Arzt allein darauf verlässt, dass ein Aufklärungsformular vorliegt. Denn ein solches Formular schützt nicht per se vor dem Vorwurf eines Aufklärungsfehlers. Vordrucke gelten lediglich als Indiz, dass eine umfassende Aufklärung im Einzelfall stattgefunden hat. Damit kann ein vom Patienten ausgefülltes Formular lediglich das „Ob" der

550 Weißauer, Der Anästhesist 48, Nr. 4 (1999), S. 285, 286.

551 Entezami/Fenger, Gynäkologie und Recht, Kapitel 2, S. 49; BGH, Urt. v. 02.11.1993 – VI ZR 245/92 (Frankfurt am Main), NJW 1994, 793 f.

552 BGH, Urt. v. 08.01.1985 – VI ZR 15/83 (Karlsruhe), NJW 1985, 1399.

553 Entezami/Fenger, Gynäkologie und Recht, Kapitel 2, S. 49; BGH, Urt. v. 02.11.1993 – VI ZR 245/92 (Frankfurt am Main), NJW 1994, 793 f.

Aufklärung bestätigen, es fehlt ihnen jedoch jeglicher Beweiswert hinsichtlich des Umfangs der Aufklärung, soweit dies nicht ausdrücklich auf diesem festgehalten ist[554]. Hinzu kommt, dass die Vordrucke – je nach Bereich teilweise oder oft – nicht vollständig sind.

Um Problemen in der Beweislage entgegenzutreten müssen Aufklärungsformulare, wenn sie dennoch eingesetzt werden sollen, daher mit hinreichenden individuellen Anmerkungen versehen werden, aus denen hervorgeht, dass auf die konkrete Patientin in ihrem speziellen Einzelfall eingegangen und aufgeklärt wurde. So empfiehlt es sich, einige Dinge unabhängig vom Bogen anzusprechen und handschriftlich als Zusatz vom Patienten als angesprochen abzeichnen zu lassen; insgesamt sollte der Bogen dann vom Patienten unterschrieben werden und es sind auch Datum sowie Uhrzeit zu vermerken[555]. Es ist auch anzuraten, bei der Aufklärung eventuell Anwesende, z. B. Angehörige, die für eine ausländische Patientin das Aufklärungsgespräch dolmetschen, namentlich zu erfassen[556]. Allerdings ist es schwer, eine Vertrauensbasis zwischen Arzt und Patient aufzubauen und gleichzeitig alles zu protokollieren, um es später zu kontrollieren. Denn es wird dabei immer im Voraus eine Gerichtssituation suggeriert, wobei sich der Arzt quasi mit einem Bein im Gefängnis fühlt.

Die Unterstützung oder besser noch Vorbereitung einer persönlichen Aufklärung durch den Arzt mit Hilfe eines Aufklärungsbogens erscheint insgesamt jedoch – wenn auch nicht für jedwede Situation gleichermaßen – sinnvoll. So war auch *Weißauers* Konzept der Stufenaufklärung schließlich nicht allein auf das Sich-Selbst-Informieren des Patienten ausgelegt, sondern ein dem Patienten vorgelegtes Merkblatt sollte die persönliche Aufklärung lediglich vorbereiten[557].

Wurde ein Aufklärungsbogen verwendet und fehlen dort Angaben, kann dies allerdings auch durch Parteivernehmung der behandelnden Ärzte ausgeglichen werden[558]. Erhebliche Beweisfunktion kommt zudem einer Aufklärungsdokumentation zu, deren ständige, entsprechende Übung möglicherweise zusätzlich noch durch Zeugen bestätigt werden kann[559].

Nicht zuletzt muss jedoch auch bei der Verwendung von Aufklärungsbögen die Vertraulichkeit von Patientendaten gesichert sein. Gerade im Hinblick auf die Diskussion um eine Rationalisierung der Krankenhausverwaltung durch Zugriff für spätere Behandlungen, z. B. eine zweite Schwangerschaft, ist dies wichtig.

---

554 Lexikon der Bioethik, Aufklärungspflicht.

555 Martius (Hrsg.), Rechtliche Probleme in Geburtshilfe und Gynäkologie, S. 73, 74; Dettmeyer; Medizin und Recht für Ärzte, Kapitel 2, S. 49.

556 Entezami/Fenger, Gynäkologie und Recht, Kapitel 2, S. 49.

557 Weißauer, Der Anästhesist 48, Nr. 4 (1999), S. 285, 286.

558 Urteil des Oberlandesgerichts Oldenburg vom 02.12.1997 – 5 U 53/97.

559 Urteil des Oberlandesgerichts Oldenburg vom 25.03.1997 – 5 U 186/96.

ff) Aufklärung spezieller Gruppen

Schließlich muss sich ein Aufklärungsgespräch auch danach richten, wen der Arzt als aufzuklärende Person vor sich hat.

(1) Aufklärung von Fremdsprachigen

Hierbei ist am Wichtigsten, dass der Arzt sich vergewissert, dass sein Aufklärungsgespräch auch von der fremdsprachigen Frau verstanden wird. Ist dies nicht gewährleistet, muss eine sprachkundige Person hinzugezogen werden, wobei dem Arzt der Beweis obliegt, dass die ausländische Patientin ordnungsgemäß aufgeklärt wurde und dies verstanden hat[560]. Als Dolmetscher können dabei auch Angehörige der Gebärenden fungieren, wenn sie der deutschen Sprache ausreichend mächtig sind, d. h., die Aufklärung nachvollziehen und entsprechend übersetzen können, wobei allerdings die Patientin ihrerseits auch die Obliegenheit hat, auf Verständigungsprobleme hinzuweisen[561].

(2) Aufklärung von Geschäftsunfähigen und Minderjährigen

Das Selbstbestimmungsrecht des Patienten verlangt allgemein eine ordnungsgemäße persönliche ärztliche Aufklärung, ohne die es keine rechtswirksame rechtfertigende Einwilligung des Patienten gibt. Das gilt auch für einwilligungsfähige und minderjährige Patienten[562]. Daher sollten auch minderjährige, unter Vormundschaft oder Pflegschaft stehende Personen, auch wenn sie selbst nicht einwilligungsfähig sind, jeweils entsprechend ihres Alters und Verständnisses neben der umfassenden Aufklärung ihrer sorge- und einwilligungsberechtigten Vertreter aufgeklärt werden[563]. Im Folgenden soll vor allem auf die Problematik minderjähriger werdender Mütter eingegangen werden.

Fraglich ist zwar schon, ob eine minderjährige Schwangere zivilrechtlich überhaupt einen Behandlungsvertrag mit dem Arzt abschließen kann, denn grundsätzlich bedarf sie als Minderjährige zum Abschluss von Verträgen der Einwilligung ihres gesetzlichen Vertreters. Wird die Genehmigung erteilt, ist der

---

560 Deutsch/Spickhoff, Medizinrecht, S. 158, 159 Rn. 245; Entezami/Fenger, Gynäkologie und Recht, Kap. 2, S. 47, 48.

561 Entezami/Fenger, Gynäkologie und Recht, Kapitel 2, S. 47,48; OLG Karlsruhe, Urt. v. 19.03.1997 (13 U 42/96), VersR 1998, S. 718; BGH, Beschl. v. 06.11.2001 – VI ZR 38/01 (Naumburg), VersR 2002, 192; OLG München, Urt. v. 14.02.2002 (1 U 3495/01), VersR 2002, 717.

562 Dettmeyer; Medizin und Recht für Ärzte, Kapitel 2, S. 49.

563 Martius (Hrsg.), Rechtliche Probleme in Geburtshilfe und Gynäkologie, S. 68, 69.

von der Minderjährigen geschlossene Vertrag wirksam[564]. Meist sind die gesetzlichen Vertreter die Eltern (§ 1629 BGB). Sind die Eltern der Minderjährigen verheiratet, wird der Behandlungsvertrag mit beiden Elternteilen geschlossen, bei unverheirateten Eltern wird der Vertrag mit dem anwesenden Elternteil geschlossen[565].

Im Gegensatz zu diesem Vertragsschluss ist die Einwilligung in einen ärztlichen Eingriff allerdings nach ganz überwiegender Auffassung keine rechtsgeschäftliche Willenserklärung, sondern eine Gestattung zur Vornahme tatsächlicher Handlungen[566]. Hierfür ist die natürliche Einsichtsfähigkeit erforderlich und ausreichend, weshalb eine Minderjährige wirksam in den Eingriff einwilligen kann, wenn sie nach ihrer geistigen und sittlichen Reife die Bedeutung und Tragweite des Eingriffs und der Gestattung richtig einzuschätzen vermag[567]. Hat der Arzt Zweifel an dieser Einsichts- und damit Einwilligungsfähigkeit, sollte er zur Vermeidung eigenen Risikos darauf bedacht sein, zusätzlich die Einwilligung des personensorgeberechtigten gesetzlichen Vertreters einzuholen.

In vergleichbaren Fällen, z. B. dem Schwangerschaftsabbruch, bedarf eine Minderjährige wegen der Schwere des Eingriffes, der Drittbetroffenheit des Kindes und der möglicherweise langfristigen Auswirkungen auf jeden Fall der Zustimmung ihres gesetzlichen Vertreters, und zwar auch, wenn die Minderjährige die notwendige Reife für die Einwilligung in die ärztliche Maßnahme hat und eigentlich nicht der Zustimmung ihrer Erziehungsberechtigten bedürfte[568]. Dies lässt sich auf die Sectio auf Wunsch übertragen: Hier sind ebenso die Vor- und Nachteile des Eingriffes, vor allem die Risiken und langfristige Auswirkungen, abzuwägen und genauso sind Drittinteressen bzgl. des Kindes betroffen. Folglich sollte zum einen die minderjährige Schwangere selbst die notwenige Reife besitzen und selbstständig einwilligen, zum anderen sollte sich der Arzt aber auch der Zustimmung und Einwilligung der gesetzlichen Vertreter vergewissern.

Problematisch können sowohl Vertragsschluss als auch Einholung der Einwilligung der gesetzlichen Vertreter jedoch dann werden, wenn die Minderjährige sich auf die Schweigepflicht des Arztes beruft und dagegen der Arzt auf einen wirksamen Vertragsschluss und einer rechtswirksamen Einwilligung besteht und die gesetzlichen Vertreter dazu unterrichten – mithin seine Schweigepflicht brechen – muss. Es sollte hier immer der konkrete Einzelfall betrachtet werden: Je näher die junge werdende Mutter der Volljährigkeit ist, desto eher kann eine Schweigepflicht des Arztes angenommen werden. Allerdings ist eine Mitteilung

564 Entezami/Fenger, Gynäkologie und Recht, Kapitel 1, S. 6.
565 Entezami/Fenger, Gynäkologie und Recht, Kapitel 1, S. 28.
566 Martius (Hrsg.), Rechtliche Probleme in Geburtshilfe und Gynäkologie, S. 69.
567 Martius (Hrsg.), Rechtliche Probleme in Geburtshilfe und Gynäkologie, S. 69.
568 AG Schlüchtern, Beschl. v. 29.04.1997 – X 17/97, NJW 1998, S. 832.

über den Eingriff gegenüber den Eltern immer dann gefordert, wenn die Behandlung nur mit Zustimmung der Eltern erfolgen kann[569]. Eine Art Offenbarungspflicht des Arztes gegenüber den gesetzlichen Vertretern wird deshalb dann angenommen, wenn diese in Unkenntnis des vorliegenden Sachverhaltes mögliche ernsthafte Gefährdungen ihrer Schutzbefohlenen nicht erkennen können[570]. Bei der Wunschsectio handelt es sich um eine vertraglich zu vereinbarende, medizinisch nicht indizierte Maßnahme. Für den wirksamen Vertragsschluss schon müssen die gesetzlichen Vertreter zustimmen. Hinzu tritt eine mögliche Gefährdung der werdenden Mutter, weshalb auch an dieser Stelle den gesetzlichen Vertretern die notwendigen Informationen zu geben und sie einzubeziehen sind. Von einer Offenbarungspflicht ist mithin auszugehen.

(3) Aufklärung des Vaters?

Möglicherweise könnte in der Geburtshilfe der Erzeuger des Kindes mit in die Entscheidung über den Geburtsmodus einzubeziehen und folglich aufzuklären sein. Denn ihn trifft gleichermaßen nach der Geburt die Sorgeberechtigung als auch die Sorgepflicht über das Kind – zumindest bei einem verheirateten Elternpaar ist dies der Fall[571].

Für die Beantwortung der Frage, ob ihm ein Mitspracherecht bei der Art der Entbindung zusteht, ist zu prüfen, ob sich ein solches Recht aus vertraglichen Gesichtspunkten ergeben könnte. Hier ist festzustellen, dass allein die Mutter den Behandlungsvertrag mit dem Arzt bzw. Krankenhausträger abschließt und daher allein sie Ansprüche aus dem Vertrag ableiten kann. Es liegt kein Vertrag zugunsten des Vaters als Dritten vor.

Auch aus dem Grundsatz der Gleichberechtigung ergibt sich kein derartiges Mitspracherecht des Vaters, wofür auch die Haltung des BVerfG spricht, welche zuallererst noch immer eine Sachwaltereigenschaft und damit Entscheidungsbefugnis der Mutter zuspricht[572]. Zumeist wird es in der Literatur auch abgelehnt, dem Vater in ähnlich gelagerten Fällen wie Schwangerschaftsabbrüchen und einem Kaiserschnitt bei Sterbenden und Toten ein Mitspracherecht zuzubilligen[573].

569 Entezami/Fenger, Gynäkologie und Recht, Kapitel 5, S. 83.

570 Entezami/Fenger, Gynäkologie und Recht, Kapitel 5, S. 83.

571 Für Lebensgemeinschaften hat das BVerfG ein gleichberechtigtes Sorgerecht abgelehnt und dies grundsätzlich der Mutter eines nichtehelichen Kindes zugesprochen, allerdings mit der Möglichkeit der Beantragung gleichen Sorgerechtes für Mutter und Vater; BVerfG Urt. v. 29.01.2003, Pressemitteilung Nr. 7/2003 v. 29.01.2003.

572 BVerfG Urt. v. 29.01.2003, Pressemitteilung Nr. 7/2003 v. 29.01.2003.

573 Bülow, Aufklärungs- und Behandlungsfehler bei der Sectio caesarea, S. 75.

Folglich ist eine Aufklärungs**pflicht** gegenüber dem Vater abzulehnen. Denn der Arzt muss für eine rechtswirksame Einwilligung sicherstellen können, dass die Schwangere eine von Willensmängeln freie selbstbestimmte Entscheidung trifft. Zudem ist die werdende Mutter die in diesem Stadium nach der Rechtsprechung und Lehre alleinige Sachwalterin der Rechte des Kindes[574].

Die Ablehnung einer Aufklärungspflicht gegenüber dem Erzeuger folgt auch aus dem Gesichtspunkt, dass die Frau als Gebärende unmittelbar Betroffene der Abwägung und Entscheidung für eine vaginale oder eine Schnittentbindung ist und der Vater ausschließlich mittelbar Betroffener sein kann, was seine Interessen für weniger gewichtig erscheinen lässt. Allerdings kann er der Frau – welche ja auch deshalb rechtzeitig aufgeklärt wird, um sich zu beraten, und zwar auch und vor allem mit ihrem Mann bzw. dem Kindesvater und Ihrer sonstigen Familie – eine Entscheidungshilfe sein.

Anders liegt die Situation, wenn die werdende Mutter vorsorglich für den Fall, dass sie nicht mehr einwilligungsfähig sein sollte oder sich in der Situation der Geburt bzw. im Kreißsaal durch ein umfassendes Aufklärungsgespräch überfordert fühlt und dann dem sie begleitenden Ehemann oder Partner eine Vollmacht erteilt[575]. Dieser Bevollmächtigte ist dann Adressat des Aufklärungsgesprächs, solange die noch einwilligungsfähige Patientin die Vollmacht nicht widerrufen hat[576]. In diesem Ausnahmefall besteht eine umfassende Aufklärungspflicht des Arztes gegenüber dem Partner. Sowohl die Vollmachtserteilung als auch das Aufklärungsgespräch und Einwilligung sind durch den Arzt dann sorgfältig zu dokumentieren.

3. Erklärung der Einwilligung

Die Einwilligung stellt die zur Rechtfertigung prinzipiell erforderliche Zustimmung des Patienten zu einer geplanten diagnostischen oder therapeutischen Maßnahme dar. Unabhängig von der medizinischen Notwendigkeit darf der Arzt einen Eingriff ausschließlich in den Grenzen ausführen, die ihm die Einwilligung des Patienten setzt. Solange zudem der Patient selbst bestimmen darf, ob und welchen Eingriff er durch einen Arzt an sich vornehmen lassen will und in diesen einwilligt, schützt es ihn einerseits vor eigenmächtigen Behandlungen durch den

574 BGH Z 106, S. 153, 155/156 = BGH Urt. v. 06.12.1988 – VI ZR 132/88 (Düsseldorf); NJW 1989, S. 1539, 1540.

575 Berg, – Die geplante Geburt – Kaiserschnitt auf Wunsch; Protokoll Arbeitskreis Ärzte und Juristen – 23. und 24. März 2001 – S. 1 - 7, S. 4; http://www.uni-duesseldorf.de/WWW/AWMF/aej/aej01-1.htm, vom 27.11.2004; AGMEDR, Frauenarzt 42 (2001) Nr.11, S. 1316, 1317.

576 AGMEDR, Frauenarzt 42 (2001) Nr.11, S. 1317.

Arzt[577]. Andererseits aber ist der Arzt selbst vor Sanktionen geschützt, wenn er auf Patientenwunsch hin tätig wird und über den Rahmen der Einwilligung auch nicht hinausgeht, was in der Regel auch gilt, wenn es bei der Wunschbehandlung zu einer Gesundheitsverschlechterung kommt[578].

Folglich ist vorliegend zu klären, welche Voraussetzungen für die Erklärung einer rechtswirksamen Einwilligung in die Wunschsectio erfüllt sein müssen. Sie erfordert neben der eigentlichen Zustimmung, dass die Patientin über das betroffene Rechtsgut verfügen darf. Zudem muss die Einwilligung eigenverantwortlich getroffen werden und auch noch zum Zeitpunkt des Eingriffes vorliegen. Weiterhin muss der handelnde Arzt Kenntnis von der Einwilligung haben und aufgrund dieser handeln.

a) Dispositionsbefugnis

Die Patientin muss zunächst die Trägerin des verletzten Rechtsgutes sein[579]. Hier ist das Rechtsgut der körperlichen Unversehrtheit betroffen. Da die Einwilligung Ausdruck des Selbstbestimmungsrechtes sein soll, kann in die Verletzung solch eines höchstpersönlichen Rechtsguts folglich grundsätzlich nur der jeweilige Rechtsgutträger selbst einwilligen[580]. Bei einer Sectio willigt die Schwangere in einen Eingriff an ihrem eigenen Körper ein. Jedoch ist auch bei eigenen Rechtsgütern die Einwilligung nicht in jegliches medizinische Handeln unbegrenzt möglich. Sie muss über das beeinträchtigte Rechtsgut auch *wirksam* disponieren können[581]. Denn trotz dass die Patientin selbstbestimmt eingewilligt hat, bleibt ein Eingriff rechtswidrig in den Fällen, in denen die Rechtsordnung sogar dem Rechtsgutträger selbst die Dispositionsmöglichkeit über das betroffene Rechtsgut nicht zugesteht[582]. Das drückt sich vor allem im gesetzlichen Verbot des § 216 StGB, dem Tatbestand der Tötung auf Verlangen, aus, und der Eingriff wird auch dann als rechtswidrig trotz Einwilligung behandelt, wenn er gegen die guten Sitten verstößt, § 228 StGB. Wie bereits gezeigt, ist eine Sectio auf Wunsch jedoch weder sittenwidrig, noch verstößt sie gegen ein gesetzliches Verbot[583]. Daher ist

577 Ulsenheimer, Operative Wunscheingriffe aus rechtlicher Sicht, in: Huch et al, Sectio caesarea, S. 125; 81; BGH, Urt. v. 29.06.1976 – VI ZR 68/75 (Düsseldorf), BGH Z 67, S. 48.

578 Ulsenheimer, Operative Wunscheingriffe aus rechtlicher Sicht, in: Huch et al, Sectio caesarea, S. 125; 81; BGH, Urt. v. 29.06.1976 – VI ZR 68/75 (Düsseldorf), BGH Z 67, S. 48.

579 Dettmeyer; Medizin und Recht für Ärzte, Kapitel 2, S. 27.

580 Lexikon der Bioethik, Einwilligung.

581 Dettmeyer; Medizin und Recht für Ärzte, Kapitel 2, S. 27.

582 Lexikon der Bioethik, Einwilligung.

583 4. Kapitel C. I. 2.

die werdende Mutter befugt, über die Verletzung ihrer körperlichen Integrität zu disponieren und in den Wunschkaiserschnitt einzuwilligen.

b) Geltung der Einwilligung seitens der Mutter auch für das Kind?

Bei der Sectio ergibt sich aber die Besonderheit, dass die Frau ihr Selbstbestimmungsrecht nicht wie bei einer kosmetischen Wunschoperation nur im eigenen Interesse geltend macht. Zwangsläufig sind bei der Entbindung Drittinteressen zu berücksichtigen, da hier das Kind ebenfalls betroffen ist. Bei einer Geburt muss sie daher sowohl ihre Interessen, als auch die des Kindes bzgl. Leben und Gesundheit geltend machen.

Allerdings ist zu fragen, ob und wie Erklärungen der werdenden Mutter die körperliche Integrität des Kindes umfassen und Eingriffe hierhinein rechtfertigen. Denn führt die Sectio erhöhte Risiken für das Kind mit sich, muss die elektive Sectio als problematisch angesehen werden, da diese zusätzlichen Risiken weitgehend der Entscheidungsfreiheit der Mutter entzogen sein könnten. Sie kann durch ihre Einwilligung grundsätzlich nur Risiken, die sie selbst betreffen, zu erlaubten Risiken machen[584].

Das Problem der Haftungsansprüche des Kindes wird vor allem dann offenbar, wenn man sich veranschaulicht, dass es als Schutz für das noch ungeborene Kind keinen Strafrechtstatbestand gibt. Die Normen für den Schwangerschaftsabbruch, §§ 218 ff. StGB[585], sind zum Schutz des Kindes bei der Wahl des Entbindungsweges durch die Mutter nicht geeignet. Die Situation ist eine völlig andere: Die Mutter möchte das Kind nicht abtreiben, sondern im Gegenteil das Kind zur Welt bringen und dabei lediglich über den Modus der Entbindung entscheiden. Dabei geht die werdende Mutter zudem davon aus, die beste Methode zum Schutz des Kindes zu wählen, auch wenn sie möglicherweise erhöhte Risiken für sich selbst eingeht. Angesichts dessen können die genannten Normen nicht herangezogen werden.

Fraglich ist höchstens, ob es *faktisch* eine Abtreibung darstellen kann, wenn das Kind bei der elektiven Sectio stirbt und die §§ 218 ff. StGB dann analog angewendet werden könnten. Eine Analogie kann nur bei einer dem Gesetzgeber unbeabsichtigten Regelungslücke erfolgen. Nach dem Wortlaut sowie Sinn und Zweck der §§ 218 ff. StGB soll das ungeborene Leben bei intakter Schwangerschaft geschützt werden, d. h. der Gesetzgeber ging von dem Bild der lebendigen

584 Gaisbauer, Die „programmierte Geburt" aus haftungsrechtlicher Sicht, VersR 1994, S. 904, 905.

585 Auch die Rechtsprechung hat in der BverfGE 39, 45, dem Staat nicht die Pflicht auferlegt, das ungeborene Leben mit dem gleichen (strafrechtlichen) Schutz wie das geborene Leben zu belegen.

Frucht im Mutterleib aus[586]. Unter der Abbruchshandlung der §§ 218 ff. StGB ist daher das Absterben der lebendigen Leibesfrucht im Mutterleib bzw. der Abgang einer Leibesfrucht in nicht lebensfähigem Zustand zu verstehen. Mit Eintritt der Geburtswehen und bei der primären Schnittentbindung[587] entweder mit Einleitung der Anästhesie[588] bzw. Eröffnung der Bauchdecke[589] oder des Uterus[590] beginnt der Schutz der strafrechtlichen Körperverletzungs- und Tötungsdelikte und endet derjenige der §§ 218 ff. StGB, da zu diesen Zeitpunkten nach der jeweiligen Ansicht die Schwangerschaft abgeschlossen ist[591]. Es fehlt mithin an einer für die analoge Anwendung erforderlichen unbeabsichtigten Regelungslücke des Gesetzgebers. Stirbt das Kind daher bei der elektiven Sectio, sind die jeweils entsprechenden Tatbestände der §§ 211 ff. StGB zu prüfen.

Die Regelungen im Embryonenschutzgesetz enthalten zwar Tatbestände und Voraussetzungen zum Schutz des Ungeborenen, sind aber ebenfalls nicht übertragbar, da sie lediglich die Fortpflanzung betreffen. Eine etwas andere Lage bietet sich da schon im Zivilrecht. Aus dem Behandlungsvertrag bzw. -verhältnis der Mutter kann das Kind vertragliche und deliktische Schadensersatzansprüche gegen den Krankenhausträger erwerben, sogar wegen solcher Schäden, die ihm noch im Mutterleib vor Vollendung der Geburt zugefügt wurden[592].

Allerdings sind Eingriffe, die mit der Geburt im Zusammenhang stehen, regelmäßig von der Einwilligung der werdenden Mutter umfasst. Denn durch die nicht sittenwidrige Einwilligung der Mutter als Sachwalterin der Rechte für das Kind kann sie den ärztlichen Eingriff rechtfertigen. Der BGH äußerte in diesem Zusammenhang, dass die erforderliche Einwilligung der Mutter Rechtswirksam-

586 Tröndle/Fischer, Vor §§ 218 - 219b Rn. 2; § 218 Rn. 2, 3.

587 Es ist zwischen der primären und der sekundären Sectio caesarea zu unterscheiden. Bei der sekundären Sectio oder der Notsectio werden ebenfalls die Geburtsanzeichen bzw. Eröffnungswehen der (begonnenen) spontanen vaginalen Geburt als Geburtsbeginn angesehen; Heinemann, Frau und Fötus in der Prä- und Perinatalmedizin aus strafrechtlicher Sicht, S. 65.

588 Laufs/Uhlenbruck-Ulsenheimer, Handbuch des Arztrechts, § 139 Rn. 1; Heinemann, Frau und Fötus in der Prä- und Perinatalmedizin aus strafrechtlicher Sicht, S. 65 ff.

589 so noch Tröndle/Fischer, 50. Aufl. 2001, Vor § 211 Rn. 2; nunmehr für Eröffnung des Uterus, Tröndle/Fischer, 52. Aufl. 2004, Vor § 211 Rn. 2.

590 Heinemann, Frau und Fötus in der Prä- und Perinatalmedizin aus strafrechtlicher Sicht, S. 68.; wobei sich Heinemann (richtigerweise) der h. M. anschließt (Heinemann a. a. O., S. 68), da Anästhesieeinleitung und Bauchdeckenschnitt nur der Vorbereitung dienen und der Nasciturus erst mit dem Uterusschnitt unmittelbar betroffen ist.

591 Laufs/Uhlenbruck-Ulsenheimer, Handbuch des Arztrechts, § 139 Rn. 1. Da der Zeitpunkt der Handlung entscheidend ist, kann bei einem Todesfall nach Geburtsbeginn auch nicht § 218 a StGB angewendet werden; Tröndle/Fischer, § 218 Rn. 2.

592 BGH Urt. v. 06.12.1988 – VI ZR 132/88 (Düsseldorf); NJW 1989, S. 1539, 1541.

keit auch im Hinblick auf die Risiken des Geburtsablaufs für das Kind entfaltet[593]. Die Entscheidungszuständigkeit der Mutter folge nämlich daraus, dass der Geburtsablauf immer auch diese selbst und deren körperliche Befindlichkeit betreffe und zudem ist die Mutter in der Phase vor und während der Geburt die natürliche Sachwalterin der Belange des Kindes[594]. Ist folglich die Mutter mit einer bestimmten Art der Entbindung rechtswirksam einverstanden, kann auch eine eventuelle Beeinträchtigung des Kindes, die sich möglicherweise aus diesem Geburtsablauf ergibt, dem geburtsleitenden Arzt nicht als rechtswidrige Körperverletzung angelastet werden. Anders dagegen ist die Situation, wenn ihre Einwilligung fehlt. Dann kann der Arzt auch dem Kind für Verletzungen in der Geburt haftbar sein[595].

Daher wirft die zunächst sehr problematisch scheinende Frage der Berücksichtigung von Interessen des Kindes gerade bei der elektiven primären Sectio kaum Probleme auf, da unbestritten ist, dass eben die Sectio unter Beachtung und Einhaltung gewisser Sicherheitsbedingungen zumindest für das Kind ungefährlicher ist als die Durchführung einer vaginalen Geburt[596]; ganz zu schweigen von dem Sicherheitsrisiko einer sekundären Sectio bei Geburtstillstand während vaginaler Entbindung[597].

593 BGH Z 106, S. 153, 155/156 = BGH Urt. v. 06.12.1988 – VI ZR 132/88 (Düsseldorf); NJW 1989, S. 1539, 1540.

594 BGH Z 106, S. 153, 155/156 = BGH Urt. v. 06.12.1988 – VI ZR 132/88 (Düsseldorf); NJW 1989, S. 1539, 1540.

595 Denn hinsichtlich des Kindes liegt ein Vertrag zugunsten Dritter bzw. mit Schutzwirkung zugunsten Dritter vor. Bei einem Behandlungsvertrag mit dem Chefarzt bestehen auch gegen diesen Ansprüche. „Dieser Annahme steht nicht entgegen, dass [das Kind] im Zeitpunkt der Schädigung noch nicht rechtsfähig war (§ 1 BGB). Es entspricht der gefestigten Rechtsprechung […], dass dem Kind bei der Verletzung im Mutterleib, sofern auch die weiteren Haftungsvoraussetzungen vorliegen, mit der Vollendung der Geburt ein deliktischer Schadensersatzanspruch wegen Gesundheitsverletzung zusteht. Das gilt in gleicher Weise für eine Verletzung beim Austritt aus dem Mutterleib.“; BGH Urt. v. 06.12.1988 – VI ZR 132/88 (Düsseldorf); NJW 1989, S. 1539.

596 Husslein, Elektive Sectio versus vaginale Geburt – Ist das Ende der herkömmlichen Geburtshilfe erreicht?, in: Huch et al, Sectio caesarea, S. 111. Vgl. vor allem 3. Kapitel C. III., IV.

597 Vgl. 3. Kapitel B. III.

c) Einwilligungsfähigkeit

Es muss weiterhin die Einwilligungsfähigkeit der werdenden Mutter vorliegen[598]. Diese beruht auf der Einsichts- und Urteilsfähigkeit der Schwangeren, die sie befähigen müssen, nach ihrer geistigen und sittlichen Reife Bedeutung und Tragweite des geplanten Eingriffes und der damit verbundenen Risiken zu erkennen[599]. Fehlt sie, hat der Arzt, wenn Zeit dafür bleibt und kein gesetzlicher Vertreter vorhanden ist, einen Ergänzungspfleger oder Betreuer beim Vormundschaftsgericht bestellen zu lassen, der dann für den Patienten einwilligen kann; bei Minderjährigen wird die Einwilligungsfähigkeit im Hinblick auf Operationen die Ausnahme bilden, weshalb bei schwerwiegenden Eingriffen und in Zweifelsfällen daher immer auch die Eltern um ihre Einwilligung gefragt werden sollten – verweigern die Eltern missbräuchlich einen erforderlichen Eingriff, so muss sich der Arzt an das Vormundschaftsgericht wenden (§ 1666 BGB).

Dabei kommt es nicht auf die im Zivilrecht vorausgesetzte Geschäftsfähigkeit (§§ 104 ff. BGB) an, da die Einwilligung kein Rechtsgeschäft darstellt; ebenso ist eine analoge Anwendung der zivilrechtlichen Vorschriften abzulehnen, da hier nicht über vermögenswerte Güter, sondern über die körperliche Integrität und damit höchstpersönliche Güter disponiert wird[600]. Denn angesprochen ist hier die Einsichtsfähigkeit, welche die von vollem Wachbewusstsein und geistiger Gesundheit abhängige Möglichkeit (beeinflusst durch die Affektivität) bezeichnet, gegebene Sinnzusammenhänge richtig zu erfassen und logisch nach dieser Einsicht zu handeln[601]. Das setzt zunächst Urteilsfähigkeit voraus, welche z. B. bei geistig Behinderten und Minderjährigen fehlen kann. Sollten von dem Eingriff besondere Gefahren ausgehen, ist die Genehmigung des Vormundschaftsgerichtes beizubringen gemäß §§ 1904, 1905 BGB[602].

Um den Einblick in die Tragweite der Entscheidung zu ermöglichen, sollte, wie zuvor bereits dargestellt[603], eine ebenso umfassende wie realistische Aufklärung über Art und Durchführung sowie Ergebnis des Eingriffes erfolgen, was die möglichen Misserfolge und nochmals den deutlichen Hinweis des Fehlens jegli-

598 Ulsenheimer; Die elektive Sectio aus rechtlicher Sicht, http://www.nwggg.de/archiv/PDF/ulsenheimer.pdf, vom 27.11.2004; Dettmeyer; Medizin und Recht für Ärzte, Kapitel 2, S. 27.

599 BGH, Urt. v. 05.12.1958 – VI ZR 266/57 (Hamm), BGH Z 29, 33, 36; Laufs/Uhlenbruck, Handbuch des Arztrechts, S. 488, Rn. 9.

600 Lexikon der Bioethik, Einwilligung.

601 Pschyrembel, 259. Auflage, Einsichtsfähigkeit.

602 Bülow, Aufklärungs- und Behandlungsfehler bei der Sectio caesarea, S. 71; Lexikon der Bioethik, Einwilligung.

603 4. Kapitel C. II. 2. c).

cher medizinischer Indikation einschließt. An der Ernsthaftigkeit des Wunsches und der Wirksamkeit der Einwilligung dürfen zudem keinerlei Zweifel bestehen[604]. Der Arzt hat daher die Einwilligungsfähigkeit zu überprüfen. Dabei hat er die gesamten Gegebenheiten mit einzubeziehen: Das Alter der Patientin, ihre jeweilige physische und psychische Konstitution, Einfluss der Medikamentation, Einsichts-, Urteils- und Verständnisfähigkeit sowie ihre Herkunft und eventuell damit verbundene kulturelle Traditionen[605]. Die Beurteilung der Einwilligungsfähigkeit kann durchaus problematisch sein. Diese Probleme können einerseits in der psychischen Verfassung der werdenden Mutter, andererseits in Einflüssen auf sie von außen, begründet sein. Der behandelnde Arzt kann nicht selbstverständlich davon ausgehen, dass sie die schwierige Abwägung der entsprechenden Vor- und Nachteile für sich treffen kann und muss dies positiv feststellen.

d) Freiheit von Willensmängeln

Für die Rechtswirksamkeit der Einwilligung ist auch erforderlich, dass die Entscheidung in Freiheit gefällt wird. Die Einwilligung darf also insbesondere nicht auf Drohung, Täuschung oder Zwang beruhen[606]. Die Schwangere muss mithin ihre Einwilligung nach ausreichender Bedenkzeit freiwillig, unbeeinflusst von Dritten und im Zustand zweifelsfreier Einwilligungsfähigkeit erklärt haben.

An dieser Stelle ist durch den Arzt sicherzustellen, dass die Frau einen Kaiserschnitt also tatsächlich innerlich bejaht, d. h. ihren Wunsch nicht abhängig macht von ihrem Umfeld – seien es nun Ehemann oder Partner, ihre Eltern, oder z. B. Beeinflussung durch Bekannte und Freundinnen. Um die Freiwilligkeit des Wunsches nach einer Sectio beurteilen zu können, sollte der Arzt die Beweggründe dafür erfragen und diese einer Plausibilitäts- und Ernsthaftigkeitsprüfung unterziehen, um die Gefahr solcher sachfremder Motivation wie der schon angesprochene Einfluss Dritter auf die Entscheidung der Schwangeren, ausschließen zu können und zweifelsfrei feststellen, dass sie sich nicht durch psychischen oder gar physischen Druck für eine Entbindungsmethode entschieden hat[607].

Ebenso ist die Einwilligung unwirksam, wenn die Patientin über Umfang oder Ziel der ärztlichen Maßnahme vorsätzlich getäuscht wurde – bei anderen Irrtümern liegt Rechtsunwirksamkeit nur dann vor, wenn er gerade die Art und Weise

604 AGMEDR, Frauenarzt 42 (2001) Nr.11, S. 1311, 1314.

605 Ulsenheimer; Ausgreifende Arzthaftpflichtjudikatur und Defensivmedizin, S. 42.

606 Ulsenheimer; Die elektive Sectio aus rechtlicher Sicht, http://www.nwggg.de/archiv/PDF/ulsenheimer.pdf, vom 27.11.2004; Dettmeyer; Medizin und Recht für Ärzte, Kapitel 2, S. 27.

607 Ulsenheimer, Der Gynäkologe 12 (2000), S. 882, 885; Bülow, Aufklärungs- und Behandlungsfehler bei der Sectio caesarea, S. 79.

des Eingriffes und seine Konsequenzen umfasst, d. h. rechtsgutbezogen ist, was nicht der Fall ist bei einem Motivirrtum oder Irrtümern über wirtschaftliche Folgen des Eingriffes[608].

Unabhängig von der zu befürchtenden Rechtsunwirksamkeit aber sollte der Arzt nach der Aufklärung ausschließen können, dass die Schwangere noch irrigen Vorstellungen unterliegt und möglicherweise bei vollständiger Kenntnis aller Umstände und Risiken eine Schnittentbindung schlussendlich nicht gewünscht hätte[609].

e) Vorliegen der Einwilligung zum Zeitpunkt des Eingriffes

Es ist zu beachten, dass die Einwilligung solange frei widerrufbar ist, solange es das medizinische Vorgehen erlaubt[610]. Entsprechend ist vor dem Eingriff zu prüfen, ob die Einwilligung aktuell noch vorliegt. Problematisch sind Konstellationen, in welchen z. B. eine Urteilsunfähige oder Bewusstlose zunächst ihre Einwilligung im Zustand der Urteilsfähigkeit in die Operation eingewilligt hat. Hier ist wegen der Möglichkeit des Widerrufs von einer mutmaßlichen Einwilligung auszugehen[611].

---

608 Lexikon der Bioethik, Einwilligung.

609 Ulsenheimer, Operative Wunscheingriffe aus rechtlicher Sicht, in: Huch et al, Sectio caesarea, S. 127.

610 AGMEDR, Frauenarzt 42 (2001) Nr.11, S. 1311, 1314.

611 Jedoch kann es – sogar recht häufig – bei einer vaginalen Spontangeburt zu folgender Situation kommen: Unter der Einwirkung von Schmerzen, Angst und Erschöpfung sowie mit bestimmter Medikamentation kann es bei der schon kreißenden Frau zu einer Meinungsänderung sub partu(m) kommen dergestalt, dass sie sich nun eine Sectio wünscht. Ist in dieser Lage die Geburt schon zu weit vorgeschritten, als dass die Schwangere mittels sectio caesarea entbunden werden könnte, muss der Arzt folgerichtig die vaginale Entbindung fortsetzen; ist die Sachlage jene, dass eine Sectio durchführbar ist, der Arzt jedoch die vaginale Entbindung fortführt, haftet der Arzt möglicherweise für eintretende Schäden bei Mutter und Kind; sollte er dem Bitten der werdenden Mutter nachgeben und eine sekundäre Sectio zur Beendigung der Geburt anwenden, dann liegt hierfür keine ausreichende Aufklärung vor, weshalb sie nicht rechtswirksam eingewilligt hat, folglich bei Schädigungen der Arzt mit zivil- und strafrechtlichen Folgen rechnen muss; Berg, – Die geplante Geburt – Kaiserschnitt auf Wunsch; Protokoll Arbeitskreis Ärzte und Juristen – 23. und 24. März 2001 – S. 1 - 7, S. 4; http://www.uni-duesseldorf.de/WWW/AWMF/aej/aej01-1.htm, vom 27.11.2004.Letzterer Konflikt könnte entweder durch Erteilung einer Betreuungsvollmacht an den eventuell anwesenden Partner der Frau zu lösen sein, oder die Frau würde, wie in dieser Arbeit befürwortet, vor der Entbindung unabhängig von ihrem primären Entbindungswunsch ebenfalls umfassend über den Kaiserschnitt aufgeklärt; Vgl.: Zeitpunkt der Aufklärung, 4. Kapitel C. II. 2. c) cc), v. a.: *Exkurs: Meinungsänderung während der Geburt.*

f) Kenntnis des Arztes von und Handeln aufgrund der Einwilligung

Zudem muss die Einwilligung nach außen kundgetan werden[612]. Eine konkludente Einwilligung in diesen medizinisch nicht indizierten Eingriff kann es hier nicht geben: Die Schwangere muss gerade nach der Aufklärung alle Umstände abgewogen und dann ausdrücklich dem Eingriff zugestimmt haben, was konkludentes Handeln ausschließt. Die Schwangere muss die Einwilligung folglich dem Arzt bekannt gegeben haben. Denn zuletzt kommt eine rechtfertigende Einwilligung nämlich nur dann in Betracht, wenn der den Eingriff vornehmende Arzt von dieser Kenntnis hat und auch aufgrund dieser Einwilligung handelt[613]. Geht allerdings der Arzt unzutreffender Weise davon aus, er handele gegen den Willen der Patientin, macht er sich wegen untauglichen Versuches der Körperverletzung strafbar.

III. Dritte Voraussetzung: Die Durchführung lege artis

Die Pflichten des Gynäkologen allgemein sind neben der vollständigen Erhebung der Anamnese und Stellung der Diagnose die Durchführung der Therapie unter Beachtung des Selbstbestimmungsrechtes und eventuell die persönliche Leistungserbringung (§ 613 BGB) [614]. Des Weiteren müssen die behandelnden Ärzte sich an die Regeln der ärztlichen Kunst halten und den Stand der medizinischen Wissenschaft und Technik beachten. Dabei wurde der Begriff „Stand der Wissenschaft und Technik“ allerdings bereits durch den des „Standards“ abgelöst und bedeutet eine fortwährende Anpassung an Umstände und Gefahren und stellt mithin die im Rechtsverkehr erforderliche Sorgfalt dar[615].

An dieser Sorgfaltspflicht hat sich die grundsätzlich bestehende ärztliche Therapiefreiheit zu orientieren: Zwar kann der Arzt die Therapie wählen, die er im konkreten Fall für die beste hält, jedoch hat diese Wahl sachgerecht zu sein[616]. Anamnestische Indikatoren, die das Operationsrisiko erhöhen (z. B. Adipositas, Medikamenten- und Drogenmissbrauch, Allergien, Gerinnungsstörungen, Zustand nach Thrombose oder Embolie in Eigen- und Familienanamnese und nach Voroperation) müssen abgeklärt und weitgehend ausgeschlossen sein[617]. Hiervon ist der Fall zu unterscheiden, dass bei der Schwangeren wegen besonderer Um-

612 Dettmeyer; Medizin und Recht für Ärzte, Kapitel 2, S. 27.
613 Dettmeyer; Medizin und Recht für Ärzte, Kapitel 2, S. 27.
614 Entezami/Fenger, Gynäkologie und Recht, Kapitel 3, S. 53.
615 Entezami/Fenger, Gynäkologie und Recht, Kapitel 3, S. 53.
616 Entezami/Fenger, Gynäkologie und Recht, Kapitel 3, S. 54.
617 AGMEDR, Frauenarzt 42 (2001) Nr.11, S. 1311, 1314.

stände ein Entbindungsweg schon kontraindiziert ist. Es kann eine Wahl des Entbindungsweges also nur dann stattfinden, wenn die Schwangere und ihr Kind nach komplikationslosem Schwangerschaftsverlauf gesund sind und die Frau zudem „am Termin", das heißt, am natürlichen Entbindungstermin, berechnet nach dem wahrscheinlichen Empfängnisdatum, ist.

Der Arzt muss vor dem Geburtstermin[618] konkret das Vorliegen und die Überprüfung von Kriterien gewährleisten, aus denen sich die Geburtsreife des Kindes ergibt[619]. Die vorzeitige Entbindung stellt einen Behandlungsfehler dar, da fehlende Geburtsreife eine Kontraindikation zur Sectio ist. Die Tragzeit[620], mindestens abgeschlossene 37. Schwangerschaftswoche, muss gesichert sein und eine nicht behebbare Unsicherheit in diesem Punkt bedeutet Kontraindikation[621].

Ob der Kaiserschnitt nach der lex artis durchgeführt wurde, kann nicht ex post und vom Gesichtspunkt der eingetretenen Schadensfolgen her betrachtet werden, sondern ist ex ante nach der Situation und der erfahrenen Einschätzung dieser zum Zeitpunkt der Vornahme der konkreten Sectio zu beurteilen[622]. Dies ergibt sich insbesondere aus dem Erfordernis, dass gerade im Zeitpunkt des ärztlichen Eingriffes schon feststehen muss, ob dieser Eingriff zulässig ist[623].

D. Die ärztliche Haftung

Hat der Arzt nicht aufgrund von und in Kenntnis einer rechtswirksamen Einwilligung gehandelt oder hat er nicht lege artis gehandelt, dann macht sich der Arzt zum einen strafbar und zum anderen greift die zivil-, berufs- und standesrechtli-

618 Der Geburtstermin errechnet sich unter Zugrundelegung einer normalen Schwangerschaftsdauer, vgl. Fn. 736.

619 Kriterien der Geburtsreife eines Neugeborenen sind die sogenannten Reifezeichen des Neugeborenen: Die Körperlänge sollte beispielsweise mindestens 48 cm, das Körpergewicht mindestens 2500 g betragen, der Schulterumfang größer als der Kopfumfang sein, die relative Kopfhöhe 25 cm und der relative Brustumfang 33-35 cm betragen, subkutane Fettpolster müssen prall sein und die Farbe rosig sowie Kopfhaare mindestens 2 cm lang sein; Pschyrembel, 259. Auflage, Reifezeichen.

620 Die Schwangerschaftsdauer bezeichnet die Tragezeit; sie kann erstens post conceptionem berechnet werden: Dies ist dann die tatsächliche oder echte Schwangerschaftsdauer, die Zeit von der Konzeption (Empfängnis) bis zum Geburtstermin: 263-273 Tage (durchschnittlich 266 Tage = 38 Wochen = 9 1/ 2 Lunarmonate zu 28 Tagen); die zweite Berechnungsmöglichkeit ist jene post menstruationem: Die Zeit vom ersten Tag der letzten Regel bis zum Tag der Geburt, etwa 280 Tage (40 Wochen, 10 Lunarmonate); Pschyrembel, 259. Auflage, Schwangerschaftsdauer.

621 AGMEDR, Frauenarzt 42 (2001) Nr.11, S. 1311, 1314.

622 LK-Lilie, Vor § 223 Rn. 5.

623 Schönke/Schröder-Eser, § 223 Rn. 36.

che Arzthaftung ein. Arzthaftpflichtprozesse haben in den letzten Jahren erheblich zugenommen[624]. Betroffen sind vor allem die Chirurgie sowie die Gynäkologie und Geburtshilfe[625]. Gerade der Bereich der Geburtshilfe zählt zu den schadenträchtigsten der Medizin überhaupt, wobei die geburtshilfliche Komplikationsdichte für Mutter und Kind zusammen mit 20 Prozent – bei ca. 2 Prozent tatsächlich geburtsgeschädigten Kindern jährlich – angegeben, aber ein deutlicher Rückgang innerhalb der letzten Jahre verzeichnet wird (von 11,7 Prozent 1995 zu 7,8 Prozent im Jahr 2000) und dieser Rückgang sich in keinem Maße in den im Gegenteil zunehmenden Anspruchsmeldungen und Arzthaftungsverfahren widerspiegelt[626].

Es ist auffällig, dass sich immer dann im Bereich Geburtshilfe Haftpflichtfälle häufen, je niedriger die Sectiofrequenz und je höher die Rate vaginaler Entbindungen ist[627]. Dabei wurde eine geringe Rate von Sectiones lange Zeit als Qualitätskriterium der Geburtshilfe erachtet[628]. Folglich wurde die Geburtshilfe umso besser eingeschätzt, je niedriger der Anteil der Kaiserschnitte war. Deshalb führte man bis vor einigen Jahren Schnittentbindungen von vornherein nur bei sog. Ri-

---

624 Nach einzelnen Erhebungen von Orben beliefen sich die gegen Ärzte durchgeführten Ermittlungsverfahren in den Jahren 1995 und 1996 auf ca. 1500 pro Jahr in Deutschland. Orben, Rechtliche Verantwortung für Behandlungsfehler, S. 51. Allerdings schreibt Ulsenheimer schon 1992 in MedR 3 (1992) S. 127, 127, dass bei den Staatsanwaltschaften ca. 2.500 Ermittlungsverfahren pro Jahr eingeleitet werden, bei den Zivilgerichten ca. 2000 Klagen erhoben werden und bei Versicherungen jährlich 15.000 Arzthaftpflichtansprüche geltend gemacht werden. Diese Zahlen auch bei Martius (Hrsg., allerdings war hier Ulsenheimer Mitherausgeber), Rechtliche Probleme in Geburtshilfe und Gynäkologie, Einleitung S. XIII. Deutsch/Spickhoff sprechen sogar von einem sprunghaften Ansteigen der Zahl der Prozesse gegen Ärzte und vor allem der Erhebung von Ansprüchen gegen Mediziner und Krankenhäuser in den letzten 20 Jahren: So sei die Geltendmachung von Ansprüchen gegenüber Versicherungen schon in den 1970er Jahren um 55 Prozent angestiegen und der Schadensbedarf hätte von 1975 bis 1985 um 215 Prozent zugenommen; ebenfalls zugenommen haben auch die Zahl der Großschäden über 50.000,- €; Deutsch/Spickhoff, Medizinrecht, S. 84, Rn. 124.

625 Orben, Rechtliche Verantwortung für Behandlungsfehler, S. 64.

626 Bülow, Aufklärungs- und Behandlungsfehler bei der Sectio caesarea, S. 2. Bei den Zivilgerichten sei es zu einer nie da gewesenen Zunahme einschlägiger Revisionen gekommen und in der Literatur ist man auf ein Ansteigen der Haftpflichtansprüche gegen Ärzte aufmerksam geworden, Gutachter stehen einem enormen Zuwachs an Gutachtenaufträgen gegenüber und seit Mitte der 1970er Jahre kam es zu einem sprunghaften Anstieg der arztstrafrechtlichen Ermittlungsverfahren, Ulsenheimer, MedR 3 (1992) S. 127, 127.

627 Wachter; Frauenarzt 43 (2002) Nr.8, S. 902, 902.

628 Schmutzler/Herlyn-Elger/Rhiem/Bücker-Nott/Roemer; Frauenarzt 44 (2003) Nr. 6, S. 632, 632.

sikogeburten durch[629] – die vaginale Geburt war selbstverständlich und eine niedrige Sectiorate eine Art guter Visitenkarte jeder geburtshilflichen Einrichtung[630]. Auch in Deutschland sind daher die Hauptgründe für Schadensersatzforderungen in der Geburtshilfe nunmehr nicht oder nicht rechtzeitig durchgeführte Schnittentbindungen[631].

Es besteht also in Deutschland die paradoxe Situation, dass Säuglings- und Müttersterblichkeit sowie das Schadensrisiko insgesamt so niedrig sind wie nie zuvor, aber Schadensersatzprozesse sich häufen und die Schadensersatzforderungen in die Höhe schnellen. Dies kann zum einen daraus resultieren, dass der Tod oder die Schädigung eines Neugeborenen oder der Schwangeren derart selten sind, dass Eltern immer weniger bereit sind, schicksalhafte Verläufe anzuerkennen, worin sie auch von verschiedenen Interessengemeinschaften, z. B. Rechtsberatern bestärkt werden und womit die deutsche Geburtshilfe „Opfer" ihres eigenen Fortschritts wurde[632]. Patienten haben allgemein eine gesteigerte Erwartungshaltung entwickelt: Sie glauben an die Macht des medizinisch-technischen Fortschritts, die immer bessere Beherrschbarkeit ärztlicher Eingriffe, sehen sich darin vor allem durch die Medien vielfach unterstützt und gewichten damit die Übel, die dennoch übrig bleiben, immer höher und empfinden es als unerträglich, dass es keine Gesundheits- bzw. Heilungsgarantie oder eine hundertprozentige Vermeidbarkeit von Komplikationen gebe. Zum anderen ist dies auch der Tatsache geschuldet, dass viele Eltern mit – bei Vorliegen von Verschulden schließlich auch berechtigten – Schadensersatzforderungen die ihrige oder spätere Versorgung ihres Kindes zu sichern versuchen.

---

629 Bülow bezeichnet dies als „absurde(n) Wettlauf der geburtshilflichen Abteilungen deutscher Kliniken" welcher „zu einem durch nichts zu rechtfertigenden Gefahrenpotential für eine gesunde und normale Entwicklung der Neugeborenen geworden" sei, da „unter rechtlichen Gesichtspunkten die Entscheidung für die Durchführung einer Schnittentbindung in nur sehr seltenen Fällen einen Haftpflichtprozess nach sich ziehen wird, wohingegen eine zu späte Entscheidung zur Sectio eine der Hauptquellen geburtshilflicher Haftungsfälle darstellt."; Bülow, Aufklärungs- und Behandlungsfehler bei der Sectio caesarea, S. 31, 32.

630 Bopp, Kaiserschnitt auf Wunsch, S. 22, 23.

631 Zu schweren juristischen Auseinandersetzungen kann es dort kommen, wo der Arzt eine elektive Sectio ablehnt und es in der Folge bei der vaginalen Geburt zu Schädigungen des Kindes oder sonstigen Komplikationen kommt; dies kann schwerwiegende straf- und haftungsrechtliche Konsequenzen für den betreffenden behandelnden Arzt haben. Diese rechtlichen Folgen treten aber nach den allgemeinen straf- und arzthaftungsrechtlichen Kriterien erst dann ein, wenn dem Arzt Aufklärungs- oder Behandlungsfehler nachgewiesen werden können; Becker-Schwarze; Rechtliche Probleme bei einer sectio auf Wunsch?; Zentralblatt für Gynäkologie, 123 (2001), S. 111, 116.

632 Lexikon der Bioethik, Geburtshilfe.

I. Zivilrecht

Hier soll ein kurzer Überblick über die zivilrechtliche Arzthaftung gegeben werden, denn ärztliches Handeln bei der Sectio auf Wunsch kann nicht nur strafrechtliche, sondern vor allem auch zivilrechtliche Konsequenzen haben. Zudem gelten die Anforderungen ärztlicher Rechtfertigung auch in Prozessen vor dem Zivilgericht.

1. Haftungsgrundlagen

In zivilrechtlicher Sicht schuldet der Arzt der Gebärenden die Erfüllung des Behandlungsvertrages, welcher allgemein als Dienstvertrag gem. §§ 611 ff. BGB[633] eingestuft wird. Mithin schuldet er eine Leistung, die dem medizinischen Standard entsprechen muss, nicht aber einen Erfolg wie bei einem Werkvertrag[634]. Führt der Arzt die vertraglich geschuldete Behandlung nicht nach dem Stand und den Regeln der medizinischen Wissenschaft durch, können zivilrechtliche Folgen in Form von Schadensersatz (Behandlungskosten und Verdienstausfall), Unterhalt, Rente, Beerdigungskosten ebenso wie Schmerzensgeld eintreten. Haftungsgrundlagen sind dabei zum Ersten die vertragliche Haftung des Arztes sowie des Krankenhausträgers, wobei die Art seiner Haftung sich danach unterscheidet, welcher Art der Krankenhausaufnahmevertrag ist, gemäß der §§ 611 ff., 280 Absatz 1 BGB wenn Hauptpflichten betroffen sind bzw. §§ 241 Absatz 2, 280 Absatz 1 BGB soweit Nebenpflichten betroffen sind[635]. Zum Zweiten kann die deliktische Haftung aus unerlaubter Handlung gemäß § 823 Absatz 1 BGB in Betracht kommen, wenn der Arzt rechtswidrig und schuldhaft das Leben, die Gesundheit bzw. den Körper von Mutter und Leibesfrucht verletzt[636]. Schadensersatzpflichtig nach § 823 Absatz 2 BGB ist der Arzt, wenn er gegen andere Schutzgesetze verstößt. Dabei wird meist auf die Körperverletzungs- und Tötungsdelikte des StGB abgestellt, weshalb oft zuvor strafrechtliche Verfahren durchgeführt werden, mit der Patientin als Nebenklägerin[637].

---

633 Bürgerliches Gesetzbuch v. 18.08.1896 (RGBl. S. 195) in der ab 01.01.2002 geltenden Fassung, BGBl. I S. 42, ber. S. 2909 und BGBl. I 2003, S. 738, zuletzt geändert am 27.12.2003.

634 Wohingegen jedoch oftmals von der Patientin ein Erfolg vorausgesetzt wird, Entezami/Fenger, Gynäkologie und Recht, Kapitel 3, S. 53.

635 Bülow, Aufklärungs- und Behandlungsfehler bei der Sectio caesarea, S. 33, 36.

636 Martius, (Hrsg.) – Ulsenheimer, Rechtliche Probleme in Geburtshilfe und Gynäkologie, S. 5.

637 Heberer, Das ärztliche Berufs- und Standesrecht, S. 219.

2. *Haftungsvoraussetzungen*

Hauptgruppen ärztlicher Sorgfaltspflichtverstöße sind dabei Behandlungs- und Aufklärungsfehler. Hinzu treten können Kooperations-, Organisations- und Übernahmefehler.

a) Behandlungsfehler

Der Arzt begeht einen Behandlungsfehler[638], wenn er bei Diagnose, Therapie oder einer sonstigen medizinischen Maßnahme die nach dem Stand der medizinischen Wissenschaft und Erfahrung unter den jeweiligen Umständen objektiv gebotene und erforderliche Sorgfalt außer Acht lässt, d. h. diejenige Sorgfalt, die der Verkehr von einem ordentlichen, pflichtgetreuen Durchschnittsarzt des Faches in der konkreten Situation erwartet und sein Handeln daher unsachgemäß erscheint[639]. Die üblicherweise zu beachtende Sorgfalt reicht zum einen dann nicht aus, wenn sie den geforderten Standard nicht mehr erreicht[640]. Verfügt der Arzt andererseits über den zu verlangenden Standard hinaus über Spezialkenntnisse, so hat er diese auch einzusetzen[641]. Soweit allgemein anerkannte Regeln der medizinischen Wissenschaft gelten, hat der Arzt grundsätzlich danach zu handeln, denn Methodenfreiheit besteht nur innerhalb der Grenzen, dass die risikoärmste bzw. aussichtsreichste Behandlung gewählt werden muss[642]. Die Anwendung neuer Behandlungsmethoden verpflichtet zu gesteigerter Sorgfalt[643].

---

638 Vgl. statt vieler Ulsenheimer, Arztstrafrecht in der Praxis, S. 58 - 63; dieser klassifiziert den Behandlungsfehler in folgende typische Fallgruppen: 1.) Diagnosefehler, falsche Indikationsstellung, 2.) Kontroll- und Überwachungsfehler, 3.) Zurücklassen von Fremdkörpern im Operationsgebiet, 4.) Fehlende oder unzulängliche Voruntersuchung, 5.) Nichterhebung von Befunden, 6.) Falsche Wahl der Heilmethode, 7.) Therapeutische Beratungs- oder Hinweisfehler, 8.) Fehlerhafte Medikation, Unter- und Überdosierung, Arznei- oder Personenverwechselungen, 9.) Verstoß gegen Hygienebestimmungen, 10.) Nichterkennen von Komplikationen, 11.) Fehlerhafte Operations- bzw. Reanimationstechnik, 12.) Lagerungsfehler, 13.) Fehler beim Einsatz medizinisch-technischer Geräte, 14.) Fehlerhafte Vornahme von Injektionen, Infusionen und Transfusionen, 15.) Unterlassung unverzüglicher Krankenhauseinweisung, zu späte Hinzuziehung eines Facharztes, zu frühe Verlegung vom Aufwachraum auf die Normalstation in Verbindung mit einem Übernahmeverschulden.

639 Bülow, Aufklärungs- und Behandlungsfehler bei der Sectio caesarea, S. 37.

640 Deutsch/Spickhoff, Medizinrecht, S. 101, Rn. 144; S. 110, 111, Rn. 160; S. 113, Rn. 163.

641 Deutsch/Spickhoff, Medizinrecht, S. 101, Rn. 144.

642 Bülow, Aufklärungs- und Behandlungsfehler bei der Sectio caesarea, S. 37, 38.

643 Bülow, Aufklärungs- und Behandlungsfehler bei der Sectio caesarea, S. 37, 38.

Sind all diese Voraussetzungen beachtet, spricht dies für einen sachgemäßen und damit behandlungsfehlerfreien Eingriff.

Der Sorgfaltsmaßstab muss dabei aber immer auch im Zusammenhang mit der konkreten Situation betrachtet werden. Behandlungsfehlerhaft bei einer Sectio wären beispielsweise zurückgelassenes Operationsbesteck oder Tupfer im Operationsgebiet, fehlerhafte Griffe, Injektionen und Infusionen, fehlerhaftes Schneiden oder Vernähen[644] sowie keine linksseitige Lagerung zur Vermeidung des Vena-cava-inferior-Syndroms, zudem zu früher Abnabelung des Säuglings oberhalb der Plazenta, eine mangelhafte Voruntersuchung aufgrund derer Kontraindikationen zur Sectio nicht erkannt werden und möglicherweise die zu frühe Entlassung von Mutter und Kind aus der stationären Behandlung.

b) Aufklärungsfehler

Der Arzt hat sowohl aus dem Behandlungsvertrag als auch der Achtung des Selbstbestimmungsrechtes der Patientin die Pflicht zu ordnungsgemäßer Aufklärung des Patienten[645]. Die von der Schwangeren vorgetragene Behauptung, vom Arzt nicht ausreichend aufgeklärt worden zu sein, steht zunehmend neben oder anstelle eines Behandlungsfehlervorwurfs im Zentrum von Arzthaftpflichtprozessen[646]. Hat der Arzt die Schwangere nicht genügend aufgeklärt, ist die Einwilligung unwirksam und der ärztliche Eingriff nicht zu rechtfertigen und als Körperverletzung zu betrachten, weshalb der Frau dann Schadenersatz- und Schmerzensgeldansprüche zustehen.

Zu den insoweit von der Rechtsprechung bzgl. medizinisch nicht indizierter Eingriffe geforderten, an Deutlichkeit kaum zu überbietenden Anforderungen an die Aufklärung vor einer elektiven primären Sectio wurde bereits ausführlich

---

644 Z. B.: LG Dortmund, Urteil vom 12.10.1981: Während der operativen Entbindung hatte der behandelnde Arzt versehentlich den rechten Harnleiter teilweise mit vernäht; in: Martius (Hrsg.), Rechtliche Probleme in Geburtshilfe und Gynäkologie, S. 20/21. Keinen Behandlungsfehler bei einer Sectio allein aufgrund des Einrisses der Arteria uterina und dadurch bedingter Fruchtwasserembolie sah dagegen das OLG Stuttgart im Urteil vom 03.03.1988; in: Martius a. a. O., S. 23. Ein Fall der Schlichtungsstelle der norddeutschen Ärztekammern: Ureter-Ligatur bei Sectio caesarea, Schleswig-Holsteinisches Ärzteblatt 02/2001, S.51 - 53. OLG Oldenburg, Urteil vom 03.12.2002 Az.: 5 U 100/00: Klinikhaftung für Pflichtverstöße der Klinikleitung – hier Infektionsgefahr (Vorinstanz: LG Oldenburg – Az.: 8 O 2643/97).

645 Martius (Hrsg.) -Ulsenheimer, Rechtliche Probleme in Geburtshilfe und Gynäkologie, S. 44.

646 Martius (Hrsg.) -Ulsenheimer, Rechtliche Probleme in Geburtshilfe und Gynäkologie, S. 44.

Stellung genommen – insoweit sei hier darauf verwiesen[647]. Jegliches Abweichen von den Aufklärungsanforderungen, welches dazu führt, dass sich die Patientin kein klares Bild von möglichen Misserfolgen und die mit großer Häufigkeit auftretenden bzw. typischen Operationsfolgen machen konnte, begründet einen Aufklärungsfehler[648].

c) Kooperations-, Organisations- und Übernahmefehler

Ein Arzt handelt sorgfaltspflichtwidrig im Sinne eines Übernahmeverschuldens, wenn er eine Behandlung übernimmt, die seine Kompetenz überfordert, ihm die technische Ausstattung fehlt oder er wegen Fähigkeitsabfalls unzuverlässig wird[649]. Denn der Arzt schuldet höchste Sorgfalt nicht nur während des therapeutischen Eingriffs, sondern auch bei der Diagnose und stets beim Einsatz medizinisch-technischer Geräte. Sorgfaltsgemäßes Vorgehen ist vor allem auch bei Kooperationen sowie beim arbeitsteiligen Dienst zu beachten: Soweit es sich um die Zusammenarbeit gleichrangiger Ärzte handelt (horizontale Arbeitsteilung, z. B. zwischen Anästhesist und Chirurg) gilt der Vertrauensgrundsatz, wonach jeder Beteiligte darauf vertrauen darf, dass der Partner seine Aufgaben mit der gebotenen Sorgfalt erfüllt, solange nicht konkrete Umstände Anlass zu Zweifeln geben[650]. Bei der vertikalen Arbeitsteilung, die das hierarchische Prinzip der fachlichen Über- und Unterordnung prägt, gilt der Vertrauensgrundsatz nur eingeschränkt: Der leitende Arzt hat Überwachungs- und Weisungspflichten gegenüber seinen nachgeordneten ärztlichen und nichtärztlichen Mitarbeitern wahrzunehmen[651].

Die bei der Operation durchzuführenden Arbeitsgänge sind durch eine angemessene Organisation zu begleiten, die korrekte Dienstanweisungen und Nachprüfungen erarbeitet sowie geeignet ist, entsprechendes Personal und Material zur Verfügung zu stellen[652]. Und schließlich gehört zu den Sorgfaltspflichten des Arztes auch die berufliche Fortbildung.

d) Kausalzusammenhang

Wird dem Arzt ein Aufklärungs-, Behandlungs- oder Kooperationsfehler bzw. dem Krankenhausträger ein Organisationsfehler vorgeworfen, kommt es erst

647 4. Kapitel C. II. 2. a), b), vor allem c).
648 Martius (Hrsg.), Rechtliche Probleme in Geburtshilfe und Gynäkologie, S. 61, 62.
649 Deutsch/Spickhoff, Medizinrecht, S. 110, 111, Rn. 160.
650 Heberer, Das ärztliche Berufs- und Standesrecht, S. 235, 236.
651 Heberer, Das ärztliche Berufs- und Standesrecht, S. 237.
652 Deutsch/Spickhoff, Medizinrecht, S. 108, 109, Rn. 157.

dann zur zivilrechtlichen Haftung, wenn diese Fehler auch adäquat kausal für die eingetretenen gesundheitlichen Schäden sind[653].

e) Verschulden

Der Eintritt der Haftung von Arzt oder Krankenhausträger setzt ein Verschulden derer voraus. Das gilt sowohl für die vertragliche als auch die deliktische Haftung. Ein Verschulden liegt immer dann vor, wenn vorsätzliches fehlerhaftes Handeln vorliegt. Da allerdings in der medizinischen Praxis fast ausschließlich fahrlässiges Handeln vorliegt, ist hier in der Regel der Haftungsgrund eine unsachgemäße Behandlung, weil vom Standard der medizinischen Wissenschaft und Technik abgewichen[654], mithin nicht sorgfaltsgemäß gehandelt wurde.

aa) Mitverschulden

In der zivilrechtlichen Arzthaftung kann das Patientenverhalten als Mitverschulden gemäß § 254 BGB dazu führen, dass die Geschädigte nicht den vollen Schadensersatz geltend machen kann[655]. Denn jeder Patient hat die so genannte Obliegenheit, an Heilungsbemühungen des Arztes mitzuwirken und kann bei Nichtbefolgung dessen beispielsweise Behandlungsfehler nicht oder jedenfalls nicht vollumfänglich dem Arzt zur Last legen[656].

Die Fallgruppen des Mitverschuldens[657] sind zum Ersten Informations- und Hinweisobliegenheiten des Patienten, zum Zweiten Obliegenheiten bei verstärkter Einbindung des Patienten in die Therapiedurchführung, zum Dritten die Wahrnehmung vereinbarter Behandlungstermine und zum Vierten die Beachtung ärztlicher Hinweise und Empfehlungen.

Die Entscheidung einer Schwangeren, trotz möglicher vaginaler Spontangeburt bewusst eine Schnittentbindung vornehmen zu lassen und die damit erst die Weichen für die Situation stellt, in welcher es zum Schadensfall kommen kann, ist nicht unter diese Fallgruppen zu subsumieren. Denn die Frau hält sich an den

---

653 Martius (Hrsg.)-Ulsenheimer, Rechtliche Probleme in Geburtshilfe und Gynäkologie, S. 91. Nach dieser Adäquanztheorie ist ein fehlerhaftes Handeln dann schadensursächlich, wenn es nach allgemeiner Lebenserfahrung geeignet ist, die Schädigung herbeizuführen. Ulsenheimer, Zur zivil- und strafrechtlichen Verantwortlichkeit des Arztes unter besonderer Berücksichtigung der neueren Judikatur und ihrer Folgen für eine defensive Medizin, S. 127, 130.

654 Deutsch/Spickhoff, Medizinrecht, S. 100, 101, Rn. 144, S.113, Rn. 163.

655 Göben; Das Mitverschulden des Patienten im Arzthaftungsrecht, S. 49.

656 Deutsch/Spickhoff, Medizinrecht, S. 227, Rn. 348.

657 Göben, Das Mitverschulden des Patienten im Arzthaftungsrecht, S. 49 - 57.

vereinbarten Geburtstermin, hat im Regelfall dem Arzt alle wichtigen Informationen und Hinweise zukommen lassen und seine ärztlichen Hinweise und Empfehlungen beachtet. Zwar weiß sie auch um die Operationsrisiken, die mit einem Kaiserschnitt einhergehen können. Dieses spricht aber hier noch nicht gegen das Gebot der Schadensfernhaltungspflicht, da gerade auch die vaginale Spontangeburt mit Risiken für Frau und Kind verbunden ist. Schließlich wählen die meisten Schwangeren gerade aus ihrer guten Absicht, Schaden von ihrem Kind und von sich abzuwehren, die Schnittentbindung.

Zudem gibt es Grenzen des Mitverschuldens. Eine solche stellt die Höchstpersönlichkeit des Rechtsgutes der körperlichen Unversehrtheit dar, bei der den Patientinnen eine freie, eigene Entscheidung zu ermöglichen ist und die nicht durch eine Obliegenheit eingegrenzt werden darf[658]. Die Entscheidung über den Entbindungsweg ist für die Schwangere ein höchstpersönliches Ermessen, welches zudem eine Grenze für die Annahme eines Mitverschuldens setzt. Ein Mitverschulden nach den oben genannten Fallgruppen besteht in dieser Situation daher nicht.

bb) Handeln auf eigene Gefahr

Möglicherweise könnte aber ein Handeln der Patientin auf eigene Gefahr vorliegen, wenn die Patientin sich bewusst einer erkennbar gefährlichen Situation aussetzt, welche dann zum Schadenseintritt führt[659]. Die Schnittentbindung ist zwar eine gefährliche Situation, die die Schwangere bewusst gewählt hat. Das aber darf hier nicht zu der Annahme führen, dass beim Handeln auf eigene Gefahr die Schwangere ganz allein das gesamte Gefahrenrisiko trägt. Der Umstand, dass sich die Frau ohne medizinische Indikation der von ihr erkannten Gefahr aussetzt, macht dies zwar auch zu ihrer Gefahr, ist aber lediglich als Abwägungsgrund zu sehen, welcher zu einer Haftungsbegrenzung führt[660]. Mithin entfällt, nimmt man ein Handeln der Schwangeren auf eigene Gefahr an, nicht der objektive Tatbestand der Körperverletzung und damit der Haftungsgrund, sondern es

---

658 Deutsch/Spickhoff, Medizinrecht, S. 229, Rn. 349.

659 Gesetzlich ist der Begriff des Handelns auf eigene Gefahr weder definiert, noch sonst festgeschrieben, sondern wurde als Sonderfall der allgemeinen Schadensfernhaltungspflicht aus § 254 Absatz 1 BGB von der Rechtsprechung entwickelt, Göben, Das Mitverschulden des Patienten im Arzthaftungsrecht, S. 95.

660 Liegt ein Mitverschulden im Sinne einer verschuldeten Obliegenheitsverletzung der Patientin vor, kann dies bei der Kausalität zum einen und dem Verschulden zum anderen zum Tragen kommen, woraus als Konsequenz folgt, dass ein eventueller Ersatzanspruch herabzusetzen ist oder ganz entfällt, Deutsch/Spickhoff, Medizinrecht, S. 227, Rn. 348.

ist lediglich beim Prüfungspunkt der objektiven Zurechnung bei Begrenzung der Haftung des Arztes zu beachten[661].

Weiterhin kann in der bewussten Entscheidung für die elektive primäre Sectio ein sozialadäquates Verhalten erblickt werden, das sich zudem im Rahmen des erlaubten Risikos bewegt, da einerseits ebenso das Zulassen einer vaginalen Spontangeburt immense Schadensfolgen in sich birgt und andererseits die Wunschsectio gerade diese Schäden verhindern soll.

f) Beweislast

Bei einem Behandlungsfehlervorwurf muss die klagende Frau beweisen, dass ein Behandlungsfehler vorliegt und sie trägt auch die Beweislast dafür, dass ein ursächlicher Zusammenhang zwischen Behandlungsfehler und geltend gemachtem Schaden sowie das Verschulden des behandelnden Arztes besteht - hingegen trifft bei einem Aufklärungsfehlervorwurf den Arzt die volle Darlegungs- und Beweislast[662].

g) Haftungsumfang

Sowohl bei der vertraglichen als auch der deliktischen Haftung richten sich die Schadensersatz- und Schmerzensgeldansprüche, d. h. materieller und immaterieller Schadensersatz, nach den Grundsätzen der §§ 249 ff. BGB. Zu den ersetzbaren materiellen Schäden zählen unter anderen Behandlungskosten, Verdienstausfall, Medikamentenzuzahlungen, Mehraufwendungen und Pflegekosten sowie gemäß § 844 BGB Beerdigungskosten und Unterhalt für die Angehörigen bei einem Todesfall[663]. Nach § 253 Absatz 2 BGB kann sowohl aus vertraglicher als auch deliktischer Handlung Schmerzensgeld erlangt werden.

---

661 Teilweise wird angenommen, dass bereits die Einwilligung des Patienten in das ärztliche Handeln nicht nur rechtfertigend wirke, sondern zudem die Einwilligung in die mit dem Eingriff verbundenen Risiken sei, Göben, Das Mitverschulden des Patienten im Arzthaftungsrecht, S. 95 – was aber dazu führte, dass bei Verwirklichung dieser Risiken auf Schadensersatz verzichtet würde. Im Ergebnis käme es demnach nicht zu der im Vorhinein genannten Abwägung, sondern zur vollständigen Haftungsbefreiung. Dem kann nicht gefolgt werden: Auf Schadensersatz im Schadensfalle möchte selbst die in die Schnittentbindung einwilligende Schwangere nicht verzichten.

662 Martius (Hrsg.), Rechtliche Probleme in Geburtshilfe und Gynäkologie, S. 44, 92/93; Bülow, Aufklärungs- und Behandlungsfehler bei der Sectio caesarea, S. 81, 82.

663 Bülow, Aufklärungs- und Behandlungsfehler bei der Sectio caesarea, S. 59.

h) Verjährung

Die regelmäßige Verjährungsfrist von Ansprüchen einer Patientin beträgt, wie andere zivilrechtliche Ansprüche, gem. § 195 BGB 3 Jahre. Die Verjährungsfrist beginnt mit dem Schluss des Jahres, in dem sowohl der Anspruch entstand, als auch die Patientin von den ihren Anspruch begründenden Umständen und der Person des Schuldners Kenntnis erlangt oder aber Kenntnis ohne grobe Fahrlässigkeit hätte erlangen müssen, § 199 Absatz 1 BGB. Schadensersatzansprüche jedoch, die auf der Verletzung des Lebens und des Körpers sowie der Gesundheit beruhen, verjähren gemäß § 199 Absatz 2 BGB in 30 Jahren von der Begehung der Verletzungshandlung an.

II. Strafrecht

Die strafrechtlichen Konsequenzen sind allerdings die von der Ärzteschaft nicht zuletzt aufgrund der enormen psychischen Belastung forensischer Verfolgung und Ermittlung am meisten gefürchteten Folgen. Für diese Berufsgruppe gelten die allgemeinen strafrechtlichen Vorschriften des StGB – ein Sonderstrafrecht für Ärzte, wie seit langem gefordert, gibt es nicht[664]. Strafrechtliche Ermittlungen knüpfen mit den Körperverletzungstatbeständen, §§ 223 ff. StGB zum Ersten natürlich an Behandlungsfehler an. Zum Zweiten kann eine Haftung durch Aufklärungspflichtverletzung eintreten. Im Zunehmen begriffen ist zudem die strafrechtliche Verfolgung von Abrechnungsbetrug, § 263 StGB. Daneben kommen weiterhin strafrechtlich zu ahndende Verstöße gegen die Schweigepflicht, § 203 StGB, oder den Datenschutz, nach BDSG sowie entsprechende Landesdatenschutzgesetze, in Betracht. Die Folgen strafrechtlicher Arzthaftung bei fehlender Rechtfertigung bzw. Entschuldigung sind die in den jeweiligen Normen vorgesehenen Freiheits- oder Geldstrafen. Ferner kann ebenfalls ein Berufsverbot nach § 70 StGB ausgesprochen werden.

1. Mögliche Straftatbestände

In erster Linie betreffen die Deliktsvorwürfe bei Vorliegen einer Fehlbehandlung während der Schnittentbindung die Körperverletzungs- und Tötungstatbestände des StGB. Bei den Körperverletzungsdelikten kann dies im Einzelnen die einfa-

---

664 Laufs/Uhlenbruck-Ulsenheimer, Handbuch des Arztrechts, § 138 Rn. 10 - 11a; RE des 6. StRG, §§ 229-E (Eigenmächtige Heilbehandlung), 230-E (Fehlerhafte Heilbehandlung) StGB, BT-Drucksache 13/8587.

che Körperverletzung gemäß § 223 Absatz 1 StGB sein. In der Hauptzahl der Fälle ist allerdings die Prüfung des Vorwurfs einer fahrlässigen Körperverletzung nach § 229 StGB einschlägig[665], da in der Regel bei ärztlichem Handeln eine vorsätzliche Körper- und Gesundheitsverletzung nicht vorkommt[666]. Ausnahmen können darin bestehen, dass beispielsweise aus allein finanziellen Gründen nicht indizierte Operationen durchgeführt oder möglicherweise Suchtmittelabhängigen Suchtmittel ohne Grund verschrieben werden[667]. Dies gilt jedoch nicht für den hier besprochenen Fall der Sectio auf Wunsch. Da in dieser Arbeit davon ausgegangen wird, dass es in medizinischer Hinsicht aufgrund der vielen Argumente für die Durchführung einer Schnittentbindung nicht auf eine Indikation ankommt[668], kann das Fehlen einer medizinischen Indikation bei der Wunschsectio hier nicht zum Verletzungsvorsatz im Sinne des § 223 Absatz 1 StGB führen. Weiterhin wird eine solche Schnittentbindung nie allein aus finanziellen Gründen durchgeführt, sondern gerade um Schutz vor Folge- und Spätschäden für Mutter und Kind zu ereichen bzw. der Erfüllung des Selbstbestimmungsrechtes der Mutter zu dienen. Daher ist auch bei Auftreten von z. B. Behandlungsfehlern in dem Fall einer elektiven Sectio in der Regel eine fahrlässige Körperverletzung zu prüfen.

Einschlägig bei einem ärztlichen Heileingriff kann § 226 StGB sein, wenn dieser medizinische Eingriff – so jedenfalls nach der bereits dargestellten Ansicht der ständigen Rechtsprechung – vorsätzlich, rechtswidrig und nicht durch eine Einwilligung der Patientin gerechtfertigt ist[669]. Da die Wunschsectio keinen Heileingriff darstellt, kann bei Vorliegen der entsprechenden Tatbestandsmerkmale und sonstigen Strafbarkeitsvoraussetzungen der Rechtswidrigkeit und Schuld im konkreten Einzelfall § 226 StGB zu prüfen sein. Allerdings muss dann eine vorsätzlich begangene Körperverletzung zugrunde liegen, die eine wenigstens fahrlässig verursachte schwere Folge nach sich zog, wobei sich die dem Grunddelikt innewohnende spezifische Gefährlichkeit in der schweren Folge verwirklichte und diese auch voraussehbar herbeiführte[670].

665 Zwar werden Verfahren gegen Ärzte wegen verschiedener Körperverletzungsvorwürfe geführt, jedoch sind diese tatsächlich nur hinsichtlich des Vorwurfes der fahrlässigen Körperverletzung zu begutachten und insofern als nicht sachgerecht registriert einzuschätzen; Orben, Rechtliche Verantwortung für Behandlungsfehler, S. 59.

666 Deutsch/Spickhoff, Medizinrecht, S. 240, Rn. 366; Ulsenheimer, Arztstrafrecht in der Praxis, S. 244.

667 Deutsch/Spickhoff, Medizinrecht, S. 240, Rn. 366. Mit weiteren Beispielen Ulsenheimer, Arztstrafrecht in der Praxis, S. 244 f.

668 Vgl. 3. Kapitel C. IV.

669 Tröndle/Fischer, § 226 Rn. 16.

670 Ulsenheimer, Arztstrafrecht in der Praxis, S. 247.

Allerdings bleibt für den Vorwurf der gefährlichen Körperverletzung gemäß § 224 Absatz 1 Nr. 2 StGB kein Raum, denn gemeinhin werden von einem Arzt geführte und bestimmungsgemäß eingesetzte Skalpelle, Extraktionszangen, Injektionsspritzen und ähnliches Material nicht als gefährliche Werkzeuge eingestuft[671]. Der BGH knüpft dabei an die bestimmungsgemäße Benutzung ärztlicher Instrumente an und führt dazu aus: „Nach dem Sinn des Gesetzes soll die erhöhte Strafbarkeit in diesen Fällen deshalb an den Gebrauch einer Waffe oder eines Gegenstandes geknüpft sein, der einer Waffe vergleichbar ist. Um einen solchen Gegenstand handelt es sich aber nur, wenn ihn der Täter bei einem Angriff oder im Kampf zu Angriffs- oder Verteidigungszwecken benutzt.“[672]. Diese Voraussetzungen hat der BGH für das Skalpell des Chirurgen verneint. „[...] dass der [Arzt] sie im vorliegenden Fall nicht zu einem Heileingriff benutzt hat, macht aus ihrem Einsatz noch keine Verwendung zu Angriffs- oder Kampfzwecken“[673]. Daher scheidet § 224 Absatz 1 Nr. 2 StGB aus.

Bei einem Todeseintritt wird Vorsatz ebenfalls nur im Ausnahmefall anzunehmen sein, daher ist in der Regel die fahrlässige Tötung gemäß § 222 StGB zu prüfen. Im Einzelfall muss allerdings abgegrenzt werden zur Körperverletzung mit Todesfolge nach § 227 StGB, die eine vorsätzliche Körperverletzung voraussetzt.

Eine allgemeine Hilfspflicht ergibt sich zudem – wie für jedermann – auch für Ärzte aus dem § 323c StGB bei unterlassener Hilfeleistung[674].

Neben der körperlichen Unversehrtheit und dem Leben steht auch das Selbstbestimmungsrecht der Patientin unter Schutz[675]. Der Eingriff in die körperliche Unversehrtheit ist sowohl nach Ansicht der Literatur als auch der Rechtsprechung – da hier bei der Wunschsectio kein ärztlicher Heileingriff vorliegt – nur durch eine rechtswirksame Einwilligung nach umfassender und ordnungsgemäßer Aufklärung zu rechtfertigen. Daher werden Aufklärungsfehler in der Weise wie Behandlungsfehler strafrechtlich verfolgt.

---

671 Neuefeind, Arzthaftungsrecht, S. 122. Allerdings weist hier Lilie in LK-Lilie, § 224 Rn. 24, auf die Widersprüchlichkeit der BGH-Rechtsprechung hin: Denn das vom BGH angeführte Argument, dass ärztliche Instrumente zur Heilung und deshalb nicht als gefährliches Werkzeug eingesetzt würden, ist genau das Argument, was zuvor nach Lilies Ansicht schon zum Ausschluss einer tatbestandsmäßigen Körperverletzung hätte führen müssen. Lilie stimmt am a.a.O. der BGH-Argumentation nur dann im Ergebnis zu, wenn eine nicht (voll-)approbierte Person den Eingriff vornimmt, da in diesem Falle eine erhöhte Gefährlichkeit vorliege.

672 BGH Urt. v. 22.02.1978 – 2 StR 372/77, (sog. „Zahnextraktionsfall“); NJW 1978, S. 1206.

673 BGH Urt. v. 22.02.1978 – 2 StR 372/77; NJW 1978, S. 1206.

674 Ulsenheimer, Arztstrafrecht in der Praxis, S. 253.

675 Deutsch/Spickhoff, Medizinrecht, S. 241, Rn. 366.

Nach § 203 StGB schließlich wird auch die unbefugte Verletzung von Privatgeheimnissen bzw. Verstöße gegen Datenschutzgesetze nach dem BDSG bzw. den LandesDSG strafrechtlich verfolgt. Dass eine Sectio auf Wunsch der Patientin stattgefunden hat, ist den Versicherungen und/oder dem Sozialleistungsträger zu melden, aber dies kollidiert möglicherweise mit der Schweigepflicht des Arztes. Nach § 100 SGB X besteht eine Auskunftspflicht bzw. –recht gegenüber Sozialleistungsträgern; gemäß § 284 SGB V dürfen Krankenkassen zudem nach den dort geregelten Voraussetzungen personenbezogene bzw. –beziehbare Daten erheben und erfassen[676]. Bei gesetzlich krankenversicherten Patientinnen kann der Arzt in der Regel annehmen, dass hier die Schwangere mit der Weitergabe der Tatsachen, die die Leistungspflicht der Krankenversicherung betreffen, einverstanden ist, jedoch nicht mit darüber hinausgehenden Informationen wie kompletten ärztlichen Aufzeichnungen oder Entlassungsberichten – hierzu sind Einzeleinverständnisse der werdenden Mutter notwendig[677]. Solche sind auch bei Anfragen durch private Krankenversicherungen und Betriebskrankenkassen (also bei allen nicht gesetzlichen Krankenversicherern) nötig sowie bei privaten Unfall- und Lebensversicherungen, Arbeitgebern und ebenso bei Behörden[678].

Seit Mitte der 1980er Jahre gibt es zudem immer mehr Verfahren gegen Ärzte, welche einen **Abrechnungsbetrug, § 263 StGB**, zum Gegenstand haben[679]. Meist geht es um Honorarmanipulationen von Kassenärzten (Leistungsabrechnungen von Chefärzten, Missbrauch von Abrechnungsbefugnissen), wo es zwar schnell zu Ermittlungsverfahren, aber bis jetzt nur zu wenigen Verurteilungen kam[680]. Gegenüber den Krankenkassen finden aber immer mehr Abrechnungsbetrügereien statt, die gerade die hier vorliegende Situation betreffen: Die Abrech-

676 Entezami/Fenger, Gynäkologie und Recht, Kapitel 5, S. 98, 99.

677 Entezami/Fenger, Gynäkologie und Recht, Kapitel 5, S. 81.

678 Entezami/Fenger, Gynäkologie und Recht, Kapitel 5, S. 81, 82.

679 Ulsenheimer, Arztstrafrecht in der Praxis, S. 440; BGH, Beschluss vom 28.09.1994 – 4 StR 280/94, NStZ 1995, 85, 86; LG Wuppertal, Beschluss vom 12.04.1991 – 26 Qs 3/91, NJW 1992, 770 ff.; BGH, Urteil vom 13.11.1997 – 4 StR 404/97, BGH St 43, 301 (303), NStZ 1998, 471; BGH, Urteil vom 24.08.1994 – 3 StR 204/94, NStZ 1994, 585, 586 = wistra 1994, 22 ff.; OLG Koblenz, Beschluss vom 02.03.2000 – 2 Ws 92 – 94/00, 2 Ws 92/00, 2 Ws 93/00, 2 Ws 94/00, MedR 2001, 144 ff. In einem Fernsehbeitrag vom 05.07.2005 des ARD-Magazins „Plusminus" wurde von einem Massenphänomen des Abrechnungsbetruges gesprochen. In diesem Beitrag äußerte Hildegard Becker-Toussaint von der Generalstaatsanwaltschaft Hessen, dass dort seit 2003 etwa 2.400 Verfahren gegen Ärzte wegen des Verdachts des Abrechnungsbetruges eingeleitet und 1.300 abgeschlossen wurden – zumeist abgeschlossen gegen Zahlung von Geldbußen. http://www.daserste.de/plusminus/beitrag_dyn~uid, 91w4tmk4zvx2f18y~ cm.asp, Quelle vom 26.07.2005.

680 Entezami/Fenger, Gynäkologie und Recht, Kapitel 11, S. 204.

nung medizinisch nicht indizierter Eingriffe[681]. Das widerspricht der Verpflichtung des Arztes, sachlich richtig und vollständig abzurechnen[682]. Damit spiegelt er wahrheitswidrig falsche Tatsachen vor und führt bei dem sachbearbeitendem Mitarbeiter der betroffenen Krankenversicherung zu einem entsprechenden Irrtum[683]. Dadurch wiederum wird den Krankenversicherungsträgern eine zu hohe Rechnung ausgestellt, welche sie irrtumsbedingt zur Auszahlung, mithin einer Vermögensverfügung, veranlasst. Dies führt, da dieser medizinisch nicht indizierte Eingriff nicht durch die Krankenkasse hätte bezahlt werden müssen, zum Vermögensschaden bei dieser. Das gilt sowohl bei gesetzlichen als auch privaten Krankenversicherungen.

Die weiteren Strafbarkeitsvoraussetzungen sollen lediglich anhand der Körperverletzungsdelikte dargestellt werden.

2. Kausalität

Im Strafrecht kommt es nur dann zu einer Haftung des Arztes bzw. des Krankenhausträgers, wenn dessen fehlerhaftes, d. h. sorgfaltspflichtwidriges, Verhalten ursächlich für die eingetretenen gesundheitlichen Schäden ist[684]. Die Kausalität des Sorgfaltspflichtverstoßes für diese Schäden liegt dann vor, wenn bei Beachtung und Einhaltung der Sorgfaltspflicht die körperliche Misshandlung bzw. Gesundheitsbeschädigung oder Tötung mit an Sicherheit grenzender Wahrscheinlichkeit nicht eingetreten wäre[685]. Neben der auch bei den Vorsatzdelikten vorauszusetzenden Kausalität muss bei den Fährlässigkeitsdelikten, welche fast ausschließlich das strafrechtliche Arzthaftungsrecht ausmachen, zusätzlich der Pflichtwidrigkeitszusammenhang (d. h. sorgfaltspflichtwidriges Handeln des Arztes) und der Schutzzweckzusammenhang (d. h. die jeweilige Norm sollte auch gerade das verletzte Rechtsgut schützen) sowie die Vorhersehbarkeit des Erfolgseintritts und des wesentlichen Kausalverlaufes gegeben sein[686].

---

681 Ulsenheimer, Arztstrafrecht in der Praxis, S. 441.

682 Entezami/Fenger, Gynäkologie und Recht, Kapitel 11, S. 205.

683 Werden allerdings Abrechnungen automatisiert allein von Computern geprüft, fehlt es an einer Irrtumserregung. Daher kommt dann eine Strafbarkeit gemäß § 263a StGB in Betracht.

684 Ulsenheimer, Zur zivil- und strafrechtlichen Verantwortlichkeit des Arztes unter besonderer Berücksichtigung der neueren Judikatur und ihrer Folgen für eine defensive Medizin, MedR 1992, S. 127, 130.

685 BGH, Beschl. v. 12.10.1987 – 2 StR 494/87, MDR 1988, 100.

686 Ulsenheimer, Arztstrafrecht in der Praxis, S. 16.

3. Rechtfertigung

An dieser Stelle erfolgt lediglich ein allgemeiner Überblick, da die entscheidenden rechtlichen Voraussetzungen zulässigen ärztlichen Handelns bei elektiven primären Sectiones bereits in diesem Kapitel unter C. I. - III. umfassend dargestellt wurden.

a) Allgemein

Da es sich nach der Rechtsprechung bei ärztlichen Heileingriffen um Körperverletzungen handelt, ist abweichend vom Schrifttum der Tatbestand einer Körperverletzung bei Durchführung einer Schnittentbindung erfüllt[687]. Die Rechtswidrigkeit dieses Handelns wird durch die Tatbestandsverwirklichung indiziert. Gerechtfertigt ist der behandelnde Arzt nach Rechtsprechungsansicht jedoch bei Eingreifen eines Rechtfertigungsgrundes, insbesondere des der Einwilligung[688]. Hier kommt die rechtswirksame Einwilligung der Patientin in einen nicht sittenwidrigen Eingriff nach umfassender Aufklärung und der Durchführung des Eingriffes lege artis in Betracht[689]. Entfällt hierdurch die Rechtswidrigkeit der grundsätzlich strafbaren Handlung, hat sich der behandelnde Arzt nicht strafbar gemacht.

b) Richtlinien, Leitlinien, Empfehlungen, Memoranden

Fraglich ist, ob es für den behandelnden Arzt rechtfertigend wirkt, wenn er sich an Maßgaben wie Richt- und Leitlinien, Empfehlungen sowie Memoranden orientiert. Denn die Sorgfaltspflicht, die ein Arzt während seiner Eingriffe einzuhalten hat, richtet sich nach dem medizinischen Standard, der den jeweils erforderlichen und erprobten Stand der naturwissenschaftlichen Erkenntnis und ärztlichen Erfahrung wiedergibt und sich in solchen Leit- und Richtlinien niedergeschrieben finden lässt [690].

Die Richtlinien, Leitlinien, Empfehlungen und Memoranden des Wissenschaftlichen Beirates der Bundesärztekammer geben die offizielle Haltung der deutschen Ärzteschaft zu bestimmten Themen wieder[691]. Sie sind weder gesetz-

---

687 Vgl. zum Streitstand 4. Kapitel A.

688 BGH, Urt. v. 22.01.1953 – 4 StR 373/52 (Dortmund), BGH St 4, S. 88, 90, 92; BGH, Urt. v. 13.12.1963 – 4 StR 379/63 (Dortmund), BGH St 19, S. 201, 204; BGH, Urt. v. 19.11.1997 – 3 StR 27/97 (Düsseldorf), BGH St 43, S. 306.

689 BGH Urt. v. 22.02.1978 – 2 StR 372/77; NJW 1978, S. 1206.

690 Heberer, Das ärztliche Berufs- und Standesrecht, S. 284, 285.

691 Heberer, Das ärztliche Berufs- und Standesrecht, S. 283.

lich normiert noch definiert. Richtlinien sind meist von Institutionen wie der Bundesärztekammer herausgegebene Regeln von Handeln und Unterlassen, die dem einzelnen Arzt geringes Ermessen belassen und deren Nichtbeachtung Sanktionen nach sich ziehen kann[692]. Demgegenüber sind Leitlinien von medizinischen Fachgesellschaften herausgegebene Entscheidungshilfen mit Ermessensspielräumen und „Handlungskorridoren" für das ärztliche Vorgehen bei speziellen therapeutischen und diagnostischen Problemen[693]. Memoranden sollen die Ärzte informieren und über praxisrelevante therapeutische und diagnostische Inhalte sowie den aktuellen Stand dieser Inhalte aufklären[694]. Empfehlungen bzw. Stellungnahmen haben die Funktion, einen Arzt auf änderungsbedürftige Sachverhalte aufmerksam zu machen und belassen ihm wie beim Memorandum große Ermessensspielräume[695].

Die DGGG hat 2001 Leitlinien und eine „Stellungnahme zu absoluten und relativen Indikationen zur Sectio caesarea und zur Frage der so genannten Sectio auf Wunsch" veröffentlicht[696]. Diese sind möglicherweise bei der Frage nach den rechtlichen Voraussetzungen einer Sectio auf Wunsch heranzuziehen. Dann müsste ihnen rechtliche Geltung und Verbindlichkeit zukommen. Allerdings sind die verschiedenen medizinischen und/oder ärztlichen Fachgesellschaften bzw. deren Zusammenschlüsse von rein privatrechtlicher Natur, weshalb eine Rechtsnormqualität ihrer Leitlinien im Sinne des Art. 2 EGBGB nicht durch staatlich abgeleitete Macht und auch nicht durch die den Selbstverwaltungskörperschaften innewohnende originäre Macht zu begründen ist[697]. Zudem wird von den Fachgesellschaften selbst betont, dass von ihnen eine Verbindlichkeit der Leitlinien gar nicht gewollt ist[698]. Folglich können das Vorliegen von Leit- und Richtlinien und das daran orientierte Handeln der Ärzte danach nicht rechtfertigend wirken.

4. Schuld

Zusätzlich neben dem Vorliegen von Schuldfähigkeit und dem Fehlen von Entschuldigungsgründen, was die Voraussetzungen für die Strafbarkeit bei Vorsatztaten sind, müssen bei den im Arztstrafrecht überwiegenden Fahrlässigkeitsdelikten auf der Schuldebene Erkennbarkeit und Erfüllbarkeit der objektiven Sorgfaltspflicht – darin eingeschlossen die Zumutbarkeit pflichtgemäßen Verhaltens

692 Entezami/Fenger, Gynäkologie und Recht, Kapitel 3, S. 58.
693 Entezami/Fenger, Gynäkologie und Recht, Kapitel 3, S. 58.
694 Heberer, Das ärztliche Berufs- und Standesrecht, S. 290.
695 Heberer, Das ärztliche Berufs- und Standesrecht, S. 290.
696 AGMEDR, Frauenarzt 42 (2001) Nr.11, S. 1311 - 1317.
697 Nowak; Leitlinien in der Medizin, S. 51.
698 Nowak; Leitlinien in der Medizin, S. 51.

und die Vermeidbarkeit der objektiven Sorgfaltspflichtverletzung – sowie die subjektive Voraussehbarkeit des Erfolges und des Kausalverlaufes in wesentlichen Grundzügen gegeben sein[699]. Ist das Handeln des einen ärztlichen Heileingriff vornehmenden Arztes nicht gerechtfertigt, z. B. weder durch ausdrückliche noch mutmaßliche Einwilligung, und liegen die oben genannten Voraussetzungen zur Schuld vor, hat der Arzt sich strafbar gemacht.

III. Berufs- und Standesrecht

Es ist auch eine berufsrechtliche Frage, ob der behandelnde Arzt dem Wunsch der Schwangeren nach einer Schnittentbindung nachkommen muss oder ob er das Recht hat, diesen Eingriff, wenn er nicht indiziert ist, abzulehnen. Grundsätzlich hat ein Arzt das Recht, selbst zu entscheiden, wen er behandeln will und wen nicht und dieser Grundsatz ist nur im Rahmen seiner allgemeinen Hilfeleistungspflicht bei Notfällen aufgehoben[700]. Beschränkungen ergeben sich aus dem Vertragsrecht: So kann es bei Kassenvertragsärzten Einschränkungen geben, aber ein Ablehnungsrecht wird zumindest auch dort bejaht, wo medizinisch nicht indizierte Eingriffe gewünscht werden[701]. Standeswidriges Handeln kann dem Arzt bei Vornahme einer elektiven Sectio dann nicht vorgeworfen werden, wenn er der umfassenderen Aufklärungspflicht vollumfänglich nachgekommen ist, sichergestellt hat, dass die werdende Mutter ausschließlich aufgrund (innerlich) freiwilligen, mangelfreien und verantwortlichen Entschlusses den Wunsch nach einer Sectio traf. Dann handelt er im Einklang mit § 1 Absatz 2 MBO[702], nämlich um Leben zu erhalten, die Gesundheit zu schützen und wiederherzustellen sowie Leiden zu lindern.

Bei Verstößen gegen die Berufsordnung, die die Kammerversammlungen der Landesärztekammern rechtlich verbindlich für alle Kammermitglieder nach den entsprechenden Landesgesetzen beschließen, kann es zur Ahndung vor dem zu-

---

699 Ulsenheimer, Arztstrafrecht in der Praxis, S. 16, 17.

700 Becker-Schwarze; Rechtliche Probleme bei einer sectio auf Wunsch?; Zentralblatt für Gynäkologie, 123 (2001), S. 111, 116.

701 Becker-Schwarze; Rechtliche Probleme bei einer sectio auf Wunsch?; Zentralblatt für Gynäkologie, 123 (2001), S. 111, 116. Fälle für die Ablehnung der Behandlungsübernahme werden angenommen bei dem Begehren von fachlich nicht gebotenen Wunschbehandlungen sowie bei riskanten und nicht vitalindizierten Eingriffen – Aufstellung bei Laufs/Uhlenbruck § 41, Rn. 5.

702 Musterberufsordnung für die deutschen Ärztinnen und Ärzte – MBO-Ä 1997 – in der Fassung der Beschlüsse des 100. Deutschen Ärztetages in Eisenach, Dt. Ärzteblatt 1997, C-1772 ff.

ständigen Heilberufsgericht kommen[703]. Die dabei abzuurteilenden Fälle können beispielsweise Behandlungsfehler und Abrechnungsbetrug sein. Mögliche Sanktionen sind Warnung, Verweis, Entziehung des passiven Berufswahlrechtes, Geldbußen und die Feststellung, dass der Beschuldigte unwürdig ist, seinen Beruf auszuüben[704].

Schließlich kann ein nicht zu rechtfertigendes ärztliches Handeln auch arbeitsrechtliche Folgen haben wie Abmahnung oder gar Kündigung, beispielsweise geregelt in §§ 3 II, 2 I Nr. 2 KrPflG[705]. Zudem kann es zu Sanktionen gemäß ÄAppO[706] bzw. BÄO[707] führen wie einer Rücknahme der Approbation oder Widerruf der Approbation bzw. Ruhen der Approbation. Ein Berufsverbot gemäß § 70 StGB kann ausschließlich durch ein ordentliches Gericht ausgesprochen und verhängt werden.

IV. Sozialrecht und Krankenversicherungsrecht

Sonstige rechtliche Konsequenzen drohen aus den Bereichen des Sozialrechts und Krankenversicherungsrechts, da hier Fragen der Kostenübernahme durch Versicherungsträger, das Wirtschaftlichkeitsgebot und möglicher Abrechnungsbetrug betroffen sind. Hierauf soll nicht näher eingegangen werden.

E. Zusammenfassung

Eine Körperverletzung ist jeder, auch zu diagnostischen oder therapeutischen Zwecken erfolgte Eingriff in die körperliche Integrität des lebenden Menschen. Danach ist – zumindest nach ständiger Rechtsprechung und einer steigenden Anzahl von Stimmen in der Rechtsliteratur – der ärztliche Heileingriff tatbestandlich eine Köperverletzung gemäß § 223 Absatz 1 StGB. Damit muss zur Rechtfertigung in grundsätzlich jeden operativen, pharmakologischen oder sonstigen ärztlichen Eingriff rechtswirksam durch den Patienten einwilligt werden.

Aufgrund der weiten Auslegung des Begriffes „Heileingriff" durch Rechtsprechung und Schrifttum in verschiedenen medizinischen Fachgebieten, müssen

703 Dettmeyer, Medizin & Recht für Ärzte, S. 426, 427.
704 Dettmeyer, Medizin & Recht für Ärzte, S. 428.
705 Krankenpflegegesetz vom 16.07.2003, BGBl. I S. 1442.
706 Approbationsordnung für Ärzte vom 16.05.1987, BGBl. I S. 1218, zuletzt geändert am 27.06.2002, BGBl. I S. 2405.
707 Bundesärzteordnung vom 02.10.1961, BGBl. I S. S. 1857, zuletzt geändert am 26.07.2004, BGBl. I S. 1776.

die zur Unterstützung bzw. Durchführung der Entbindung angewendeten ärztlichen Maßnahmen in der Geburtshilfe auch Heileingriffe darstellen. Eben wegen dieser weiten Auslegung des „Heileingriffes“ muss einem solchen ärztlichen Eingriff nicht einmal mehr eine Krankheit im eigentlichen Sinne zugrunde liegen[708] – weshalb es hier nicht darauf ankommt, ob für geburtshilfliche Heileingriffe die Schwangerschaft als Krankheit einzustufen ist.

Die elektive primäre Sectio ist hingegen kein Heileingriff, da sie nicht medizinisch indiziert und daher subjektiv vom Arzt nicht zu Heilzwecken durchgeführt wird. Folglich liegt bei der Wunschsectio sowohl nach ständiger Rechtsprechung als auch juristischem Schrifttum eine tatbestandliche Körperverletzung vor, deren Beurteilung sich daher an den allgemeinen rechtlichen Voraussetzungen der Rechtfertigung von Körperverletzungsdelikten und zulässigen ärztlichen Handelns zu orientieren hat. Die rechtlichen Voraussetzungen medizinisch nicht indizierter Schnittentbindungen sind, da denknotwendig die Voraussetzung der medizinischen Indikationserstellung entfällt, die rechtswirksam abgegebene und nicht widerrufene Einwilligung nach umfassender, besonders intensiver Aufklärung in einen nicht sittenwidrigen ärztlichen Eingriff sowie die Durchführung nach den Regeln und dem Stand der medizinischen Wissenschaft, d. h. lege artis.

Die Selbstbestimmung der Patientin, mithin ihr persönlicher Wille bzgl. des bevorzugten Entbindungsmodus, muss dabei beachtet werden. Der Schwangeren ist für ihre Einwilligung aber während der Aufklärung ebenso deutlich vor Augen zu halten, dass die Sectio eine (klinische) Operation mit allen – auch unangenehmen und eventuell pathologischen – Nebenwirkungen darstellt und sie hier nicht medizinisch indiziert ist. Gerade bei einer elektiven Sectio gilt der Grundsatz, dass die Aufklärung umso intensiver zu sein hat, je weniger notwendig der Eingriff ist und je größer die möglichen Risiken sind. Aus dieser mangelnden Indikation kann jedoch nicht gefolgert werden, dass Sittenwidrigkeit vorläge. Die zwar nicht indizierte, aber nach umfassender Aufklärung und Einwilligung sowie lege artis durchgeführte elektive Sectio ist nicht sittenwidrig.

Ein Arzt, der nach diesen Konzessionen sowie unter Beachtung aller Sorgfaltspflichten eine von der Frau gewünschte Schnittentbindung bei ihr vornimmt, ist auch gerechtfertigt und macht sich mithin nicht strafbar. Eben diese Anforderungen an die strafrechtliche Rechtfertigung des Arztes sind ebenso entscheidend bei der zivilrechtlichen Arzthaftung und dem Berufs- und Standesrecht.

Kommt es bei der Durchführung des Kaiserschnittes jedoch aufgrund sorgfaltspflichtwidrigen Handelns zu Behandlungs- oder Aufklärungsfehlern, haften Arzt und Krankenhausträger vertraglich und/oder deliktisch im Zivilrecht, strafrechtlich, nach Berufs- und Standesrecht sowie arbeits-, sozial- und krankenver-

708 Hiersche, Die rechtliche Position der Hebamme bei der Geburt, S. 147.

sicherungsrechtlich, soweit die übrigen Voraussetzungen des jeweiligen betroffenen Tatbestandes, vor allem auch in subjektiver Hinsicht sowie hinsichtlich Rechtswidrigkeit und Schuld, vorliegen.

5. Kapitel: Die Sectio auf Wunsch unter ethischen Gesichtspunkten

Die neuen Entwicklungen in der klinisch-operativen Geburtshilfe berühren jedoch zunehmend einen ethisch sensiblen Bereich. Nachdem dargestellt werden konnte, dass die medizinisch nicht indizierte Sectio auf Wunsch medizinisch zu begründen und bei Einhaltung der dargestellten Voraussetzungen rechtlich zu rechtfertigen ist, soll das Thema aus einem ethischen Blickwinkel heraus betrachtet werden. Das betrifft vor allem die Frage der Verantwortung der Frau gegenüber ihrem Körper und ihrer eigenen Gesundheit gegenüber der Verantwortung für ihr Kind – aber es betrifft auch die an der Geburt beteiligten Berufsgruppen. Insgesamt ist die Problemstellung einer Ethik in der Medizin ein viel diskutierter, kaum klar zu umreißender Punkt. Geht es allerdings darum, ob das medizinisch Mögliche auf Wunsch durchgeführt werden soll, wenn es doch nicht das medizinisch indizierte Notwendige ist und dadurch die Gesundheit zweier Individuen von der Entscheidung nur eines Individuums davon abhängt, sollten die getroffenen Entscheidungen auch ethischen Überprüfungen standhalten können.

Während die reflektierende Ethik nach Begründungen fragt, soll hier mittels einer deskriptiven Ethik in beschreibender Form nach Zusammenhängen, Ableitungen und Bezügen gefragt werden[709]. Dazu gehört vor allem die Darstellung der verschiedenen Interessengruppen mit ihren Meinungen und den zugrunde liegenden Wert- und Moralvorstellungen.

709 Zur deskriptiven Ethik: Riha, Ethik in der Medizin, S. 10, 11. Für die Diskussion im Einzelfall ist dabei zunächst die Kenntnis der Argumente der verschiedenen Interessengruppen erforderlich. Tritt eine klinische Konfliktsituation ein – hier die Entscheidung über die Durchführung einer Wunschsectio – und soll diese ethisch sozusagen gelöst werden, müssen im Vorfeld der Entscheidungsfindung Informationen zusammengetragen werden. Aus der konkreten Handlungsanforderung heraus sind dann ethische Normen zu entwickeln, was die so genannte Situationsethik darstellt. In einem weiteren Schritt müssen die Handlungsalternativen präzise benannt werden. Um eine echte Auswahlmöglichkeit dafür zu haben, wie gehandelt werden soll, ist es notwendig, dass überhaupt Alternativen bestehen. Das ist nicht der Fall, wenn bestimmte Indikationen vorliegen. Die Diskussion der Alternativen stellt dann die eigentliche Ethik in der Medizin dar, die nicht in ein starres Normengefüge eingebunden werden kann und auf die es keine allgemeingültige oder konkrete Antwort gibt, weshalb in jedem Falle zunächst ergebnisoffen zu diskutieren ist.

A. Die verschiedenen Interessen und damit verbundene Probleme

An erster Stelle sind die **Interessen der Frauen** und ihrer Kinder zu betrachten. Werdende Mütter möchten für ihre Gesundheit, aber in der Regel mehr noch im Interesse der Gesundheit ihrer Kinder „das Richtige“ tun. Über die Art und Weise, wie dies zu erreichen ist, herrscht keineswegs Einigkeit: Kann auf der einen Seite der Trend hin zum Kaiserschnitt festgestellt werden, nehmen auf der anderen Seite Nachfragen nach Hausgeburten und individuellen alternativen Geburtsmethoden – wenn auch in geringerem Maße – zu. Das wichtigste und zugleich heutzutage problematischste Argument ist, dass die Vaginalgeburt von der Natur – sowohl was den Geburtsweg als auch was den Geburtschmerz anbelangt – so vorgesehen wurde. Zudem stehen weite Teile der Bevölkerung der zunehmenden Medikalisierung skeptisch oder sogar ablehnend oder ängstlich gegenüber. Vor allem in der Reproduktionsmedizin und Geburtshilfe werden einerseits noch Natürlichkeit und Urerleben erwartet, andererseits wird dies unter dem Blickwinkel des heutigen Lebens- und Medizinstandards betrachtet, auf den meist auch nicht verzichtet werden soll.

Befürworterinnen einer Wunschsectio möchten selbstverantwortlich gerade die neuen Möglichkeiten der Medizin und eventuelle daraus entstehende Sicherheiten nutzen, folgen oft aber auch einer Zweckethik, denn jeder sollte in seinem Interesse handeln dürfen[710]. Allgemein bekanntes Motto ist hier: „Mein Bauch gehört mir“. Dieser durchaus egoistische Ansatz – denn ein eventuelles Interesse des Kindes bleibt dabei völlig außer Acht – ist jedoch selten, meist setzen sich die Frauen intensiv mit der Sectio auseinander und kommen nach eigener Abwägung zu einer Art Verantwortungsethik, in der vor allem die Gesundheit des Kindes ausschlaggebendes Argument ist.

Gegnerinnen sehen hingegen in der Sectio nur einen weiteren Schritt der Technisierung der Geburt und Medikalisierung der Medizin[711], welche die bereits durch Technik von Anfang an beeinflusste Zeugung und Schwangerschaft vorbereitet haben: In-Vitro-Fertilisation, Präimplantationsdiagnostik und Schwangerenvorsorgeuntersuchungen werden hier ebenso genannt wie Schwangerschaftsabbrüche.

Auch die **Ärzteschaft** zeigt sich gespalten: **Einerseits** gibt es diejenigen, welche die Sectio bereits als den zukünftig bevorzugten Geburtsmodus sehen[712]. Es sei die zielstrebigste, einfachste und für alle Beteiligten in Summe risikoärms-

710 Riha, Ethik in der Medizin, S. 19.

711 Rux; Ist der Kaiserschnitt die Geburtsmethode des 21. Jahrhunderts? http://www.geburtskanal.de/Wissen/G/GeburtAufBestellung.shtml vom 27.11.2004.

712 Ludwig, Gibt es ein ethisches Dilemma um die Wunschsectio? In Huch et al, Sectio caesarea, S. 122.

te Art, eine Entbindung durchzuführen[713]. Sie machen dies an den Vorteilen der Sectio fest im Vergleich zu den Nachteilen der Vaginalgeburt, sich annähernden Mortalitätsraten beider Geburtsmodi, Selbstbestimmung der Frau und nicht zuletzt evolutions- und demographiebedingten Veränderungen des Geburtsablaufes[714]. Ebenfalls argumentiert wird, dass ein geplanter Kaiserschnitt sowohl für die Ärzte als auch für die Kliniken viele Vorteile hat[715]. Hierin könnten die größten Interessen von Ärzten und Krankenhausträgern liegen: Die Operationen finden zu normalen Dienstzeiten statt, der Personalbedarf ist strukturier- und planbar sowie für die Kliniken möglicherweise langfristig kostengünstiger. Andererseits argumentiert man hier, dass an althergebrachten, nicht mehr zeitgemäßen und möglicherweise gefährlicheren, haftungsträchtigen Handlungsweisen nicht aus nostalgischen Gründen festgehalten werden darf[716].

Ein Großteil der Geburtsmediziner sieht dieser Entwicklung zwar kritisch entgegen, tritt aber dafür ein, dass der behandelnde Arzt und die Schwangere eine jeweils individuelle Entscheidung über den Geburtsmodus treffen sollten, wobei sowohl die Risiken beider Geburtsmodi als auch psychosoziale Faktoren mit einzubeziehen sind. Viele dieser Mediziner verwehren sich dagegen, ausschließlich von einem Modephänomen zu sprechen, da hinter den mehr als 150.000 in Deutschland durchgeführten Sectiones sowohl medizinische als auch psychologische Überlegungen stehen.

Andererseits aber gibt es auch hier diejenigen, die fordern, dass ein Kaiserschnitt immer nur bei Vorliegen einer Indikation durchgeführt werden dürfe[717]. Argumentationsansatz ist hier, dass die Sectio weiterhin als ein risikobehafteter, operativer Eingriff anzusehen ist, der nur zur Abwehr auftretender Probleme streng indiziert vorgenommen werden darf und sogar als Zeichen des Versagens der Geburtshilfe bezeichnet wird[718]. Diese Auffassung wird vor allem von Vertretern einer Gesinnungsethik vertreten, deren Argumentation auf dem Hippokratischen Eid[719] aufbaut[720].

---

713 Husslein, Elektive Sectio versus vaginale Geburt – Ist das Ende der herkömmlichen Geburtshilfe erreicht?, in: Huch et al, Sectio caesarea, S. 107.

714 Steer, Caesarean section, an evolving procedure; In Huch et al, Sectio caesarea, S. 12.

715 Bopp, Kaiserschnitt auf Wunsch, S. 31.

716 Husslein, Elektive Sectio versus vaginale Geburt – Ist das Ende der herkömmlichen Geburtshilfe erreicht?, in: Huch et al, Sectio caesarea, S. 107.

717 Wachter; Frauenarzt 43 (2002) Nr.8, S. 902, 902.

718 Husslein, Elektive Sectio versus vaginale Geburt – Ist das Ende der herkömmlichen Geburtshilfe erreicht?, in: Huch et al, Sectio caesarea, S. 107.

719 Hippokratischer Eid: Schwurformel nach Hippokrates, die in Abwandlungen auch heute noch für Ärzte gültig ist; Pschyrembel, 259. Auflage, Hippokratischer Eid; vgl. Anhang I.

Eine Gesinnungs- und Werteethik in völliger Einigkeit hingegen vertreten die regionalen, bundesweiten und internationalen **Hebammen bzw. Entbindungspfleger und deren Verbände**. Nach Ansicht der Internationalen Förderation der Gynäkologen und Geburtshelfer (FIGO), sei eine Schnittentbindung, welche mit gesundheitlichen Risiken sowohl für Mutter als auch Kind verbunden sei und die Allgemeinheit mit höheren Kosten als bei der natürlichen, vaginalen Geburt belaste, nur aus medizinischen Gründen ethisch zu rechtfertigen[721]. Ohne Indikation tritt daher keine „ethische Rechtfertigung" ein. Daher wird auch von der WHO (Weltgesundheitsorganisation) die Hebamme als dle eigentliche Fachfrau und Ansprechperson in der Betreuung von Schwangerschaft, Entbindung und Wochenbett gesehen; dabei hält die WHO zudem eine Kaiserschnittrate von nur 10 Prozent für angemessen[722]. Der Internationale Hebammenverband (ICM) hält ebenfalls den weltweiten Anstieg der Sectiorate für alarmierend und vertritt geradeso die Anschauung, dass die Sectio ein allein lebensrettender Eingriff sein müsse und daher nur aus vernünftigen klinischen Gründen, d. h., wenn ein vaginale Geburt als eindeutig weniger sicher zu beurteilen ist, anzuwenden sei[723].

Diese Verbände und Hebammen an sich sprechen gesetzten Werten wie der Betrachtung der Geburt als natürlichem, biologischen Vorgang und der alten Schule der Geburtshilfe Priorität zu und stellen sich gegen Wunschsectio genauso wie präventive Sectio – diese seien nur lukrativ und kompensierten schwindendes geburtshilfliches Können[724]. So sind die Hebammenverbände der Ansicht, dass Ärzte allzu lässig mit dem Kaiserschnitt umgehen und werfen daher den Geburtshelfern in Kliniken vor, wegen ihrer mangelhaften Beherrschung der Techniken (z.B. einer äußeren Wendung bei Beckenendlage) die Fehllagerung des Kindes noch vor seiner Geburt zu beheben, wobei ihren Beobachtungen nach die Schnittentbindung eine schlechte Alternative zur natürlichen Geburt sei, denn viele Frauen würden unter dem Verlust ihres Selbstwertgefühls leiden, da die Erfahrung ein Kind auf natürlichem Wege zu gebären von großer Bedeutung sei –

720 Riha, Ethik in der Medizin, S. 19.

721 http://www.geburtskanal.de/Wissen/Hebammen/Ethik.php vom 27.11.2004.

722 Empfehlungen der World Health Organization (WHO); http://www.geburtskanal.de/Wissen/G/Geburt_WHO. php vom 27.11.2004.

723 Carreras; „...Dem Messer überlassen?" – Betrachtungen zur aktuellen Situation der Geburtshilfe in Deutschland, http://www.bfhd.de./dem_messer_ueberlassen.pdf vom 29.11.2004.

724 Schnabel, MZ 06.04.2004, S. 28; Carreras; „...Dem Messer überlassen?" – Betrachtungen zur aktuellen Situation der Geburtshilfe in Deutschland, http://www.bfhd.de./dem_messer_ueberlassen.pdf vom 29.11.2004; Bund Deutscher Hebammen e.V., http://www.bdh.de; http:/kinderkrankenpflege-netz.de/aktuell/wunschkaiserschnitt.shtml.

ohne dieses Erlebnis fühle sich manche Frau noch nach Jahren nach der Geburt nicht als echte Frau und gute Mutter[725].

In der Sache kann diesen Argumenten mit einer neutralen Darstellung der Vor- und Nachteile der unterschiedlichen Entbindungswege begegnet werden[726]. Jedoch stehen hinter der von Geburtshelfern und Hebammenverbänden massiv propagierten Sichtweise auch enorme Eigeninteressen. Denn mit der Etablierung der klinischen Geburtshilfe und insbesondere dem Ansteigen der Schnittentbindungsraten, müssen die Hebammen um ihr Betätigungsfeld fürchten. Wie bereits dargestellt, dürfen Kaiserschnitte von dieser Berufsgruppe nicht durchgeführt werden[727]. Steigen nun die Sectioraten an, nehmen umgekehrt proportional dazu die Geburten, die unter Leitung von Hebammen durchgeführt werden, ab. Schon bemühen sich Hebammen – vor allem Selbstständige – darum, neue Finanzquellen zu erschließen. So bieten viele neu eröffnete Geburtshäuser umfassende Betreuungsprogramme für werdende Mütter, Mütter mit ihrem Neugeborenen und sogar deren Partner an, die weit über die herkömmliche Geburtshilfe und Schwangerenbetreuung hinausgehen[728]. Zunehmend offensiv werden Alternativen zur klinischen Geburtshilfe beworben; eigens herausgegebene Bücher, Zeitschriften, Informations- bzw. Werbebroschüren bei Gynäkologen und in Arztpraxen sowie ein breit angelegter Internetauftritt zeugen von immensem Selbstvertrauen und einer starken Interessenvertretung[729].

Problematisch ist dabei die extrem einseitige Information und absolut medizintechnikfeindliche Darstellung sowie das Auftreten mit dem Schein des sanften, alternativen und natürlichen. Zwar ist es richtig, dass sich z. B. in diesen Geburtshäusern individueller um Frau und Kind gekümmert werden kann, als im hektischen Klinikalltag. Doch was verschwiegen wird: Schmerzbekämpfung in der Art von Anästhesien gibt es nicht, was vielen Frauen so nicht klar ist. Kommt es dann zu Problemen während der Geburt, sind Hebammen nicht handlungsbefugt und auch ihnen bleibt dann letztendlich nur der Weg mit der Gebärenden zu

725 Bopp, Kaiserschnitt auf Wunsch, S. 43 ff.

726 3. Kapitel C III.

727 2. Kapitel A., vor allem Fn. 15.

728 Beispiele: Kontakt- und Beratungsstelle des Geburtshauses für eine selbstbestimmte Geburt e. V., Gardes-du-Corps-Straße 4, 1000 Berlin 19; in Halle/Saale z. B.: Zehn Monde (Hebammenpraxis – Geburtshaus – Elternschule), Reichardtstraße 22; Geburtshaus im IRIS-Regenbogenzentrum, Schleiermacherstraße 39.

729 Beispiele: X. Hebammenkongress 17. bis 19 Mai 2004 in Karlsruhe, geladen hatte der Bund Deutscher Hebammen e. V. (BDH), http://www.bdh.de; Qualitätssicherung in der außerklinischen Geburtshilfe e. V., http://www.quag.de; zum Internetauftritt mit umfangreichem Material und großen Linklisten: http://www.geburts kanal.de; http://www.zeitung.hebammen.at; http://www.hebammen-forum.de vom 27.11.2004.

einer Klinik, wo sie dann meist operativ entbunden werden muss. Das Beharren auf dem Versuch, bis zuletzt eine vaginale Entbindung herbeizuführen und schließlich der Transport einer Kreißenden mit Geburtsstillstand erst in eine Klinik, wo dann in der Regel eine Notsectio in kürzester Zeit erfolgt, ist oftmals eine zusätzliche Gefahrschaffung. Nicht ohne Grund entstehen daher diese „alternativen“ Geburtshäuser in der Nähe von „klassisch – konservativen“ Kliniken und Notfallkrankenhäusern, die die dann notwendigen Infrastrukturen zur Verfügung stellen und deshalb in teilweise verärgerter Konkurrenz zu den selbstständigen Hebammen stehen.

So wird denn auch von vielen Ärzten darauf aufmerksam gemacht, dass weniger durch sie, sondern überwiegend durch den Druck kritischer Mitglieder der Hebammenverbände sowie Frauen- und Laiengruppen die Liberalisierung in der Geburtsmedizin vorangetrieben wurde[730]. Deren herausragende Forderung war die nach mehr Mitbestimmungsrechten, weshalb die derzeitige Entwicklung mit steigenden Schnittentbindungsraten durch den Zugewinn an Selbstbestimmung der Patientinnen bezüglich der Wahl des Entbindungsweges gekennzeichnet ist[731]. Machen die Frauen also von den für sie geschaffenen Freiheiten Gebrauch und wenden sich nunmehr den Ärzten mit dem Wunsch nach Sectiones und nicht den Hebammen zu, so werden die einzelnen Geburtshelfer und Hebammen sowie deren Verbände von der von ihnen mit angeregten Entwicklung überrollt.

Die Akzeptanz des Willens der Frauen hinsichtlich der Geburt ist eine begrüßenswerte Entwicklung. Allerdings darf nicht vergessen werden, dass die Entscheidungen und Verhaltensweisen der Geburtshelfer sowie der Wandel in der Geburtshilfe nicht nur von den Ergebnissen aus der Wissenschaft und durch die Wünsche der Frauen gesteuert, sondern vor allem mitbestimmt wird von den Möglichkeiten der Geburtshelfer, d. h. dass sich zuletzt auch nur das durchsetzen kann, was flächendeckend finanzierbar und politisch durchsetzbar ist[732]. Damit spielen auch **Krankenversicherungen** und die **Gesundheitspolitik** eine große Rolle. Weigern sich beispielsweise Krankenversicherungsträger, bestimmte Leistungen zu bezahlen, oder werden bei Reformbestrebungen in der Gesundheitspolitik Leistungen aus dem Leistungskatalog der gesetzlichen Krankenversicherungsträger gestrichen, begrenzen sie dadurch Angebot und Nachfrage dieser Leistungen. Im Mittelpunkt des Interesses der Vertreter von Gesundheitspolitik und den Krankenversicherungsträgern stehen vor allem die finanziellen Möglichkeiten dieses solidarisch organisierten Systems.

730 Krause; Frauenarzt 43 (2002) Nr.5, S. 572, 572.
731 Krause; Frauenarzt 43 (2002) Nr.5, S. 572, 572.
732 Vetter; Frauenarzt 44 (2003) Nr. 6, S. 630, 630.

Abschließend steht am Ende dieses Interessenvergleiches die Erkenntnis, dass die verschiedenen Beteiligten von ihrem jeweiligen Standpunkt aus zwar beachtenswerte und zum Teil bewährte Standpunkte vertreten, die nach neuen Erkenntnissen der Wissenschaft heute aber nicht mehr als selbstverständlich gelten oder gar pauschal angenommen werden können. Insoweit sehen sich alle Beteiligten neuen Entwicklungen in der Geburtsmedizin ausgesetzt, die vor allem hinsichtlich der verstärkten Beachtung des Selbstbestimmungsrechtes der Schwangeren, vor allem hinsichtlich des Schutzes ihrer eigenen und der Gesundheit des Kindes richtig und daher begrüßenswert ist. Diese neue Entwicklung führt jedoch auch zu neuen Auseinandersetzungen, welche um die möglicherweise mit höherer Medizinalisierung und dem Verschwinden der alten Kunst der Hebammen und Geburtshelfer auf der einen und finanziellen sowie gesundheitspolitischen Beschränkungen auf der anderen Seite einhergehende Umbildung der Geburtshilfe kreisen.

B. Die ärztliche Verantwortung

Zu der Problematik, dass sich verschiedene widerstreitende Interessengruppen gegenüberstehen, tritt die ärztliche Verantwortung hinzu, die werdende Mutter hinsichtlich der bevorstehenden Entbindung objektiv-neutral zu beraten. Betrachtet man die Aufklärungspflicht nach ethischen Gesichtspunkten, so steht sie im Spannungsfeld zwischen der Fürsorgepflicht des Arztes zur Förderung des Patientenwohls und dem Recht des Patienten auf Selbstverantwortung[733]. Durch die zunehmende Beachtung des Selbstbestimmungsrechtes des Patienten kam es auch auf ethischer und moralischer Ebene zu einem Wandel des Arzt-Patienten-Verhältnisses. Paternalistische Verhaltensweisen der Ärzte gegenüber dem Patienten sind nicht mehr selbstverständlich, sondern Informationswünsche des Patienten müssen nun befriedigt werden. Traditionell hatten sich die Ärzte auf ihre Fachkompetenz berufen, um primär selbst zu entscheiden und damit den Patienten zu bevormunden – heute gilt dagegen das Prinzip der Patientenautonomie, wonach die Einschränkung der Entscheidungskompetenz des Patienten unzulässig ist[734].

Die Akzeptanz des Willens der Frauen hinsichtlich der Geburt ist eine zutreffende Entwicklung. Allerdings konfrontiert dies die Geburtshelfer und -mediziner zunehmend mit der persönlichen Situation einer Schwangeren und mithin nichtmedizinischen Argumenten, die die beteiligten Mediziner dem ansteigenden

733 Lexikon der Bioethik, Aufklärungspflicht.
734 Lexikon der Bioethik, Autonomie.

Druck persönlicher Annahmen, trendigen Strömungen und möglicherweise risikobehafteteren Eingriffen aussetzt[735]. Der Arzt an sich hat jedoch auch und gerade eine ethische und moralische Verantwortung gegenüber den werdenden Müttern, weshalb Ärzte und Wissenschaftler nicht plötzlich ihre Grundlagen des Handelns allein zu Gunsten bestimmter Modeströmungen verlassen dürfen[736]. Ein ethischer Konflikt kann zumindest immer dann gelöst werden, wenn ein Indikationskatalog vorliegt, nach dessen Kriterien eine Sectio indiziert ist. Zudem konnte im vorangegangenen Kapitel gezeigt werden, dass eine Wunschsectio nicht allein aufgrund einer derzeitigen Mode durchgeführt wird, sondern dem Wunsch der werdenden Mutter danach beachtenswerte Argumente zugrunde liegen.

Liegt jedoch keine irgendwie geartete Indikation vor, wie dies bei der Wunschsectio der Fall ist, und sieht sich der behandelnde Arzt – womöglich aufgrund seiner persönlichen Einstellung – in einem ethischen Konflikt, darf er eine dennoch von der Schwangeren gewünschte Schnittentbindung ablehnen. Angesprochen ist hier zwar ein berufsrechtlicher Aspekt – das „Ablehnungsrecht" des Arztes – welches jedoch in ethischer Hinsicht bedeutsam wird: Glaubt der Arzt nämlich, sein Berufsethos, insbesondere den Hippokratischen Eid, zu verletzen, kann er seiner persönlichen ethischen Auffassung folgend den Eingriff ablehnen. Er kann nicht dazu gezwungen werden, den Eingriff gegen seine Überzeugung durchzuführen[737]. Es liegt folglich nicht nur eine berufsrechtliche Frage vor.

Mit der Zunahme der Bedeutung des Patientenwillens müssen sich Ärzte umstellen und daran gewöhnen, dass die Bedeutung des Zieles der Behandlung nicht mehr von ihnen allein eingeschätzt und bewertet werden kann, da diese Bewertung nicht objektiv, sondern in hohem Maße subjektiv ist[738]. Die Schwangere fällt eine individuelle Entscheidung, und damit sie das kann, braucht sie solide Kenntnisse und das Verständnis der Zusammenhänge, die ihr durch den Arzt während der Aufklärung verständlich vermittelt werden müssen. Jedoch wird dieser Beratung ein stark subjektives Moment verliehen, was auch darauf beruht, dass die unterschiedlichen wissenschaftlichen Studien und Erkenntnisse teilweise

---

735 Krause; Frauenarzt 43 (2002) Nr.5, S. 572, 572.

736 Krause; Frauenarzt 43 (2002) Nr.5, S. 572, 572.

737 Ulsenheimer; Die elektive Sectio aus rechtlicher Sicht, http://www.nwggg.de/archiv/PDF/ulsenheimer.pdf, vom 27.11.2004. Grundsätzlich hat ein Arzt zudem das Recht, zu entscheiden, wen er behandeln will oder wen nicht; dieser Grundsatz ist nur aufgehoben im Rahmen seiner allgemeinen Hilfeleistungspflicht bei Notfällen; Becker-Schwarze; Rechtliche Probleme bei einer sectio auf Wunsch?; Zentralblatt für Gynäkologie, 123 (2001), S. 111, 116.

738 Husslein, Elektive Sectio, Gynäkologisch-geburtshilfliche Rundschau 42 (2002); S. 22, 23.

widersprüchlich sind und damit die Gefahr bergen, dass andere Interessen als die der Frau stärker gewichtet werden[739]. Einfluss auf die Beratung der Schwangeren hat dabei ganz entscheidend der sie betreuende Geburtshelfer bzw. Arzt. Damit aber könnte dessen Einstellung über die Wahl des Entbindungsweges und die Art, wie er den von ihm präferierten Entbindungsmodus der Schwangeren vorträgt, Einfluss auf die Wahl des von ihr bevorzugten Entbindungsmodus haben[740].

Dieses Problem, dass also die ärztliche Einstellung zu einer bestimmten medizinischen Intervention Einfluss auf die Beratung und folglich auf die Entscheidung der Patientin für oder gegen diese Intervention hat, ist hinlänglich und für den gesamten Bereich der Medizin bekannt[741]. Allerdings zeigt eine Mitte April 2002 durchgeführte Befragung durch die Ärztekammer Westfalen-Lippe von deutschen Gynäkologen und Gynäkologinnen, dass es unter diesen keinen grundlegenden Wandel der ärztlichen Einstellung zum bevorzugten Entbindungsmodus gab und der Großteil der Befragten im Gegenteil der Sectio auf Wunsch sogar zurückhaltend gegenüber steht[742]. Der Anstieg der Schnittentbindungen kann daher zumindest nicht mit einer direktiven Aufklärung und Beratung hin zum Kaiserschnitt erklärt werden. Hier müssen die Zuwachszahlen eher auf eine Zunahme der weichen relativen Indikationen, womöglich verbunden mit einer zunehmend „defensiven" Geburtshilfe aufgrund der umfangreichen Haftungsproblematiken, zurückgeführt werden[743].

Im Ergebnis ist festzuhalten, dass der Arzt dann seiner Verantwortung nachkommt, wenn er die Schwangere ergebnisoffen berät – er also der werdenden Mutter losgelöst von den Vorstellungen der verschiedenen Interessengruppen und eigenen Ansichten hilft, die für sie beste Entscheidung zu treffen.

---

739 Schneider, H.; Die Wunschsectio – eine gleichwertige Alternative zur Wunschgeburt?, Gynäkologisch-geburtshilfliche Rundschau 42 (2002); S. 4, 5.

740 Schmutzler/Herlyn-Elger/Rhiem/Bücker-Nott/Roemer; Frauenarzt 44 (2003) Nr. 6, S. 632, 632.

741 Schmutzler/Herlyn-Elger/Rhiem/Bücker-Nott/Roemer; Frauenarzt 44 (2003) Nr. 6, S. 632, 632.

742 Schmutzler/Herlyn-Elger/Rhiem/Bücker-Nott/Roemer; Frauenarzt 44 (2003) Nr. 6, S. 632, 636.

743 Schmutzler/Herlyn-Elger/Rhiem/Bücker-Nott/Roemer; Frauenarzt 44 (2003) Nr. 6, S. 632, 636.

C. Auseinandersetzung

Die gegenläufigen Argumentationen bei der Wunschsectio können als Widerspiegelung der derzeitigen gesellschaftlichen Sicht von Mutterschaft gelten. Es ist die Auseinandersetzung um verschiedene Lebensstile und betrifft die Entscheidung der einzelnen Frau, sich und ihr Kind bestimmten Lebensentwürfen auszusetzen. Denn Mutterschaft wird immer auch beeinflusst durch das gesamtgesellschaftliche Gefüge, Normen und Sanktionen sowie die dadurch geschaffenen sozialen und kulturellen Anforderungen an eine Mutterrolle, die auch in einer individualitätsbezogenen Gesellschaft in hohem Maße wirksam und beeinflussend sind[744]. Mutterschaft umschreibt dabei als Begriff die Zeit der Schwangerschaft und nach der Entbindung[745]. Dies schließt körperliche, soziale, systemische, psychologische und spirituelle Aspekte ein, weshalb es einer umfassenden Beziehungsethik bedarf, da diese Sachverhalte untrennbar miteinander verbunden sind[746]. In dieser schicksalhaften Beziehung besteht ein enormes Gefälle von Optionen, Handlungsfähigkeiten und der entsprechenden Verantwortung[747].

Zum Dilemma kann es kommen, wenn ethische Konflikte im Bereich von Schwangerschaft und Geburt mit Mitteln des Rechts und einer Rechtsphilosophie gelöst werden sollen, welche die besondere Situation von Schwangerschaft, Geburt, Selbstbestimmung und Ängsten der Frau um sich und ihr Kind unberücksichtigt lässt[748]. Denn bisher wird vorausgesetzt, dass Träger von Rechten und Menschenwürde autonome Individuen sind; in der Schwangerschaft trifft dies jedoch gerade nicht zu, da zwischen Mutter und Kind eine Koexistenz besteht und sie eine Einheit bilden [749]. Deshalb muss in der Geburtshilfe gefragt werden, was sowohl Mutter als auch Kind zugleich zumutbar ist und eine Abwägungsentscheidung getroffen werden[750]. Dabei kann dem Recht des Kindes auf Leben und Menschenwürde aber nur wirksam Geltung verschafft werden durch den unmit-

744 Lexikon der Bioethik, Mutterschaft.
745 Pschyrembel, 259. Auflage, Mutterschaft.
746 Lexikon der Bioethik, Mutterschaft.
747 Lexikon der Bioethik, Mutterschaft.
748 Wiesemann, Wortprotokoll der 11. Sitzung der Enquete-Kommission Recht und Ethik der modernen Medizin des Deutschen Bundestages am 13.11.2000, www.bundestag.de/ftp/pdf/medi_oe3.pdf vom 29.11.2004.
749 Wiesemann, Wortprotokoll der 11. Sitzung der Enquete-Kommission Recht und Ethik der modernen Medizin des Deutschen Bundestages am 13.11.2000, www.bundestag.de/ftp/pdf/medi_oe3.pdf vom 29.11.2004.
750 Ludwig, Gibt es ethisches Dilemma um die Wunschsectio? in Huch et al, Sectio caesarea, S. 121.

telbaren Schutz und die „leibliche“ Fürsorge der Mutter[751]. Der Schwangeren sollte die Möglichkeit der leiblichen Fürsorge gegenüber ihrem Kind derart eingeräumt werden, dass ihre Entscheidung über den Entbindungsweg berücksichtigt wird.

Problematisch ist dabei, ob Fürsorge und Verantwortung nicht als biologische Beherrschbarkeit missverstanden werden könnten. Früher waren Schwangerschaft und Mutterschaft unausweichlichen biologischen Regeln wie beispielsweise der nahezu alternativlosen vaginalen Geburt mit ihren Schmerzen unterworfen, heute gibt es unzählige Möglichkeiten der Kontrolle und Beeinflussung. Die eigentlich biologische Beziehung wurde durch medizinisch-technische Möglichkeiten, vitale Lebensprozesse beeinflussen zu können, zu einer Konflikt- und Belastungssituation, welcher viele Frauen sich nicht mehr stellen möchten. Sei es, dass Beruf und Karriere oder medizinische Möglichkeiten wie Verhütungsmittel, Abtreibungen und Fruchtbarkeitstechnologien, die auch älteren Frauen die problemlose Mutterschaft nach beruflicher Karriere und Planbarkeit der Geburt nach Terminkalender suggerieren. Sei es aber auch, dass in der heutigen Gesellschaft körperliche Grenzerfahrungen wie Schmerzen während der Geburt nicht mehr durchlebt oder hingenommen, sondern verdrängt werden wollen. Die besondere Problematik der Situation liegt aber nicht nur in der körperlichen Verbindung, sondern drückt sich vor allem darin aus, dass jede Einräumung von Rechten der Mutter die Verneinung von Rechten des Kindes sein kann und jede stärkere Gewichtung der Rechte des Kindes die Beschneidung von Rechten der Mutter bedeuten könnte.

Im Ergebnis muss die Entscheidung dieses Konfliktes von Rechten der Mutter auf der einen und des Kindes auf der anderen Seite sowie die damit verbundenen Verantwortlichkeiten der werdenden Mutter zustehen. Diese muss von ihrer Autonomie verantwortlich Gebrauch machen, indem sie ihre Entscheidung vor dem Hintergrund der berechtigten Ansprüche aller Betroffenen trifft und zu rechtfertigen bereit ist[752]. Denn die Koexistenz von Mutter und Kind und nicht die Angst vor der Medizinalisierung und Technisierung in Gynäkologie und Geburtshilfe muss entscheidend sein für die Abwägungsentscheidung für oder gegen die Wunschsectio. Und diese Abwägung kann nur die direkt betroffene werdende Mutter mit Achtung der Ansprüche und Interessen ihres Kindes treffen. Wie die Autonomie der Schwangeren und die Autonomie des Ungeborenen zu gewichten ist, sollte daher weder durch einfache Kosten-Nutzen-Kalküle noch ideologische

751 Wiesemann, Wortprotokoll der 11. Sitzung der Enquete-Kommission Recht und Ethik der modernen Medizin des Deutschen Bundestages am 13.11.2000, www.bundestag.de/ftp/pdf/medi_oe3.pdf vom 29.11.2004.

752 Lexikon der Bioethik, Autonomie; Husslein, Elektive Sectio vs. vaginale Geburt – Ist das Ende der vaginalen Geburt erreicht? in Huch et al, Sectio caesarea, S. 110 f.

oder dogmatische Standpunkte festgelegt werden. Haben in unserer Gesellschaft Selbstbestimmungsrecht und Persönlichkeitsentfaltung wirklich den immer beschworenen hohen Wert, so muss der Schwangeren zugestanden werden, zu entscheiden, wie sie ihr Kind – und zwar bestmöglich nach ihrer Einschätzung – auf die Welt bringen möchte.

D. Gesellschaftliche Folgen der Wunschsectio

Schwierig einzuschätzen sind die gesellschaftlichen Folgen in ethischer Hinsicht, wenn eine generelle Zulassung der Sectio auf Wunsch erfolgte. Einerseits führt die Entwicklung dahin, dass es immer neue medizinische Verfahren und Techniken der Geburt eines Kindes gibt. Wählen nun die Eltern den Entbindungsmodus aus, könnte es dazu führen, dass die Geburt immer weiter in die **individuelle Verantwortung** der Mutter bzw. des Elternpaares gestellt wird – was aber auch die Aufbürdung einer Last auf die Eltern ist, für die Gesundheit ihres Kindes und das Gelingen der Geburt immer mehr Verantwortung zu tragen[753]. Denn bei dem Auftreten von Problemen bei dem gewählten Entbindungsweg könnte den Eltern der Vorwurf gemacht werden, dass sie nicht eine andere Entbindungsmethode ausgesucht haben.

Die Möglichkeit, den Entbindungsmodus selbst zu wählen und selbst Verantwortung zu tragen, kann damit sowohl ein Geschenk, aber auch eine Bürde sein. In der Regel wird die Verantwortung von Arzt und Patientin bzw. den Eltern zusammen getragen. Wird nun die Entscheidungsfindung allein der Mutter zugeschoben, könnte dies den Arzt entlasten und andererseits allein die Mutter belasten. Auf die Spitze getrieben bedeutete dies, dass ein Arzt nur noch als „Gesundheitsarbeiter" auftritt, dessen Dienste von den „Verbrauchern"[754], den Eltern, nachgefragt werden und diese jegliche Entscheidungen über die Entbindung allein treffen. Solche Extreme sind abzulehnen. Entscheidend ist, dass ein intensiver Dialog der Beteiligten stattfindet. Dabei ist eine objektiv-neutrale Beratung der Schwangeren durch den Arzt sowie ihr Mitsprachrecht hinsichtlich der Entbindung zu fordern, denn eine Verantwortungsethik bezieht alle Beteiligten mit ein[755].

753 Wiesemann, Wortprotokoll der 11. Sitzung der Enquete-Kommission Recht und Ethik der modernen Medizin des Deutschen Bundestages am 13.11.2000, www.bundestag.de/ftp/pdf/medi_oe3.pdf vom 29.11.2004.

754 Ludwig, Gibt es ethisches Dilemma um die Wunschsectio? in Huch et al, Sectio caesarea, S. 121.

755 Lexikon der Bioethik, Mutterschaft.

Die zunehmende Verwendung von Medizintechnik bei der Geburt zur Verhinderung von Geburtsschäden und vor allem von bleibenden Behinderungen kann auch zu **Diskriminierungen** führen. Denn es besteht die Gefahr, Überlegungen und Wünsche nach einem perfekten Kind zu bedienen und zu fördern[756].

Allerdings breitet sich eventuell die rein **defensive Medizin** schneller und umfassender aus, wenn es zur immer häufigeren Vornahme von Sectiones aus präventiven Überlegungen heraus kommt. Dies könnte langfristig zu einem Verkümmern der Geburtshilfe und zur Verschlechterung der Ausbildung und Verringerung der Angebote in diesem Bereich führen. Einfache, von vornherein als komplikationslos eingestufte Vaginalgeburten würden dann von Hebammen betreut und bei Auftreten der geringsten Komplikationen sowie Risikogeburten allgemein würden sofort Schnittentbindungen durchgeführt[757]. In Teilen ist diese Konstellation heute schon Wirklichkeit. Dafür immer wieder angeführtes Beispiel ist der geburtshilfliche Umgang bzw. dessen Veränderung mit der Geburt aus Beckenendlage – sie wurde als Indikation in den Katalog aufgenommen und führt heute in fast typischer standardmäßiger Weise zu einem primären Kaiserschnitt. Fraglich ist aber, ob dies einen wirklichen Mangel darstellte und nicht auch der Sicherheit der Geburtshilfe diente, Klagen verhinderte bzw. einzuschränken fähig wäre und nicht zuletzt die Kosten für die Solidargemeinschaft der Versicherten zu verringern geeignet wäre, indem langfristige Gesundheitsschäden vermieden werden könnten. Ziel jedenfalls kann immer nur eine bessere Versorgung von Mutter und Kind sein[758].

Abschließend ist hier festzustellen, dass sich durch eine allgemeine Zulassung der Sectio auf Wunsch in ethischer Hinsicht Probleme ergeben können. Angefangen von der Verlagerung der Verantwortung für den gewählten Entbindungsmodus durch die Eltern über die Entlastung Medizin kann dies bis hin zu eventuell diskriminierenden Auswirkungen für durch Vaginalgeburt geschädigte Kinder und dem damit verbundenen Voranschreiten der Defensivmedizin führen. Ob jedoch in jedem betroffenen Bereich der beschriebene „worst case" eintritt, ist nicht zu belegen. Sehr wahrscheinlich allerdings ist das Voranschreiten der Defensivmedizin, da die juristische Absicherung an Bedeutung gewinnt.

756 Lexikon der Bioethik, Mutterschaft.

757 Husslein, Elektive Sectio versus vaginale Geburt – Ist das Ende der herkömmlichen Geburtshilfe erreicht?, in: Huch et al, Sectio caesarea, S. 113.

758 Husslein, Elektive Sectio versus vaginale Geburt – Ist das Ende der herkömmlichen Geburtshilfe erreicht?, in: Huch et al, Sectio caesarea, S. 114.

E. Lösung durch das Recht?

Ob diese juristische Absicherung es jedoch schafft, die ethischen Gesichtspunkte – vor allem auch der Gegner – genügend zu berücksichtigen, ist fraglich. Wenn, wie bereits besprochen[759], die Sectio caesarea bereits allein aus präventiven Gründen heraus durchgeführt wird, kann dies bei Einhaltung der Zulässigkeitsvoraussetzungen ärztlichen Handelns zwar rechtlich zulässig, aber ethisch bedenklich sein. Eine langfristige Aufgabe ist es daher, innerhalb der etablierten Rechtsphilosophie der besonderen Situation von Schwangerschaft und Geburt, dem Stellenwert von Selbstbestimmung der Frau und Rechten des Kindes, Fürsorge und vor allem Verantwortlichkeit gegenüber der eigenen und des Kindes Gesundheit gerecht zu werden[760]. Denn es muss hier nochmals auf eine bei der elektiven Primären Sectio ganz eigene Problematik aufmerksam gemacht werden: Dass nämlich die Ausweitung von Rechten für die Mutter im Einzelfall die Beschneidung von Rechten des Kindes sein kann. Da aber das Recht und die Rechtsphilosophie im Normalfall von einem autonomen Individuum ausgehen, Schwangerschaft und Geburt jedoch zwei Individuen zugleich treffen, die schicksalhaft verbunden und von **einer** Entscheidung **unterschiedlich** betroffen sind, können mit den vorhandenen Mitteln des Rechts lediglich Abwägungen und Analogien stattfinden.

Vor allem Vergleiche mit ähnlichen medizinischen Situationen, welche nicht medizinisch indiziert sind und die dort getroffenen Abwägungsentscheidungen können aufschlussreich sein. Dies ist der Fall z. B. bei kosmetischen bzw. ästhetisch – plastischen Operationen, vielen Blutspenden und Sterilisationen bzw. Kastrationen. Dennoch werden diese Maßnahmen in unserer Gesellschaft als etabliert akzeptiert und sind medizinisch, ethisch und juristisch[761] erlaubt. Allerdings sind dies Situationen, in welchen keine Drittinteressen betroffen sind. Der Patient willigt hier allein für sich in das Operationsrisiko ein. Es treten keine unvermeidbaren Konflikte auf. Der ethische Konflikt bei der Wunschsectio kann daher nur in Betrachtung des Einzelfalles gelöst werden. Rechtsnormen können hier möglicherweise nicht die persönliche und ethische Konfliktsituation im kon-

759 3. Kapitel III. C. 3., 3. Kapitel III. C. 4.

760 Ähnlich: Wiesemann, Wortprotokoll der 11. Sitzung der Enquete-Kommission Recht und Ethik der modernen Medizin des Deutschen Bundestages am 13.11.2000, www.bundestag.de/ftp/pdf/medi_oe3.pdf vom 29.11.2004.

761 „Nicht jede ärztliche Maßnahme geschieht zu Heilzwecken. Der Arzt führt vielmehr in grundsätzlich zulässiger Weise auch Behandlungen durch, die wie Sterilisationen oder kosmetische Operationen anderen Zielen dienen können.“; BGH Urt. v. 22.02.1978 – 2 StR 372/77; NJW 1978, S. 1206.

kreten Einzelfall umfassend lösen, jedoch Handlungsrahmen und Entscheidungsspielräume sowie Verantwortlichkeiten markieren und eingrenzen.

Stehen sich wie im Falle der elektiven primären Sectio und der Vaginalgeburt insbesondere zwei **alternative** medizinische Methoden gegenüber, kann das normative Recht mit Blick auf die Beachtung des Selbstbestimmungsrechtes der Frau und die damit fehlende Vorzugswürdigkeit der einen vor der anderen Methode im jeweiligen Einzelfall eben keine konkrete Rechtsnorm zur Verfügung stellen, die diese Problematik allumfassend löst, da in jedem individuellen Einzelfall Handlungsspielräume bestehen bleiben müssen. Damit kann das Recht im Hinblick auf ethische Konflikte nur den Rahmen liefern, innerhalb dessen einerseits ethisch verantwortbare, andererseits aber auch rechtmäßige Entscheidungen getroffen werden können.

Allerdings bieten die Rechtsgebiete, wie z. B. gerade das Strafrecht und das zivile Arzthaftungsrecht, einen angemessenen Rahmen, indem sie mit den allgemeinen Zulässigkeitskriterien ärztlichen Handelns die Selbstbestimmung der schwangeren Frau auf der einen Seite ermöglichen und andererseits sinnvoll begrenzen. Zusammengebracht werden diese entscheidenden Eckpunkte – Selbstbestimmungsrecht der Frau und werdenden Mutter sowie Begrenzung des ärztlichen Handelns auf den gesetzlich zulässigen Rahmen – gerade durch das Erfordernis der Einwilligung der aufgeklärten Patientin, die sich aller Vor- und Nachteile sowie der Risiken und Behandlungsalternativen bewusst ist.

F. Zusammenfassung

Mit den Schwangeren, Ärzten und Hebammen bzw. Geburtshelfern stehen sich bei der Diskussion um die Wunschsectio verschiedene Beteiligte mit ihren unterschiedlichen Standpunkten gegenüber, wobei selbst innerhalb dieser Interessengruppen die verschiedensten Ansichten vertreten werden. Die neuen Entwicklungen in der klinisch-operativen Geburtshilfe führen zu neuen ethischen Auseinandersetzungen, die einerseits die Frage um die Verantwortung sowohl der Mutter als auch des Arztes zum Inhalt haben, zum anderen aber auch aus der Notwendigkeit der Interessenvertretung zur Erhaltung der Profession entstehen.

Dabei kommt der Arzt dann seiner Verantwortung nach, wenn er die Schwangere neutral berät und dieser hilft, die für sie beste Entscheidung zu treffen. Die werdende Mutter ihrerseits wird ihrer Verantwortung gerecht, wenn sie von ihrer Autonomie und ihrem Selbstbestimmungsrecht derart Gebrauch macht, dass sie ihre Entscheidung zur Sectio auf Wunsch vor dem Hintergrund der bestmöglichen Abwägung ihrer Interessen und der ihres Kindes trifft.

Mögliche Probleme in ethischer Hinsicht sind zwar durch eine allgemeine Zulassung der Sectio auf Wunsch denkbar. Ob diese aber wie beispielsweise die Verlagerung von Verantwortungen für Entbindungsmodi oder Diskriminierungen eintreten werden, ist nicht absehbar. Ein Voranschreiten der defensiven Ausrichtung der Medizin wird hingegen nicht aufzuhalten sein, da die juristische Absicherung an Bedeutung gewinnt. Eine alles umfassende Lösung des ethischen Konfliktes durch das Recht ist jedoch weder möglich, noch ratsam. Allerdings können entsprechende Rechtsnormen Rahmen für Entscheidungen und Handlungen schaffen.

6. Kapitel: Problematik der Kostenentwicklung

A. Sectiofrequenz und Kostenbelastung

Die **Anzahl der Geburten bzw. Entbindungen** nimmt in Deutschland weiter ab. Unter diesen abnehmenden Geburtenzahlen aber steigt die Zahl der Kaiserschnitte stetig an. So sank die Zahl der Entbindungen im Jahr 1991 (822.842 Entbindungen) gegenüber 2000 (746.625) um 9,3 Prozent, die Zahl der Schnittentbindungen stieg um 26,8 Prozent im gleichen Zeitraum (1991: 126.287, 2000: 160.183)[762]. Parallel dazu ist ein **Anstieg der Gesundheitskosten** zu notieren. Die Steigerungsrate der Krankenhauskosten insgesamt im Betrachtungszeitraum 1991 bis 2000 in den alten Bundesländern beläuft sich auf 31,2 Prozent[763]. Auch die Geburtshilfe sah sich währenddessen einer Kostensteigerung ausgesetzt, die nicht nur die Kaiserschnittraten betraf. So nahmen die Kosten einer vaginalen Entbindung um 24,3 Prozent zu – bei den Schnittentbindungen aber kam es zu einer Steigerung von 57,1 Prozent, was kumuliert betrachtet einen Anstieg um 34 Prozent bewirkt[764].

JAHR / BRD	1991 Kaiserschnittquote in Prozent	1995 Kaiserschnittquote in Prozent	2000 Kaiserschnittquote in Prozent
BRD gesamt	15,3	17,6	21,5
BRD West	16,1	18,1	22,2
BRD Ost	10,1	13,4	16,6

Tabelle: Veranschaulichung des Anstiegs der Kaiserschnittquote

Dabei kam es sowohl bei der primären, als auch der sekundären Schnittentbindung und ebenso bei der Indikation „Sectio bei Zustand nach Sectio“ zu ei-

762 Neumann; Schnittentbindungsrate und Kostenentwicklung in der Geburtsmedizin, http://www.nwggg.de/ archiv/PDF/neumann.pdf, vom 27.11.2004.

763 Neumann; Schnittentbindungsrate und Kostenentwicklung in der Geburtsmedizin, http://www.nwggg.de/ archiv/PDF/neumann.pdf, vom 27.11.2004.

764 Neumann; Schnittentbindungsrate und Kostenentwicklung in der Geburtsmedizin, http://www.nwggg.de/ archiv/PDF/neumann.pdf, vom 27.11.2004.

nem Anstieg der Zahlen[765]. *Neumann* allerdings macht hier die Zunahme der Sectio auf Wunsch als offensichtlichen Grund für das kontinuierliche Steigen der Schnittentbindungszahlen insgesamt aus und gibt zu bedenken, dass – bei Betrachtung der vorliegenden Statistiken – Ärzten und Kliniken von mancher Seite Geldschneiderei vorgeworfen wird, da schließlich „mit einer 3.520 € teuren Sectio caesarea fast doppelt so viel erlöst werden könne als bei einer 1.925 € teuren normal verlaufenden Vaginalentbindung“[766].

Durch einen **Vergleich der Gesamtkosten und der Fallpauschalen**[767] kann allerdings die wirkliche Kostenbelastung ermittelt werden. Betrachtet man die medizinischen Standardeingriffe und ihre Berechnung, wird heute zumeist noch davon ausgegangen, dass die Kosten einer (unkomplizierten) vaginalen Geburt geringer seien, als jene, die bei einer Schnittentbindung anfallen. **Pauschal betrachtet**, liegen so die medizinischen Kosten einer Sectio 1,7 bis 2,4mal höher als die einer Vaginalgeburt, was maßgeblich an den im Regelfall längeren Krankenhausaufenthalten nach Schnittentbindung, den höheren Arzt- und Krankenhaustarifen für Kreißsaal, Anästhesie und sonstigen Nebenleistungen liegt[768]. Allerdings konnte mit Studien nachgewiesen werden, dass dies nicht unbedingt den jeweiligen Geburtsmodalitäten zuzuschreiben war, sondern direkt abhängig war von Personalausstattung und Personalzusammensetzung in der Klinik[769].

Im **Ergebnis** ist beim Vergleich der Gesamtkosten und der Fallpauschalen festzustellen, dass ein – wenn auch geringfügiger – Gewinn nur bei Durchführung einer Sectio am Termin erlöst werden kann; betriebswirtschaftlich ungünstig dagegen wirkt sich eine Spontangeburt, ebenfalls am Termin aus, da hier Defizite erwirtschaftet werden[770]. Die Gründe für diese ungünstige Kostenkalkulation im

---

765 Feige, Die Wunschsectio aus betriebs- und volkswirtschaftlicher Sicht, in: Huch et al, Sectio caesarea, S. 36.

766 Neumann; Schnittentbindungsrate und Kostenentwicklung in der Geburtsmedizin, http://www.nwggg.de/ archiv/PDF/neumann.pdf, vom 27.11.2004.Vgl. dazu Kostenbeispiel im Anhang II.

767 Mit der Einführung der „DRG“, Diagnosis Related Groups, findet seit dem 01.01.2003 eine Umstellung der bisherigen Kostenregelung mittels einer Abrechnung nach Fallpauschalen statt; dazu vgl. Anhang II.

768 Szucs, Medizinisch-ökonomische Aspekte der vaginalen Geburt im Vergleich zur Sectio caesarea, in: Huch et al, Sectio caesarea, S. 42.

769 Szucs, Medizinisch-ökonomische Aspekte der vaginalen Geburt im Vergleich zur Sectio caesarea, in: Huch et al, Sectio caesarea, S. 42.

770 Die Gesamtkosten der Sectio am Termin betrug 1998/1999 in DM: 5.663,44 gegenüber einer Fallpauschale in diesem Zeitraum von 5.717,44 DM, was einen Erlös von 54,- DM macht. Im genannten Zeitrahmen waren die Gesamtkosten einer spontanen Geburt am Termin mit 2.920,29 DM und die Fallpauschale mit 2.831,39 DM veranschlagt, was ein Defizit von 88,90 DM nach sich zog. So Feige, Die Wunschsectio

letzteren Fall sind vor allem in den durch die Besonderheiten der Klinikstruktur bedingten hohen Personalkosten zu sehen. Insgesamt herrscht daher Einigkeit darüber, dass die Personalkosten für die Erlössituation eine größere Bedeutung haben als der Entbindungsmodus selbst[771]. Daraus folgt, dass ein Entbindungsmodus nicht per se aufgrund einer kurzfristigen Kostenbetrachtung von Versicherungs- und Krankenhausträgern bevorzugt oder abgelehnt werden darf.

Volkswirtschaftlich am ungünstigsten sind sekundäre Sectiones. Hier wird unter Begleitung von Hebammen zunächst die Vaginalgeburt versucht, was Stunden andauern kann. Ärztliches Personal muss währenddessen in Bereitschaft bleiben. Tritt eine Notsituation ein, wird die Schnittentbindung vorgenommen. Das treibt die Kosten in die Höhe. Würden diese Fälle durch primäre Schnittentbindungen ersetzt, müsste weniger Personal vorgehalten werden und die Erlössituation würde sich für den Krankenhausträger günstiger gestalten, was wiederum Auswirkung auf die Solidargemeinschaft der Versicherten hätte.

Diese Selbstverständlichkeit, mit der davon ausgegangen wird, dass die Vaginalgeburt kostengünstiger sei und dadurch zur Ablehnung der Bezahlung von Wunschsectiones durch die Krankenversicherungen führt, muss demnach überprüft werden. Dabei kommen allerdings Zweifel an den bisherigen Berechnungsmethoden auf. Erstens können Kosten von Vaginalgeburt und Schnittentbindung **nicht** ohne weiteres nebeneinandergestellt und **verglichen werden**: Der Personaleinsatz ist völlig unterschiedlich, kurzfristig unterschiedlich sind Dauer und Materialeinsatz und die langfristigen Unterschiede werden bei der Kalkulation einfach unterschlagen, die da beispielsweise mit der unterschiedlichen Mobilität, den unterschiedlichen Spätfolgen und der alleinigen Betrachtung mütterlicher Folgen unter völligem Ausschluss der bei dem Kind entstehenden Kosten zu veranschlagen wären. Zum Zweiten umfassen die verrechneten Kosten **nicht unbedingt die reellen Kosten**, nicht die produktive Zeit in welcher hochspezialisierte Hebammen vom Krankenhaus vorgehalten werden müssen und auch nicht diejenigen Vorhaltekosten, die entstehen, bis es bei der in den Wehen liegenden Patientin zur Spontangeburt kommt[772].

Um den wahren Kostenbelastungen des Gesundheitssystems im Bereich der Geburtshilfe auf den Grund gehen zu können, wurde in neueren Studien versucht, sowohl die **spezifischen als auch prozentualen Kosten** hinsichtlich der Mütter als auch bezogen auf die Kinder einzubeziehen. Ein Ergebnis dieser Studien lau-

aus betriebs- und volkswirtschaftlicher Sicht, in: Huch et al, Sectio caesarea, S. 37, 38 .

771 Feige, Die Wunschsectio aus betriebs- und volkswirtschaftlicher Sicht, in: Huch et al, Sectio caesarea, S. 39.

772 Szucs, Medizinisch-ökonomische Aspekte der vaginalen Geburt im Vergleich zur Sectio caesarea, in: Huch et al, Sectio caesarea, S. 40.

tete, dass ein Versuch der Spontangeburt keineswegs unabdingbar günstiger ist als die Schnittentbindung[773]. Denn die Differenz, die zunächst bei der Durchführung einer kostengünstigeren vaginalen Geburt gegenüber dem teureren Kaiserschnitt entsteht, wird augenblicklich dann zerfallen, sobald eine sekundäre Sectio notwendig wird und die Entbindung sich dann insgesamt extrem verteuert und die primäre Sectio in einem äußerst kostengünstigen Licht erscheinen lässt – insbesondere dann, wenn aus dieser Gefahrensituation der sekundären Schnittentbindung Risiken bei Mutter und/oder Kind auftreten[774].

Denn im Rahmen einer reellen Kostenbetrachtung ist ein weiterer **Vergleichspunkt** heranzuziehen, um die wirkliche Kostenbelastung zu ermitteln: **Schwerstgeschädigte Kinder** (z.B. bei Dystokien nach vaginaler Geburt) pro Geburtsjahrgang verursachen im Gesundheitssystem geschätzte Kosten in Höhe von 500 Millionen Euro[775]. Bei einem Kostenvergleich müssen also sowohl die eigentlichen Kosten der Entbindung, als auch die Kosten, die durch Komplikationen entstehen, zusammengefasst und verglichen werden.

Eine genaue Berechnung der durch eine Sectio verursachten Kosten wird jedoch trotz Beachtung aller genannter Prämissen **kaum zu erstellen** sein, da nur die Posten genau beziffert werden können, die die Arzt- und Schwesternhonorare sowie die reinen Operations- und Medikamenten- sowie sonstige Materialienkosten betreffen; im Gegensatz dazu können Langzeitschäden von Müttern und/oder Kindern kaum einbezogen werden. Denn die Überprüfung der Kausalität einer primären Sectio für eine konkret auftretende Krankheit im Alter wird wohl in den seltensten Fällen exakt nachweisbar sein. Weiterhin liegen keine Langzeitstudien vor.

Ein Ansteigen der Sectioraten hat aber auch Auswirkungen auf die **Infrastruktur von Krankenhäusern**: Generell wird sich die Organisation geburtshilflicher Einrichtungen ändern, denn Personal und Operationsteams, verfügbare Betten sowie Material müssen an der steigenden Schnittentbindungszahl ausgerichtet werden, was sich in letzter Konsequenz auch finanziell auswirkt[776].

Im Ergebnis können die **Kosten der Geburtshilfe** insgesamt ansteigen, wenn eine weitere Zunahme der Sectioraten erfolgt. Dies belastete dann das Gesundheitssystem. Betroffene wären zunächst die Krankenkassen, und über diese die Solidargemeinschaft der Versicherten. Andererseits kann schon der Vergleich der

773 Szucs, Medizinisch-ökonomische Aspekte der vaginalen Geburt im Vergleich zur Sectio caesarea, in: Huch et al, Sectio caesarea, S. 41.

774 Szucs, Medizinisch-ökonomische Aspekte der vaginalen Geburt im Vergleich zur Sectio caesarea, in: Huch et al, Sectio caesarea, S. 41.

775 Wenderlein; Frauenarzt 43 (2002) Nr. 5, S. 574, 755.

776 Schellenberg, Statements on caesarean section on request, in: Huch et al, Sectio caesarea, S. 115.

durch die Benutzung des Operationssaales anfallenden Kosten bei einer vaginalen Geburt aufdecken, dass in Abhängigkeit von der Dauer der Geburt diese höher liegen können als bei einer geplanten Sectio[777]. Daher müssten bei einem Vergleich sowohl die eigentlichen Kosten der Entbindung, als auch die Kosten, die durch Komplikationen entstehen, abgewogen werden. Möglicherweise würden daher die zunächst höheren Kosten einer Schnittentbindung durch die langfristig höheren Kosten der Vaginalgeburt „aufgewogen".

B. Sectio und Wirtschaftlichkeitsgebot

Der stetige Anstieg der Schnittentbindungen hat gesundheitsökonomische **Auswirkungen auf Deutschland**: Schon eine Steigerung der Sectiorate um 1 Prozent verursacht Mehrkosten in Höhe von 11,9 Millionen €[778]. Nach dieser einfachen Betrachtung kann zunächst von einer Belastung des Gesundheitssystems gesprochen werden[779]. Betroffene sind zunächst die Krankenkassen, und über diese die Versicherten. Doch kann und muss die Solidargemeinschaft der Versicherten dies hinnehmen? In den **§§ 12, 27, 92 SGB V**[780] ist geregelt, dass Leistungen ausreichend, zweckmäßig und wirtschaftlich sein müssen und nicht über das Notwendige hinaus ragen dürfen. Folglich gibt es auf nicht notwendige oder nicht wirtschaftliche Leistungen keinen Anspruch der Versicherten, die Krankenhäuser dürfen diese nicht erbringen und es dürfen die gesetzlichen Krankenkassen diese Leistungen nicht bewilligen (bzw. nicht bezahlen).

Insbesondere staatliche Krankenhäuser unterliegen diesem **Wirtschaftlichkeitsgebot**, welches in erster Linie Exzesse vermeiden soll und auch mit staatlichen Regressmitteln sanktioniert ist. Damit ist das ärztliche Ermessen zur Diagnose und Behandlung insoweit beschränkt, als es diesem Gebot zuwiderliefe. Zudem dient das Wirtschaftlichkeitsgebot zwar in erster Linie dazu, Exzesse zu vermeiden – als solches ist es aber auch geeignetes Mittel, dem Vorschub der Defensivmedizin (beispielsweise übermäßige Erhebung diagnostischer Daten) Ein-

---

777 Schneider, H.; Die Wunschsectio – eine gleichwertige Alternative zur Wunschgeburt?, Gynäkologisch-geburtshilfliche Rundschau 42 (2002); S. 4, 9.

778 Schmutzler/Herlyn-Elger/Rhiem/Bücker-Nott/Roemer; Frauenarzt 44 (2003) Nr. 6, S. 632, 635.

779 In diese Kostenbetrachtung sind nicht die unter A. geforderten Prämissen der Berechnung mit eingegangen, daher die scheinbar widersprüchliche Aussage der Belastung durch die Sectio, die sich schließlich im Langzeitvergleich als günstiger darstellen kann. Vgl. 6. Kapitel A.

780 Sozialgesetzbuch V vom 20.12.1988 (BGBl. I S. 2477, 2482), zuletzt geändert am 24.07.2003 (BGBl. I S. 1526, 1527).

halt zu gebieten; allerdings darf keinesfalls ein gewisser medizinischer Normalstandard aufgrund wirtschaftlicher Überlegungen unterschritten werden[781]. Eine nicht indizierte Sectio könnte das Wirtschaftlichkeitsgebot insoweit unterlaufen und sozialrechtliche Probleme aufwerfen.

Wirtschaftlichkeitsüberlegungen finden **fast in der gesamten industrialisierten Welt** statt. Dabei sehen die Lösungsbestrebungen jedoch unterschiedlich aus. Das deutsche Modell versucht die Einschränkung der Kosten wie aufgezeigt mittels der Gebote des SGB. Überdies wurden Qualitätssicherungsprogramme installiert, durch welche auch die Sectiorate überprüft wird. Eine bei einer derartigen Überprüfung auffällig hohe Sectiofrequenz könnte bei weiter Auslegung dieses etablierten Qualitätssicherungsreglements im Einzelfall bis zum Verlust der Abrechnungsfähigkeit mit den Krankenversicherungen führen[782].

In den **USA** wird dagegen versucht, Kaiserschnitte auf bestimmte, vorgegebene Raten zu reduzieren[783]. Dies geht jedoch mit Gefahren für Mutter und Kind einher, da es bedeutete, dass auch in Fällen, in denen durchaus Risiken bestehen, zugunsten der Senkung der Rate auf den möglicherweise sichereren Weg einer Sectio verzichtet und der Weg zu einer eventuell gefährlicheren Vaginalgeburt mit dem Risiko einer Gesundheitsbeschädigung sowie Schadensersatz- und Schmerzensgeldklage oder gar Strafrechtlichen Anklage beschritten würde.

Bülow bezeichnet das (starre) Festhalten an niedrigen Schnittentbindungsraten für Deutschland als „absurde(n) Wettlauf der geburtshilflichen Abteilungen deutscher Kliniken“ welcher „zu einem durch nichts zu rechtfertigenden Gefahrenpotential für eine gesunde und normale Entwicklung der Neugeborenen geworden“ sei, da „unter rechtlichen Gesichtspunkten die Entscheidung für die Durchführung einer Schnittentbindung in nur sehr seltenen Fällen einen Haftpflichtprozess nach sich ziehen wird, wohingegen eine zu späte Entscheidung zur Sectio eine der Hauptquellen geburtshilflicher Haftungsfälle darstellt.“ [784]. Denn die Sectiofrequenz ist im Regelfall abhängig von Indikationen und den bekannten Risikofaktoren bei vaginaler Geburt sowohl der Mutter als auch des Kindes, weniger von rein elektiven Wunschsectiones. Folglich dürfen derartige politisch verordnete Senkungen im Hinblick auf die Sicherheit von Mutter und Kind und allein gesundheitsökonomische Betrachtungen nicht pauschal durchgesetzt wer-

781 Lexikon der Bioethik, Behandlungsfehler.

782 Husslein, Elektive Sectio versus vaginale Geburt – Ist das Ende der herkömmlichen Geburtshilfe erreicht?, in: Huch et al, Sectio caesarea, S. 108.

783 Z. B. Senkung auf 15 Prozent mit dem „healthy people 2000“–Programm; so Szucs, Medizinisch-ökonomische Aspekte der vaginalen Geburt im Vergleich zur Sectio caesarea, in: Huch et al, Sectio caesarea, S. 41.

784 Bülow, Aufklärungs- und Behandlungsfehler bei der Sectio caesarea, S. 3.

den[785]. Diese beeinträchtigen neben den Sicherheits- auch Haftungsaspekte und schränken die Selbstbestimmung ein.

C. Problematik der Kostenübernahme durch die Krankenversicherungen

Normalerweise haben Patienten – vereinfacht ausgedrückt – **Anspruch auf Kostenübernahme** durch die Krankenkasse, bei der sie versichert sind. Diesen Anspruch erwerben sie, indem sie monatlich Beiträge an die Krankenversicherung zahlen. Diese verpflichtet sich dann, im Krankheitsfalle und bei Inanspruchnahme einer Heilbehandlung sowie unter Einhaltung der Versicherungsbedingungen, die Kosten dafür zu übernehmen. Anspruchsgrundlagen des Versicherten sind die Paragrafen des **SGB V, z. B. § 24b SGB V**. Die vaginale Geburt ist im Normalfall, und die Schnittentbindung bei Vorliegen der entsprechenden Indikation, eine von den Krankenversicherungen zu vergütende ärztliche Maßnahme. Allerdings gibt es Ausnahmefälle, welche nicht von der Leistungspflicht der Versicherungen umfasst sind – und solche betreffen z. B. Wunschoperationen wie die hier beschriebene Sectio auf Wunsch. Dies ist die Konsequenz aus den Anforderungen des zuvor beschriebenen Wirtschaftlichkeitsgebotes.

Bei den **Krankenversicherungsträgern** ist die Bezahlung von Wunschoperationen daher heute zumeist schon derart geregelt, dass bei Fehlen einer medizinischen Indikation für eine ärztliche Maßnahme der Patient, der diesen Eingriff dennoch vornehmen lassen möchte, für diesen selbst aufzukommen hat. Hiernach hätte eine Schwangere die Sectio auf Wunsch selbst zu zahlen.

Krankenversicherungen haben Vorbehalte gegenüber einer Bezahlung der Kosten für elektive Sectiones, weil argumentiert wird, nicht die Mehrkosten bzw. den Mehraufwand bezahlen zu wollen, da eine vaginale Geburt möglich sei. Dabei geht diese Argumentation davon aus, dass die Schnittentbindung mit höheren medizinischen Risiken für die Mutter verbunden sei, auch wenn das Risiko, dass das Kind geschädigt werde, in einer Gesamtbetrachtung geringer sei[786]. Wie zuvor gezeigt wurde, kann dieser pauschalen Argumentation nicht mehr gefolgt werden[787]. Die neuesten Daten der Bayrischen Arbeitsgemeinschaft für Qualitäts-

---

785 Szucs, Medizinisch-ökonomische Aspekte der vaginalen Geburt im Vergleich zur Sectio caesarea, in: Huch et al, Sectio caesarea, S. 42.

786 Schneider, H.; Die Wunschsectio – eine gleichwertige Alternative zur Wunschgeburt?, Gynäkologisch-geburtshilfliche Rundschau 42 (2002); S. 4, 9.

787 Denn Langzeitschäden und schwerstgeschädigte Kinder verursachen viel höhere – und mit der Sectio vermeidbare – Kosten. Insgesamt wird in der medizinischen Literatur festgestellt, dass die Geburt durch einen geplanten, elektiven Kaiserschnitt wohl kaum mehr im Vergleich zur vaginalen Geburt mit erhöhten medizinischen Ri-

sicherung lassen den Schluss zu, dass unter den jetzigen medizinischen Standards hierzulande das Argument der Krankenkassen, dass die vaginale Geburt kostengünstiger sei, jedenfalls in Bezug auf die Kurzzeitmorbidität der Schwangeren betrachtet, nicht trägt, da diese bei der primären Sectio bezüglich der am häufigsten auftretenden Schwierigkeiten niedriger liegt, als bei spontaner vaginaler Geburt[788]. Es kann bei dieser Betrachtung – zumindest aus medizinischer oder gar betriebswirtschaftlicher Sicht – keinen Grund zur Ablehnung der Kostenübernahme durch die Krankenkassen geben[789].

Im Übrigen ist gar nicht bekannt, ob Sectiones mit relativer Indikation im Zusammenhang mit dem Wunsch der Schwangeren wirklich zu einem bedeutsamen **Anstieg der Sectiorate** führen würden: Es ist vorstellbar, dass derartige Maßnahmen zukünftig nur besser dokumentiert werden, denn die Tatsache, dass eine Frau sich eine primäre Sectio wünscht und dies lange Zeit als nicht akzeptabel angesehen wurde, kann ursächlich dafür sein, dass dies in den bisherigen Statistiken lediglich nicht aufgeführt ist[790].

Laut *Feige* müssten die Sectioraten auch davon abhängig gemacht werden, welches globale Gesamtbudget der Geburtshilfe zur Verfügung steht. Denn es wäre ihm zufolge auch folgendes **Szenario** denkbar: Nehmen primäre Schnittentbindungen zu, könnte dies – aufgrund des zwar kleinen aber dann doch stetig einzunehmenden Gewinns – zu einer Aufbesserung der Finanzlage in diesem Sektor und folglich zu einer Entlastung des globalen Budgets im medizinischen Bereich führen, was in ferner Zukunft nach sich ziehen könnte, dass für die Sectio eine niedrigere Fallpauschale in Betracht käme und die Versichertengemeinschaft geringer in Anspruch genommen würde[791]. Dies kann jedoch nicht überzeugen: Die Gewinne der Krankenhausträger beruhen auf Mehrausgaben der Krankenkassen für die Schnittentbindungen, die dies über Mehreinnahmen von den Versicherten finanzieren müssen. Selbst wenn – wohl nach jahre- oder jahrzehntelanger Praxis mit den höheren Ausgaben – Gewinne mit der Sectio erzielt werden könnten, würden die Krankenhausträger kaum die Sectio günstiger anbie-

siken für Mutter und Kind verbunden ist – wobei nun für die Krankenkassen zu bedenken ist, dass die unmittelbaren Direktkosten bei vaginaler Geburt in Abhängigkeit von der Dauer der Entbindung im Einzelfall viel höher liegen können als bei der elektiven Sectio; vgl. 6. Kapitel A.

788 Schneider, K.T.M.; Sectio nach Wunsch – Muss man hinsichtlich der Morbiditätsrisiken umdenken? Gynäkologisch-geburtshilfliche Rundschau 42 (2002); S. 12, 14.

789 Haller/Hepp/Winter; Sectio nach Wunsch oder elektive Sectio: Aufforderung zum Umdenken; Gynäkologisch-geburtshilfliche Rundschau 42 (2002); S. 1, 3.

790 Hickl; „Wandlungen in der Kaiserschnittindikation"; Gynäkologische geburtshilfliche Rundschau 42 (2002); S. 15, 17.

791 Feige, Die Wunschsectio aus betriebs- und volkswirtschaftlicher Sicht, in: Huch et al, Sectio caesarea, S. 39.

ten, wenn sich damit Gewinne erzielen und an anderer Stelle Finanzlöcher stopfen lassen. Und selbst wenn man die Sectio zu niedrigerem Preis anbieten könnte, wäre sie dennoch – kurzfristig betrachtet – in der Durchführung immer teurer als die vaginale Geburt und geringere Fallpauschalen würden weiterhin auf erhöhten Beiträgen beruhen. *Feiges* Szenario ist daher nicht umsetzbar.

Eine **anderer Lösungsansatz** ist die Vergütung von Vaginal- und Schnittentbindung mit dem gleichen Betrag. Denn wenn der Kaiserschnitt – und hier gerade der Kaiserschnitt auf Wunsch – höher vergütet wird als die spontane vaginale Geburt, kann dies zu Interessenkonflikten und so möglicherweise zu voreingenommenem und befangenem ärztlichen Rat kommen[792]. Dies könnte möglicherweise bei gleichen Fallpauschalen vermieden werden. Dann würde aber nicht anerkannt, dass unterschiedliche Materialien, Zeiten, Personal usw. benötigt werden und die Schnittentbindung immer teuerer sein wird als die vaginale Geburt. Um also eine Kostenannäherung zu erreichen, müssten die Fallpauschalen für vaginale Entbindungen angehoben werden – mithin würde das Gesundheitssystem zusätzlich belastet und von den Versicherten wären höhere Beiträge einzufordern. Folglich ist es keine Lösung, alle Entbindungsmodi gleich zu vergüten.

Eine weitere vorstellbare Lösung wäre es, wenn die Schwangere, die sich eine Schnittentbindung wünscht, nur für den Differenzbetrag zur von den Versicherungen zu zahlenden Vaginalgeburt aufzukommen hätte. Denn geboren werden muss das Kind denknotwendig. Folglich entstünden zumindest Kosten in Höhe einer vaginalen Geburt, wenn von einem unkomplizierten Schwangerschaftsverlauf und dem Fehlen von Indikationen für einen Kaiserschnitt auszugehen ist. Diese wären durch die Krankenkasse zu begleichen. Dass sich die Schwangere nun für einen anderen Entbindungsweg als den der vaginalen Geburt entscheidet, kann nicht dazu führen, dass sie plötzlich überhaupt keinen Anspruch mehr auf zumindest Teilzahlung durch die Krankenkasse hat, zumal sie ja monatlich in diese einzahlt und einen Zahlungsanspruch im Behandlungsfall erwirbt.

Einzig sachgerecht ist nach der hier gebildeten Ansicht aber nur die Übernahme der Kosten auch von Wunschsectiones durch die Krankenversicherungsträger. Erstens stellt sich nach eingehender Prüfung die primäre elektive Sectio nach komplikationsloser Schwangerschaft nicht als teurere Entbindungsart gegenüber der vaginalen Geburt dar. Zweitens sind Sectio und vaginale Geburt als Alternativen zu behandeln – dazu zählt auch die Gleichbehandlung bei der versicherungsrechtlichen Kostentragung. Wenn schließlich zum Dritten einer Mutter und ihrem Kind mit einer Sectio ein sichererer Entbindungsweg geboten werden kann, ist es falsch, ihr diesen Weg wegen der Kosten zu versperren – soll zwi-

792 Hohlfeld, Caesarean section on request, in: Huch et al, Sectio caesarea, S. 117.

schen Kosten und Gesundheit entschieden werden, müssen erstere hintanstehen bei der Entscheidung. Allerdings ist bei dieser letztgenannten Lösung zu beachten, dass dann nicht automatisch auch von einer Frau **verlangt werden** kann, ihr Kind per Kaiserschnitt zu entbinden.

Allerdings wird auch die Ansicht vertreten, dass die Frage der Kostenübernahme einer eindeutigen elektiven Sectio nicht von großem Interesse sein könne, da ein solcher **Eingriff von extremer Seltenheit** sei und von der betroffenen Frau und Mutter mit ihrer Versicherung entsprechend ihres Einzelfalles individuell geregelt werden sollte – allen anderen Fällen von Sectiones liege eine mehr oder weniger starke Indikation zugrunde, welche von den Versicherungen gezahlt werden[793]. Allerdings übersieht eine derartige Auffassung, dass möglicherweise nur vorgeschobene Indikationen dazu geführt haben könnten, dass als solche deklarierte elektive Sectiones so selten anzutreffen sind.

Derzeit jedenfalls verhindern die gesetzlichen **Regelungen des SGB** die Übernahme der Kosten einer Wunschsectio durch die Krankenversicherungen. Daraus wird z. B. gefolgert, dass der Vertragsarzt eventuelle Mehrkosten einer nicht indizierten Sectio der gesetzlichen Krankenkasse nicht in Rechnung stellen darf. Auch bei privat versicherten Frauen besteht noch kein Anspruch auf Übernahme der Mehrkosten. Daher muss die eigentliche Aufklärung um eine so genannte wirtschaftliche Aufklärung erweitert werden, innerhalb welcher der Arzt die Frau darüber zu informieren hat, dass die Krankenversicherung bestimmte Kosten nicht übernimmt und in welcher Höhe die Kostenerstattung dann der werdenden Mutter obliegt[794].

Vorgeschobene Indikationen wirken sich zudem auf Kostenerstattung auf der einen und die Erstellung von Statistiken über die Zahl indizierter bzw. medizinisch nicht indizierter Sectiones aus. In Deutschland ist für die Begleichung von Operations- und Krankenhauskosten durch die Krankenversicherungen der Nachweis einer medizinischen Indikation erforderlich. Ist eine solche nicht zu erstellen, muss derzeit wie dargestellt die Gebärende die Kosten selbst tragen. Für eine Transparenz der Kosten und Sectioraten aber müssten auch alle elektiven Sectiones als solche von den behandelnden Ärzten eindeutig deklariert werden. Da jedoch denkbar ist, dass nicht auf die Krankenkasse als sicherem Leistungserbringer verzichtet werden soll und viele Mütter eine Sectio gar nicht bezahlen könnten, zudem viele Möglichkeiten der Indikationsstellung und Deklaration für die Ärzte gegeben sind und auch die Krankenversicherungen diese nicht

793 Hickl; „Wandlungen in der Kaiserschnittindikation"; Gynäkologisch-geburtshilfliche Rundschau 42 (2002); S. 15, 18.

794 4. Kapitel C. II. 2. c) dd).

oder nur eingeschränkt nachprüfen können, bestehen Zweifel an derartiger Klarheit bei Indikationserstellung und Dokumentation bei Schnittentbindungen.

In der Praxis der Krankenhäuser kommen diese Fälle noch recht selten vor – zumindest, wenn man sich auf **Statistiken** bezieht, in denen die Sectio auf Wunsch auch als solche klar bezeichnet wird. Allerdings tritt hier deutlich das Problem hervor, dass die vorgenommenen elektiven Kaiserschnitte auch eindeutig als medizinisch nicht indizierte Eingriffe dokumentiert und damit als von der Patientin selbst zu bezahlende Leistung abgerechnet werden müssen. Die Fehlerhaftigkeit von Statistiken, die Angst vor den Gefahren der Privatliquidation und mangelnde Liquidität der werdenden Mütter sowie letztlich die problematische Vorgehensweise vieler Krankenhäuser und Ärzte, die relative Indikationen annehmen, um die sichere Leistung durch die Krankenkassen zu erhalten, lassen auf ungenaues Datenmaterial und manipulierte Abrechnungen schließen. Auch sind die Indikationskataloge nicht derart sicher und abschließend aufgestellt, weshalb es an einer absoluten Überprüfbarkeit fehlt. Es ist davon auszugehen und wird zum Teil auch anonym mündlich bestätigt, dass es mehr oder minder häufig zur Umgehung der Regelungen des SGB V kommt. Angedrohte rechtliche Konsequenzen sowie (interne) Überprüfungen sind oftmals nicht Erfolg versprechend, da im Einzelnen nicht nachweisbar ist – sei es aufgrund mangelnder oder fälschlicher, „angepasster" bzw. „geschönter" Dokumentation – ob eine Wunschsectio oder eventuell eine Sectio aufgrund „weicher" relativer Indikation stattgefunden hat.

Damit sind jedoch **neue Probleme** auf ganz anderen Gebieten verbunden: Die behandelnden Ärzte müssen der Versicherung melden, dass eine medizinisch nicht indizierte Sectio auf Wunsch stattgefunden hat. Einerseits verletzen sie damit möglicherweise die **ärztliche Schweigepflicht, § 203 StGB.** Das ist zumindest dann der Fall, wenn sie nicht zuvor das Einverständnis der Schwangeren für die Weitergabe der entsprechenden Informationen eingeholt haben und sich von der Schweigepflicht befreien ließen.

Andererseits setzen sie sich mit der Notwendigkeit der Privatliquidation von Wunscheingriffen der Gefahr aus, dass die entstandenen Kosten von der werdenden Mutter nicht bezahlt werden können und sie nur deshalb von der Schnittentbindung Abstand nimmt oder aber die Mutter nach der Entbindung den Zahlungsverpflichtungen nicht nachkommt und der Arzt die entstandenen Kosten nicht eintreiben kann. Führen sie eine Wunschsectio dann dennoch durch unter dem Deckmantel einer vorgeschobenen Indikation, um bei der Krankenkasse den Eingriff abrechnen zu können, erfüllen sie den Tatbestand des **Abrechnungsbetruges, § 263 StGB.**

D. Zusammenfassung

Im gesamten Gesundheitssystem steigen die Kosten. Im Bereich der Geburtshilfe wird dies unter anderem auf steigende Sectioraten zurückgeführt. Allerdings konnte zum einen festgestellt werden, dass die wirkliche Kostenbelastung der verschiedenen Geburtsmodi aufgrund nicht vorhandener Langzeitstudien noch nicht vorliegt. Zum anderen lässt sich aber einschätzen, dass die Geburt durch einen geplanten, elektiven Kaiserschnitt wohl kaum mehr im Vergleich zur vaginalen Geburt mit erhöhten Kosten verbunden ist. Denn Schädigungen von Müttern und durch die Geburt schwerstgeschädigte Kinder verursachen viel höhere – und mit der Sectio vermeidbare – Kosten. Zudem tragen die Länge der Entbindung und insbesondere der Personaleinsatz zu hohen Kosten bei, was sich vor allem bei den zeit- und personalintensiven vaginalen Geburten niederschlägt.

Die Kosten für medizinisch indizierte Eingriffe werden dabei von den Krankenversicherungsträgern übernommen. Fehlt es an der Indikation, müssen vom Patienten gewünschte Eingriffe derzeit selbst getragen werden, da insbesondere staatliche Träger dem Wirtschaftsgebot verpflichtet sind. Dabei müssen Krankenversicherungsträger jedoch bedenken, dass die Kosten bei vaginaler Geburt in Abhängigkeit von der Dauer und den Folgen der Entbindung im Einzelfall viel höher liegen können, vor allem wenn eine sekundäre Notsectio erfolgen muss, als bei der elektiven primären Sectio. Zudem bereiten im Fall der Wunschsectio Wirtschaftlichkeitsgebot und die Versicherungsgesellschaften durch ihre Weigerung, Wunschsectiones in ihre Leistungskataloge aufzunehmen, den Weg für vorgeschobene Indikationen und für die Solidargemeinschaft der Versicherten viel schädlicheren Abrechnungsbetrügereien.

Als sachgerechte Lösung ist, da hier davon ausgegangen wird, dass es für eine elektive primäre Sectio keiner Indikation bedarf und die Wunschsectio eine Alternative zur Vaginalgeburt darstellt, zu fordern, dass die Krankenversicherungsträger auch die Sectio auf Wunsch übernehmen müssen. Langfristig betrachtet würde die Versichertengemeinschaft nicht über Gebühr belastet und das staatliche Wirtschaftlichkeitsgebot nicht unterlaufen.

7. Kapitel: Fazit

Die spontane vaginale Geburt ist zwar die klassische Art der Entbindung in der Geburtshilfe, wie sie seit alters her praktiziert und noch immer bevorzugt ausgeübt wird. Jedoch wurde durch moderne Operations- und Anästhesieverfahren, perioperative Antibiotikagabe, Thromboseprophylaxe, Verfügbarkeit von Bluttransfusionen sowie modernste postoperative Behandlungen der Kaiserschnitt als sicherer Entbindungsweg etabliert. Die medizinischen und gesellschaftlichen Veränderungen und insbesondere die gewandelte Beziehung zwischen Arzt und Patientin werden auch in Zukunft die Raten der medizinisch nicht indizierten Schnittentbindungen ansteigen lassen.

Dabei unterscheiden sich diese medizinisch nicht indizierten Kaiserschnitte von medizinisch indizierten dadurch, dass Ersteren keinerlei Heilanzeige, d. h. kein Anlass zu ärztlichem Eingreifen zugrunde liegt. Nach den in dieser Arbeit dargestellten Voraussetzungen und aufgrund der Daten neuerer Studien kann aber davon ausgegangen werden, dass einer geplanten primären Sectio nach risikoarmer Schwangerschaft in Spinalanästhesie bei Gabe entsprechender Magenschutztherapie sowie Antibiotika- und Thromboseprophylaxe, Vornahme durch qualifiziertes Fachpersonal innerhalb der Kerndienstzeit in einem ausreichend ausgestatteten Krankenhaus, eine äußerst geringe Letalität bzw. Mortalität und Morbidität anhaftet. Zudem können einige der schwersten Komplikationen bei vaginaler Entbindung für das Kind mit der Sectio verhindert werden, beispielsweise intrapartal auftretende Atemstillstände, Herz-Kreislauf-Versagen, Plexusparesen und Dystokien. Befürworter der Sectio auf Wunsch können zudem auf zahlreiche organisatorische Vorteile wie die geplante Aufnahme zur Entbindung, die frühzeitige Regelung der familiären und beruflichen Verpflichtungen, die Vermeidung von Gefahren infolge Terminüberschreitung, die Überbrückung von Engpässen in den Kliniken besonders an Wochenenden und Feiertagen sowie die Möglichkeit der Minderung von Ängsten der Mutter verweisen. Aber zunehmend werden auch die medizinischen Vorteile für die Gesundheit der Mutter angebracht, vor allem die Schonung des Beckenbodens und die Schmerzausschaltung bei gleichzeitiger Aufrechterhaltung des Bewusstseins sowie die kurze Entbindungsdauer sind hier zu nennen.

Dem Wunsch der werdenden Mutter nach einer Sectio stehen damit begründete Überlegungen zur Seite und im Ergebnis kann die Sectio auf Wunsch daher auch nicht nur als bloße „Mode“ in der Wahl des Entbindungsweges abgetan werden. Zwar ist die Sectio eine richtige Operation mit allen ihr innewohnenden Problemen und Risiken, beispielsweise Thrombosenbildung, Embolien, Verwachsungen oder Problemen, die aus der Narkose selbst erwachsen. Dem Operationsrisiko, dem sich die schwangere Frau aussetzt, treten aber das geringere Verletzungsrisiko des Kindes und die Erhaltung von Gesundheit und Lebensstandard der Frau auf längere Sicht bei der geplanten primären Sectio gegenüber. Sehr hohe Sicherheitsstandards bei den Kaiserschnitten hierzulande minimieren zudem das Restrisiko.

Aus der Abwägung der Vor- und Nachteile bei der elektiven primären Sectio caesarea und der Vaginalgeburt folgt, dass die elektive Schnittentbindung eine echte Alternative zur vaginalen Geburt darstellt. Daher – und aufgrund der Möglichkeit, die Gesundheit von Mutter und Kind durch einen solchen Kaiserschnitt langfristig besser zu wahren – bedarf es zur Vornahme der elektiven primären Sectio keiner Indikation. Die Wunschsectio ist mithin zunächst medizinisch zulässig.

Die Durchführung der elektiven primären Sectio durch den Arzt ist als medizinisch zwar zulässige, aber dennoch nicht indizierte ärztliche Maßnahme schon tatbestandlich nach allen Ansichten eine Körperverletzung. Die Wunschsectio ist mithin kein Heileingriff, da sie auch nicht subjektiv vom Arzt zu Heilzwecken durchgeführt wird. Der behandelnde Arzt kann sich deshalb strafbar machen, wenn er eine Sectio durchführt und ihm keine Rechtfertigungsgründe zur Seite stehen. Daher ist nach erfülltem Tatbestand eine Rechtfertigung entscheidend, um einer Strafbarkeit wegen Körperverletzung zu entgehen. Die rechtlichen Voraussetzungen medizinisch nicht indizierter Sectiones auf Wunsch gründen sich zuallererst auf die rechtswirksam abgegebene und nicht widerrufene Einwilligung. Diese muss in einen nicht sittenwidrigen ärztlichen Eingriff nach umfassender, besonders intensiver und rechtzeitiger Aufklärung durch den Arzt erklärt worden sein. Und nicht zuletzt muss die Durchführung der Sectio lege artis, d. h. entsprechend der Regeln der ärztlichen Kunst und dem medizinischen Standard, gewesen sein.

Die Schwangere muss also an erster Stelle rechtswirksam einwilligen. Diese Einwilligung nach gewissenhafter Risikoabwägung ist Ausdruck des verfassungsrechtlich geschützten Selbstbestimmungsrechtes der Frau als Patientin und werdender Mutter. Mithin ist ihr persönlicher Wille hinsichtlich des bevorzugten Entbindungsweges zu beachten. Durch die Tatsache, dass die Risiken der Schnittenbindung – zumindest in den westlichen Industrieländern – immer geringer und umgekehrt dazu die möglichen Komplikationen der Vaginalgeburt immer deutlicher hervortreten, entsteht vor dem Entbindungstermin eine Entscheidungssituation, die es einer einwilligungsfähigen und dispositionsbefugten, selbst bestimmten und frei von Zwang und Täuschung entscheidenden schwangeren Frau nach intensiver Aufklärung ermöglichen muss, mitzubestimmen, welchen Entbindungsweg sie präferiert und damit, welche Risiken sie für ihr Kind und für sich selbst in Kauf nehmen möchte. Als Sachwalterin der Rechte des Kindes kann die Schwangere insoweit auch für das Kind einwilligen.

Damit sie aber selbstbestimmt entscheiden und einwilligen kann, muss sie weitreichend und besonders intensiv aufgeklärt worden sein. Liegt nämlich keine irgendwie geartete Indikation für den medizinischen Eingriff des Kaiserschnittes vor, sind die Anforderungen an die rechtlichen Voraussetzungen zu seiner Durchführung besonders hoch. Der Schwangeren ist für ihre Einwilligung während der Aufklärung insbesondere deutlich vor Augen zu führen, dass die Sectio eine (klinische) Operation mit allen – auch unangenehmen und möglicherweise pathologischen – Nebenwirkungen darstellt und diese nicht medizinisch indiziert ist.

Bei einer solchen Aufklärung muss die Schwangere daher besonders sorgfältig und umfassend über Risiken und etwaige schädliche Folgen der Sectio im konkreten Einzelfall aufgeklärt werden. Eine Aufklärung im Großen und Ganzen genügt den Anforderungen nicht. Vor allem eventuell bleibende Entstellungen und mögliche gesundheitliche Beeinträchtigungen bei weiteren Schwangerschaften müssen besprochen werden, damit die werdende Mutter genau abwägen kann, ob sie einen möglichen Misserfolg des sie neben allen Vorteilen auch belastenden Eingriffs in Kauf nehmen will. Dabei muss die werdende Mutter vom Arzt ausdrücklich darüber aufgeklärt werden, dass durch die Sectio die Wahrscheinlichkeit ansteigen kann, dass bei einer nachfolgenden Schwangerschaft und Geburt Komplikationen auftreten können, beispielsweise Plazentationsstörungen oder Uterusrupturen, womit die Frau von vornherein als Risikoschwangere einzustufen ist. Dies müssen insbesondere Frauen, die sich weitere Kinder wünschen, schon vor der ersten Entbindung berücksichtigen. Risiken jeweils für die Schwangere und das Kind, auch wenn diese noch so entfernt, außergewöhnlich und selten sind, müssen deutlich gemacht werden. Für die Aufklärung vor einer Wunschsectio bedeutet dies somit, dass der Arzt mehrere Tage vor der eigentlichen Operation, am besten bei der Festlegung des Entbindungstermins, persönlich, detailliert und vollständig sowohl über Mortalitäts- und Morbiditätsraten spricht, auf Fragen eingehend und erschöpfend antwortet sowie deutlich, realistisch aber neutral darlegt, was auf die Frau zukommt. Eine gründliche, eindeutige und fehlerfreie Patientinnenaufklärung muss bei der Wunschsectio zudem den nochmaligen Hinweis auf das Fehlen der Indikation und das Vorstellen der vaginalen Entbindungsalternative umfassen und die damit verbundene Information, dass medizinisch nicht indizierte Eingriffe von den Krankenversicherungsträgern derzeit zumindest nicht übernommen werden und daher von der Frau selbst zu bezahlen sind.

Aufgrund der weiten Auslegung des Wortes „Heileingriff" durch Rechtsprechung und Schrifttum muss einer solchen medizinisch nicht indizierten ärztlichen Maßnahme auch nicht einmal eine Krankheit im eigentlichen Sinne zugrunde liegen. Aus dieser mangelnden Indikation und dem Fehlen einer zugrunde liegenden Krankheit kann jedoch nicht gefolgert werden, dass Sittenwidrigkeit des ärztlichen Handelns und damit der Wunschsectio selbst vorläge. Die zwar nicht indizierte, aber lege artis durchgeführte elektive Sectio ist nach umfassender, intensiver Aufklärung nicht sittenwidrig. Daher kann die Schwangere in diese Sectio auf Wunsch auch rechtswirksam einwilligen. Für den Arzt bedeutet dies, dass trotz fehlender Indikation eine Schnittentbindung auf Wunsch, dem ernsthaften und nachdrücklichen Anliegen der Schwangeren also wenn keine Kontraindikation vorliegt, nachgegeben werden darf. Der Arzt muss aber den besonders hohen Anforderungen an Aufklärung und Beratung als auch – in seinem eigenen Interesse – Dokumentation genügen.

Der Arzt, der nach diesen Konzessionen sowie unter Beachtung aller Sorgfaltspflichten eine von der Frau gewünschte Schnittentbindung bei ihr vornimmt, ist auch gerechtfertigt und macht sich mithin nicht strafbar. Eben diese Anforderungen an die strafrechtliche Rechtfertigung des Arztes sind gleichfalls entscheidend bei der zivilrechtlichen Arzthaftung und dem Berufs- und Standesrecht. Folglich ist die Wunschsectio bei Einhaltung der beschriebenen Voraussetzungen zur Rechtfertigung ärztlichen Handelns auch rechtlich zulässig.

Ein Arzt darf jedoch nicht zu einer Sectio verpflichtet werden, auch wenn diese medizinisch und rechtlich zulässig ist. Jeder Arzt und Geburtshelfer kann entsprechend seiner persönlichen und beruflichen Ethik handeln. Die Durchführung einer Schnittentbindung verletzt allerdings nicht den Hippokratischen Eid, da gemäß dessen Inhalt die Gesundheit zweier Menschen geschützt bzw. erhalten und das Selbstbestimmungsrecht der Mutter geachtet wird. Deshalb ist eine Wunschsectio auch nicht, wie oft angenommen, unmoralisch oder gar unärztlich. Hierzu ist – trotz der erheblichen Widerstände vor allem der Hebammenverbände – zu sagen, dass sich die Geburtshilfe in der heutigen Zeit umorientieren muss und nicht aus historischen Gründen oder aus Furcht vor dem Verlust des eigenen Berufsstandes es als höchste Aufgabe der Geburtshilfe ansehen darf, eine vaginale Geburt zu erzielen. Das erscheint im Zeitalter modernster Medizin und Risikokontrolle sowie der Selbstbestimmung der Schwangeren statt des paternalistischen ärztlichen Handelns nicht mehr gerechtfertigt. Hinzukommen muss gerade aus dem Bereich der Geburtshilfe und deren Ethik die verstärkte Beachtung des Selbstbestimmungsrechtes der Frauen sowie die Erstreckung des Berufsfeldes auf eine verbesserte und verstärkte Schwangerenbetreuung.

Das Bild der Frau, von Schwangerschaft und Mutterschaft, hat sich geändert. Gerade der Gesichtspunkt langfristiger Unversehrtheit der Gesundheit nimmt immer mehr Raum ein. Daher muss die Entbindungsalternative der Wunschsectio auch gesamtgesellschaftlich betrachtet werden. Hier ist besonders auf die demographische Entwicklung und steigende Lebenserwartung der Frauen zu achten, da Lebensstandard und -qualität im Alter schon durch Schwangerschaften und die Art der Entbindung in den jüngeren Jahren entscheidend beeinflusst werden können – vor allem bei Beckenbodenschädigungen und den damit verbundenen Inkontinenzen – und mithin nicht nur persönliche und familiäre, sondern enorme ökonomische Auswirkungen in der Zukunft haben kann. Das spricht dafür, einer gesunden, eingehend aufgeklärten Patientin das Recht zuzusprechen, selbst zu entscheiden, wie sie ihre Kinder bekommen möchte.

Im Ergebnis gelangt man folglich neben der medizinischen und juristischen Zulässigkeit und Rechtfertigung der Wunschsectio auch zu ihrer ethischen Zulässigkeit

Die Akzeptanz des Willens der Frauen hinsichtlich der Geburt ist eine richtige Entwicklung. Nach Durchführung entsprechender ökonomischer Langzeitbetrachtungen kann sich die primäre Sectio zudem als die kostengünstigere Art der Entbindung erweisen. Denn langfristig gesehen kann sich die Vaginalgeburt durchaus als genauso teuer darstellen und gerade die höheren Kosten der Langzeitschäden nach vaginaler Geburt belasten die Versichertengemeinschaft. Die Erkenntnis, dass die Sectio weder ein medizinisches, noch juristisches und auch kein irgendwie geartetes ethisches Problem ist, sollte dazu führen, dass keine Krankenversicherung die Bezahlung einer solchen Schnittentbindung ablehnt.

Auch wenn also nicht schon allein aufgrund von Vorteilen der elektiven primären Sectio von einer Indikation zur Schnittentbindung an sich gesprochen werden kann, sollte ein Umdenken stattfinden. Hohe Vaginalentbindungsraten und niedrige Sectiofrequenzen stehen nicht mehr länger für eine gute Geburtshilfe. Eine solche zeichnet sich nämlich auch durch die Achtung der Autonomie der Frau aus. Dies sollte auch dazu führen, **jeder** Schwangeren eine Information und Aufklärung angedeihen zu lassen, die alle Entbindungsmodi umfasst. Auch sollte das Tabu, mit dem die Risiken der Vaginalgeburt versehen sind, gebrochen und über spezifische Probleme wie Inkontinenz und sexuelle Dysfunktionen gesprochen werden. Es sollte eine durch Gynäkologen und Geburtshelfer angeregte umfassende Diskussion aufgrund der neuen medizinischen Erkenntnisse zu den unterschiedlichen Entbindungsmöglichkeiten in der Öffentlichkeit stattfinden.

Die derzeit noch anzutreffende Restriktion gegenüber der Sectio auf Wunsch kann und wird sich zukünftig dann ändern, wenn die in der Gesellschaft vollzogenen Veränderungen und die in dieser Arbeit besprochenen Aspekte Eingang in die Geburtshilfe finden und jene Erwägungen auch und vor allem bei Hebammen bzw. Geburtshelfern und Ärzten sowie Juristen und Versicherungsträgern einen anderen Stellenwert erhalten.

Anhang

Anhang I

Der Hippokratische Eid

„Ich schwöre, Apollon den Arzt und Asklepios und Hygieia und Panakeia und alle Götter und Göttinnen zu Zeugen anrufend, dass ich nach bestem Vermögen und Urteil diesen Eid und diese Verpflichtung erfüllen werde: den, der mich diese Kunst lehrte, meinen Eltern gleich zu achten, mit ihm den Lebensunterhalt zu teilen und ihn, wenn er Not leidet, mitzuversorgen; seine Nachkommen meinen Brüdern gleichzustellen und, wenn sie es wünschen, sie diese Kunst zu lehren ohne Entgelt und ohne Vertrag; Ratschlag und Vorlesung und alle übrige Belehrung meinen und meines Lehrers Söhnen mitzuteilen, wie auch den Schülern, die nach ärztlichem Brauch durch den Vertrag gebunden und durch den Eid verpflichtet sind, sonst aber niemandem.

Meine Verordnungen werde ich treffen zu Nutz und Frommen der Kranken, nach bestem Vermögen und Urteil; ich werde sie bewahren vor Schaden und willkürlichem Unrecht.

Ich werde niemandem, auch nicht auf seine Bitte hin, ein tödliches Gift verabreichen oder auch nur dazu raten. Auch werde ich nie einer Frau ein Abtreibungsmittel geben. Heilig und rein werde ich mein Leben und meine Kunst bewahren. Auch werde ich den Blasenstein nicht operieren, sondern es denen überlassen, deren Gewerbe dies ist.

Welche Häuser ich betreten werde, ich will zu Nutz und Frommen der Kranken eintreten, mich enthalten jedes willkürlichen Unrechtes und jeder anderen Schädigung, auch aller Werke der Wollust an den Leibern von Frauen und Männern, Freien und Sklaven.

Was ich bei der Behandlung sehe oder höre oder auch außerhalb der Behandlung im Leben der Menschen, werde ich, soweit man es nicht ausplaudern darf, verschweigen und solches als ein Geheimnis betrachten.

Wenn ich nun diesen Eid erfülle und nicht verletze, möge mir im Leben und in der Kunst Erfolg zuteil werden und Ruhm bei allen Menschen bis in ewige Zeiten; wenn ich ihn übertrete und meineidig werde, das Gegenteil.“

Anhang II

Kosten für die Sectio caesarea und die vaginale Geburt nach Fallpauschalen bzw. nach den derzeit aktuellen DRG's

Beispielhaft aus dem Universitätsklinikum Erlangen: „Ergänzende Aufnahmebedingungen (Pflegekostentarif) und Unterrichtung des Patienten nach § 14 Absatz 12 BPflV“ mit Geltung ab dem 01.12.2003:

Gruppe 16: Geburt und geburtshilfliche Operationen

16.01: Versorgung eines Neugeborenen auf der Säuglingsstation oder im Säuglingszimmer; einschließlich der Versorgung eines nach der Geburt erkrankten Neugeborenen bis zu dessen interner oder externer pädiatrischer Verlegung oder nach dessen Rückverlegung (Geburt ab dem 260. Schwangerschaftstag); Mindestaufenthalt ein Belegungstag; nach Rückverlegung zwei aufeinanderfolgende Belegungstage (ohne Verlegungs- und Entlassungstag); nur einmal abrechenbar = 444,30 €

16.02: Versorgung eines Frühgeborenen auf der Säuglingsstation oder im Säuglingszimmer; einschließlich der Versorgung eines nach der Geburt erkrankten Frühgeborenen bis zu dessen interner oder externer pädiatrischer Verlegung oder nach dessen Rückverlegung (Geburt ab dem 225. bis 259. Schwangerschaftstag); Mindestaufenthalt ein Belegungstag; nach Rückverlegung zwei aufeinander folgende Belegungstage (ohne Verlegungs- und Entlassungstag); nur einmal abrechenbar = 805,66 €

16.03: Vaginale Entbindung bei Versorgung des Neugeborenen und der Mutter unter 24 Stunden im Krankenhaus (Schwangerschaft, die zur Geburt führt) = 752,35 €

16.041: Vaginale Entbindung, einschließlich bis zu 3 Kalendertagen stationärer Versorgung vor dem Tag der Geburt (Schwangerschaft, die zur Geburt führt, ab dem 260. Schwangerschaftstag) = 1.534,32 €

16.042: wie 16.041 bei Mehrlingen = 2.245,20 €

16.051: Sectio, einschließlich bis zu 3 Kalendertagen stationärer Versorgung vor dem Tag der Geburt (Schwangerschaft, die zur Geburt führt, ab dem 260. Schwangerschaftstag) = 3.098,25 €

16.052: wie 16.051 bei Mehrlingen = 3.240,43 €

16.061: Vaginale Entbindung, einschließlich bis zu 3 Kalendertagen stationärer Versorgung vor dem Tag der Geburt (Schwangerschaft, die zur Geburt eines Frühgeborenen führt, ab dem 225. bis 259. Schwangerschaftstag) = 1.943,07 €

16.062: wie 16.061 bei Mehrlingen = 2.387,37 €

16.071: Sectio, einschließlich bis zu 3 Kalendertagen stationärer Versorgung vor dem Tag der Geburt (Schwangerschaft, die zur Geburt führt, ab dem 225. bis 259. Schwangerschaftstag) = 3.376,68 €

16.072: wie 16.071 bei Mehrlingen = 3.406,30 €

Allerdings trat mit Geltung ab dem 01.01.2004 das neue G-DRG-System in Kraft, wobei alle DRG´s, die Schwangerschaft, Geburt und Wochenbett (MDC 14) betreffen, neu geregelt wurden[795]. Die Geburts-DRG´s lauten 001 (Basis-DRG´s für Sectio caesarea), 002 (Basis-DRG´s für Vaginale Geburt mit operativem Eingriff) und 060 (Basis-DRG´s für Vaginale Geburt). Alle DRG´s in der Geburtshilfe wurden mit der Neureglung abgewertet, was mit beträchtlichen Differenzen und Mindereinnahmen, mithin sogar Verlusten einhergehen kann. Ein Ausgleich dessen könnte aber daraus folgen, dass die höchstbewerteten DRG´s nun leichter zu erreichen sind, was insbesondere jenen Einrichtungen zugute kommt, die einen hohen Anteil von Geburten mit Ko- oder Multimorbiditäten zu verzeichnen haben[796], beispielsweise Universitätskliniken, die bekanntermaßen viele Risikofälle zu betreuen haben.

795 Jap/Bechtold/Schwenzer, Das G-DRG-System in der Gynäkologie und Geburtshilfe; Der Frauenarzt, 45 (2004) Nr. 6, S. 512, 512.

796 Jap/Bechtold/Schwenzer, Das G-DRG-System in der Gynäkologie und Geburtshilfe; Der Frauenarzt, 45 (2004) Nr. 6, S. 512, 517 ff.

Literaturverzeichnis

Al-Mufti, R.; McCarthy, A.; Fisk, N. M., Obstreticians personal choice and mode of delivery, in: Lancet (347) 1996, S. 544.

Alon, E. A.; Rohling, R.; Landau, R.; Donatelli, F.; Varrassi, G.; Krähenmann, F., Anaesthesia for caesarean delivery, in: Huch et al., Sectio caesarea, S. 157 - 163, UNI-MED Verlag AG Bremen, 2001.

Anthuber, C.; Hepp, H., Wunschsektio – aktueller Stand des Irrtums? Gynäkologe 33 (2000), S. 847 - 848.

Becker – Schwarze, K., Rechtliche Probleme bei einer Sektio auf Wunsch? Zentralblatt für Gynäkologie 123 (2001), S. 111 - 116.

Beller, F. K., Informed consent, Patientenaufklärung oder Patienteninformation? in: Huch et al., Sectio caesarea, S. 25 - 28, UNI-MED Verlag AG Bremen, 2001.

Bender, A., Entbindungsmethoden und ärztliche Aufklärungspflicht, NJW 1999, S. 2706 - 2709.

Bopp, A., Kaiserschnitt auf Wunsch, Rowohlt Taschenbuch Verlag GmbH, Reinbek bei Hamburg, April 2003.

Bremerich, D. H.; Kaufmann, M.; Dudziak, R., Geburtshilfliche Anästhesie, Deutsches Ärzteblatt (2001), S. A 835 - A 838.

Breymann, C., Sectio caesarea und Myomenukleation, in: Huch et al., Sectio caesarea, S. 98 - 102, UNI-MED Verlag AG Bremen, 2001.

Breymann, C.; Eckardt, K. U.; Huch, R., Blutverlust und Blutbildung bei der Geburt, in: Huch et al., Sectio caesarea, S. 166 - 174, UNI-MED Verlag AG Bremen, 2001.

Bucher, H. U., Vom Feten zum Neugeborenen: Kindliche Risiken bei der Entbindung durch Sectio, in: Huch et al., Sectio caesarea, S. 104 - 106, UNI-MED Verlag AG Bremen, 2001.

Bülow, A., Aufklärungs- und Behandlungsfehler bei der Sectio caesarea, Rostocker Medizinrechtliche Reihe, Band 1, Shaker Verlag GmbH Aachen, 2003.

Dettmeyer, R., Medizin und Recht für Ärzte: Grundlagen – Fallbeispiele – medizinrechtliche Fragen, Springer – Verlag Berlin, Heidelberg, New York, 2001.

Deutsch, E.; Spickhoff, A., Medizinrecht: Arztrecht, Arzneimittelrecht, Medizinprodukterecht und Transfusionsrecht, 5. Auflage, Springer – Verlag Berlin, Heidelberg, New York, 2003.

Dietl, J., Infektionsrisiken beim Kaiserschnitt und deren Vermeidung, in: Huch et al., Sectio caesarea, S. 57 - 60, UNI-MED Verlag AG Bremen, 2001.

Dudenhausen, J. W., Absolute und relative Sectio-Indikation, in: Huch et al., Sectio caesarea, S. 80 - 81, UNI-MED Verlag AG Bremen, 2001.

Dudenhausen, J. W.; Schneider, H. P. G., (Hrsg.), Frauenheilkunde und Geburtshilfe, Verlag Walter de Gruyter & Co., Berlin, New York, 1994.

Dürig, H.; Schneider, H., Einmal Sectio caesarea immer Sectio caesarea: Wieder zutreffend? in: Huch et al., Sectio caesarea, S. 66 - 71, UNI-MED Verlag AG Bremen, 2001.

Ehlers, A. P. F., Die ärztliche Aufklärung vor medizinischen Eingriffen. Bestandsaufnahme und Kritik, Bd. 5 der Schriftenreihe Arzt-, Krankenhaus- und Gesundheitsrecht, Hrsg. W. Gitter und M. Heinze, Carl Heymanns Verlag KG Köln, Berlin, Bonn, München, 1987.

Ehlert, U., Psychische Aspekte der Entbindung. Ist die Sectio caesarea ein Stressor mit negativen Konsequenzen? in: Huch et al., Sectio caesarea, S. 199 - 202, UNI-MED Verlag AG Bremen, 2001.

Entezami, M.; Fenger, H., Gynäkologie und Recht, Springer – Verlag Berlin, Heidelberg, New York 2004.

Faridi, A.; Willis, S.; Schumpelick, V.; Rath, W., Anale Inkontinenz. Ein Argument für den Kaiserschnitt auf Wunsch? Deutsches Ärzteblatt (1999) Heft 1-2, S. A 42, 48.

Feige, A., Die Wunschsectio aus betriebs- und volkswirtschaftlicher Sicht, in: Huch et al., Sectio caesarea, S. 36 - 39, UNI-MED Verlag AG Bremen, 2001.

Fisk, N., Caesarean section for everyone? in: Huch et al., Sectio caesarea, S. 29 - 30, UNI-MED Verlag AG Bremen, 2001.

Friese, K., Sectiotechnik – konservatives Vorgehen, in: Huch et al., Sectio caesarea, S. 150 - 152, UNI-MED Verlag AG Bremen, 2001.

Gaisbauer, G., Die „programmierte Geburt“ aus haftungsrechtlicher Sicht, VersR 1994, S. 904 - 905.

Göben, J., Das Mitverschulden des Patienten im Arzthaftungsrecht, Schriftenreihe Recht und Medizin, Bd. 39, Europäischer Verlag der Wissenschaften, Peter Lang GmbH – Frankfurt am Main, Berlin, Bern, New York, Paris, Wien 1998.

Haller, U.; Hepp, H.; Winter, R.; Hecher, K., Sectio nach Wunsch oder elektive Sectio: Aufforderung zum Umdenken, Gynäkologisch-geburtshilfliche Rundschau, 42 (2002), S. 1 - 3.

Heberer, J., Das ärztliche Berufs- und Standesrecht: Lehr- und Handbuch des Arztrechts für Ärzte und Juristen, 2. Auflage, ecomed verlagsgesellschaft AG & Co. KG – Landberg/Lech, 2001.

Hecher, K., Geburtshilfe im Wandel, Frauenarzt 43 (2002) Nr. 8, S. 886 - 888.

Heinemann, N., Frau und Fötus in der Prä- und Perinatalmedizin aus strafrechtlicher Sicht, Schriftenreihe Medizin in Recht und Ethik, Bd. 35, Nomos Verlagsgesellschaft Baden – Baden, 1. Auflage 2000.

Hickl, E.-J., Wandlungen in der Kaiserschnittindikation, Gynäkologisch-geburtshilfliche Rundschau, 42 (2002), S. 15-18.

Hickl, E.-J.; Franzki, H. et al.: Arbeitsgemeinschaft Medizinrecht der DGGG (AGMEDR): Stellungnahme zu absoluten und relativen Indikationen zur Sectio caesarea und zur Frage der so genannten Sectio auf Wunsch, Frauenarzt 42 (2001) Nr. 11, S. 1311 - 1317.

Hiersche, F., Die rechtliche Position der Hebamme bei der Geburt: Vertikale oder horizontale Arbeitsteilung, Schriftenreihe Recht und Medizin, Band 59; Peter Lang GmbH Europäischer Verlag der Wissenschaften, Frankfurt am Main 2003.

Hohlfeld, P., Caesarean section on request, in: Huch et al., Sectio caesarea, S. 115 - 118, UNI-MED Verlag AG Bremen, 2001.

Huch, A., Sectio caesarea: die Zürcher Operationstechnik, in: Huch et al., Sectio caesarea, S. 139 - 146, UNI-MED Verlag AG Bremen, 2001.

Husslein, P., Elektive Sectio versus vaginale Geburt – Ist das Ende der herkömmlichen Geburtshilfe erreicht? in: Huch et al., Sectio caesarea, S. 107 - 114 UNI-MED Verlag AG Bremen, 2001.

Husslein, P., Elektive Sectio, Gynäkologisch-geburtshilfliche Rundschau, 42 (2002), S. 22-24.

Jaisle, F., Schnittentbindung in den Akten der Justiz. Eine Hilfe für Ärzte und Juristen zur Bewertung von Geburtskomplikationen, Gustav Fischer Verlag – Stuttgart, Jena, New York, 1995.

Jap, D.; Bechtold, I.; Schwenzer, T., Das G-DRG-System in der Gynäkologie und Geburtshilfe, Der Frauenarzt, 45 (2004) Nr. 6, S. 512 - 521.

Junker, C.,Pflichtverletzung, Kindesexistenz und Schadensersatz: wrongful life, wrongful birth, wrongful pregnancy, wrongful adoption & wrongful parenthood, Schriften zum internationalen Recht, Bd. 130, Duncker & Humblot GmbH – Berlin, 2002.

Kern, B. R.; Laufs, A., Die ärztliche Aufklärungspflicht, 193 - 196, in: Laufs, A., Arztrecht, 5. Auflage, Schriftenreihe der Neuen Juristischen Wochenschrift, H. 29, C. H. Beck'sche Buchdruckerei, Nördlingen, München, 1993.

Krause, M., Quo vadis Geburtshilfe? Frauenarzt 43 (2002) Nr. 5, S. 572 - 574.

Künzel, W., Kindliche Risiken bei der Entbindung Sectio caesarea bei Frühgeburt und am Termin, in: Huch et al., Sectio caesarea, S. 90 - 92, UNI-MED Verlag AG Bremen, 2001.

Künzel, W. (Hrsg.), Klinik der Frauenheilkunde und Geburtshilfe (Bd. 6), 4. Auflage, Urban & Fischer Verlag, München, Jena, 2003.

Laufs, A., Die Entwicklung des Arztrechts 1991/92, NJW 1992, S. 1529 - 1539.

Laufs, A., Hiersche, H.-D., Anmerkung zum BGH Urt. v. 16.2.1993 – VI ZR 300/91, NJW 1993, Heft 37, S. 2375.

Laufs, A.; Uhlenbruck, W., Handbuch des Arztrechts, 3. Auflage, Verlag C. H. Beck oHG, München, 2002.

Lauper, U.; Rohling, K.; Rudin, C. und die Swiss HIV Mother and Child Cohort Study, Primäre Sectio caesarea und die Prävention der vertikalen HIV-1 Infektion, in: Huch et al., Sectio caesarea, S. 95 - 97, UNI-MED Verlag AG Bremen, 2001.

Leipziger Kommentar zum Strafgesetzbuch, §§ 223 - 233, 11. Auflage, Walter de Gruyter GmbH & Co. KG, Berlin, Mai 2001.

Lexikon der Bioethik, Band 1: A - G; Band 2: G - Pa, hrsg. im Auftrag der Görres-Gesellschaft von Wilhelm, Korff in Verbindung mit Ludger Honnefelder, Gütersloh: Gütersloher Verl.-Haus, 1998.

Litschgi, M., Geschichte der abdominalen Schnittentbindung, in: Huch et al., Sectio caesarea, S. 18 - 21, UNI-MED Verlag AG Bremen, 2001.

Litschgi, M., die Sectio – Technik im Wandel der Zeit; in: Huch et al., Sectio caesarea, S. 135 - 139, UNI-MED Verlag AG Bremen, 2001.

Ludwig, H., Gibt es ein ethisches Dilemma um die Wunschsectio? in: Huch et al., Sectio caesarea, S. 121 - 124, UN-MED Verlag AG Bremen, 2001.

Martius, G.; Breckwoldt, M.; Pfleiderer, A. (Hrsg.), Lehrbuch der Gynäkologie und Geburtshilfe, 2. Auflage, Georg Thieme Verlag, Stuttgart, New York, 1996.

Martius, G. (Hrsg.), Rechtliche Probleme in Geburtshilfe und Gynäkologie: eine Fallsammlung zu den Themen Haftung, Aufklärung, Behandlungsfehler und Schweigepflicht/ Ulsenheimer, K.; Schlüter, U.; Böcker, M. H.; Bayer, M., Bücherei des Frauenarztes, Beihefte der Zeitschrift für Geburtshilfe und Perinatologie, Bd. 34, Ferdinand Enke Verlag – Stuttgart, 1990

Münchener Kommentar zum Strafgesetzbuch, Bd. 3, §§ 185 - 262, Verlag C. H. Beck, Std. München, Mai 2003.

Neuefeind, W., Arzthaftungsrecht. Ein Überblick für Rechtsanwender, Ärzte und Patienten, 3. Auflage, Tectum Verlag – Marburg, 2001.

Nomos Kommentar zum Strafgesetzbuch, Loseblattsammlung, Bd. 4, Std. 13. Lieferung 2003, Nomos Verlagsgesellschaft Baden-Baden.

Nowak, O., Leitlinien in der Medizin – Eine haftungsrechtliche Betrachtung, Schriftenreihe Recht und Medizin, Band 51; Peter Lang GmbH Europäischer Verlag der Wissenschaften, Berlin, Bern New York, Paris, Wien, Frankfurt am Main, 2002.

Orben, S., Rechtliche Verantwortung für Behandlungsfehler, Hallesche Schriften zum Recht, Bd. 19, Carl Heymanns Verlag KG – Köln, Berlin, München, 2002.

Oster, J., Kaiserschnitt – die leichtere Geburt? Leben und Erziehen, Oktober 2003, S. 24 - 26.

Papaneofytou, A., Die strafrechtliche Bewertung des ärztlichen Heileingriffs nach griechischem und deutschen Recht, Europäische Hochschulschriften Reihe 2, Bd. 213, Verlag Peter Lang GmbH, Frankfurt am Main, 1980.

Patel, N., Society and indications for caesarean section, in: Huch et al., Sectio caesarea, S. 11, UNI-MED Verlag AG Bremen, 2001.

Pschyrembel, Klinisches Wörterbuch, mit 250 Tabellen / bearbeitet von der Wörterbuch-Redaktion des Verlages, 259.Auflage, Walter de Gruyter GmbH & Co. KG, Berlin 2002.

Rath, W., Perioperative Blutungs- und Thromboembolieprophylaxe, in: Huch et al., Sectio caesarea, S. 174 - 181, UNI-MED Verlag AG Bremen, 2001.

Riha, O., Ethik in der Medizin: Eine Einführung, Schriftenreihe des Instituts für Ethik in der Medizin, Leipzig e. V., Band 1, Shaker Verlag Aachen 1998.

Rüttimann, B., Historische Probleme des Kaiserschnittes, in: Huch et al., Sectio caesarea, S. 14 - 18, UNI-MED Verlag AG Bremen, 2001.

Schellenberg, J. C., Statements on caesarean section on request, in: Huch et al., Sectio caesarea, S. 111 - 115, UNI-MED Verlag AG Bremen, 2001.

Schmidt, S., Die fetale Indikation zur Sectio caesarea, in: Huch et al., Sectio caesarea, S. 81 - 90, UNI-MED Verlag AG Bremen, 2001.

Schmidt, S., Mütterliche Mortalität: Erfassung und Konsequenzen, in: Huch et al., Sectio caesarea, S. 43 - 45, UNI-MED Verlag AG Bremen, 2001.

Schmidt, W.; Hendrik, H. J., Mütterliche Kurz- und Langzeitmorbidität der Geburt im Spiegel der zunehmenden Lebenserwartung, in: Huch et al., Sectio caesarea, S. 54 - 57, UNI-MED Verlag AG Bremen, 2001.

Schmutzler, R. K., Herlyn – Elger, M., Rhiem, K., Bücker – Nott, H., Roemer, V. M. Einstellung deutscher Gynäkologen und Gynäkologinnen zur Wunschsectio, Frauenarzt 44 (2003) Nr. 6, S. 632 - 636.

Schnabel, C., Fehlendes Vertrauen, Mitteldeutsche Zeitung, Donnerstag 6. Mai 2004, S. 28.

Schneider, H., Die Wunschsectio – Eine gleichwertige Alternative zur Spontangeburt? Gynäkologisch-geburtshilfliche Rundschau, 42 (2002), S. 4 - 11.

Schneider, K. T. M., Sectio nach Wunsch – Muss man hinsichtlich der Morbiditätsrisiken umdenken? Gynäkologisch-geburtshilfliche Rundschau, 42 (2002) S. 12 - 14.

Schneider, K. T. M.; Schelling, M.; Gnirs, J.; Lack, N., Wunschsectio und Morbiditätsrisiken bei Mutter und Kind, in: Huch et al., Sectio caesarea, S. 118 - 121, UNI-MED Verlag AG Bremen, 2001.

Schönke, A.; Schröder, H., Kommentar zum Strafgesetzbuch, 26. Auflage, Verlag C. H. Beck, München 2001.

Schücking, B. A., Bedeutung des Geburtserlebnisses für Frau und Partner, in: Huch et al., Sectio caesarea, S. 194 - 195, UNI-MED Verlag AG Bremen, 2001.

Starck, M., Modifizierter und vereinfachter (sanfter) Kaiserschnitt, Ärzteblatt Thüringen 14 (2003), S. 347 - 350.

Steer, P. J., Caesarean section, an evolving procedure, in: Huch et al., Sectio caesarea, S. 11 - 14, UNI-MED Verlag AG Bremen, 2001.

Stoll, W., Geschichte der Sectio im 20. Jahrhundert, in: Huch et al., Sectio caesarea, S. 21 - 25, UNI-MED Verlag AG Bremen, 2001.

Sultan, A. H., Effects of vaginal delivery on the anal sphincter, in: Huch et al., Sectio caesarea, S. 78 - 79, UNI-MED Verlag AG Bremen, 2001.

Szucs, T. D., Medizinisch-ökonomische Aspekte der vaginalen Geburt im Vergleich zur Sectio caesarea, in: Huch et al., Sectio caesarea, S. 39 - 42, UNI-MED Verlag AG Bremen, 2001.

Tröndle, H.; Fischer, T., Beck´sche Kurzkommentare Bd. 10 Strafgesetzbuch und Nebengesetze, 52. Auflage, Verlag C. H. Beck oHG, München 2004.

Ulsenheimer, K., Arztstrafrecht in der Praxis, 3. Auflage, C. F. Müller Verlag, Hüthig GmbH & Co. KG, Heidelberg, 2003.

Ulsenheimer, K., Ausgreifende Arzthaftpflichtjudikatur und Defensivmedizin – ein Verhältnis von Ursache und Wirkung; Berliner Medizinrechtliche Schriften, hrsg. von Prof. Dr. Uwe Körner, Humanitas Verlag Dortmund, Druck in Berlin August 1997.

Ulsenheimer, K., Operative Wunscheingriffe aus rechtlicher Sicht in: Huch et al., Sectio caesarea, S. 125 - 130, UNI-MED Verlag AG Bremen, 2001

Ulsenheimer, K., Wunschsektio: forensische Aspekte, Der Gynäkologe 12 (2000), S. 882 - 886.

Ulsenheimer, K., Zur zivil- und strafrechtlichen Verantwortlichkeit des Arztes unter besonderer Berücksichtigung der neueren Judikatur und ihrer Folgen für eine defensive Medizin, MedR 3 (1992), S. 127 - 134.

Vetter, K., Geburtseinleitung und EE – Zeit kritisch betrachtet, Frauenarzt 44 (2003) Nr. 6, S. 630 - 631.

Vetter, K, Sectio caesarea – Risiken für die nachfolgende Schwangerschaft, in: Huch et al., Sectio caesarea, S. 60 - 66, UNI-MED Verlag AG Bremen, 2001.

Voigt, M.; Friese, K., Die Sectio caesarea in Deutschland, in: Huch et al., Sectio caesarea, S. 32 - 35, UNI-MED Verlag AG Bremen, 2001.

Wachter, I., Könnte die Sectio zum bevorzugten Entbindungsmodus der Zukunft werden? Frauenarzt 43 (2002) Nr. 8, S. 902 - 905.

Waldenström, U., Significance of the Birth Experience, for the Woman and her Partner, in: Huch et al., Sectio caesarea, S. 196 - 199, UNI-MED Verlag AG Bremen, 2001.

Weißauer, W., Bogengestützte Aufklärung mit Beweissicherung. Eine Erwiderung auf den Beitrag in Der Anästhesist 12/98, S. 1007-1010, Der Anästhesist 48, Nr. 4 (1999), S. 284 - 287

Welsch, H., Sectiomortalität und -letalität in Bayern 1983 - 1999, in: Huch et al., Sectio caesarea, S. 47 - 50, UNI-MED Verlag AG Bremen, 2001.

Wenderlein, M., BEL – Sectio und Selbstbestimmungsrechte, Frauenarzt 43 (2002) Nr. 5, S. 574 - 575.

Winkler, C. H., Die globale Entwicklung der Sectiorate, in: Huch et al., Sectio caesarea, S. 30 - 32, UNI-MED Verlag AG Bremen, 2001.

Wisser, J., Sonomorphologische Veränderungen des anterioren Beckenbodenkompartiments nach vaginaler Geburt, in: Huch et al., Sectio caesarea, S. 75 - 78, UNI-MED Verlag AG Bremen, 2001.

Zimmermann, R., Mütterliche Risiken im Zusammenhang mit einem Kaiserschnitt – Erfahrungen aus der Schweiz, in: Huch et al., Sectio caesarea, S. 50 - 54, UNI-MED Verlag AG Bremen, 2001.

Stichwortverzeichnis

Die Reihe RECHT UND MEDIZIN wird von den Professoren Deutsch (Göttingen), Laufs (Heidelberg) und Schreiber (Göttingen) herausgegeben. Ihre Aufgabe ist es, Monographien und Dissertationen auf dem Gebiet des medizinischen Rechts zu veröffentlichen. Dieses Gebiet, das an Bedeutung noch zunehmen wird, umfaßt auf der juristischen Seite sowohl zivilrechtliche als auch straf- und öffentlich-rechtliche Fragestellungen. Die Fragen können von der juristischen oder von der medizinischen Seite aus untersucht werden. Übergreifendes Ziel ist es, den medizin-rechtlichen Fragen nicht etwa ein gängiges juristisches Denkschema überzuwerfen, sondern die besonderen Probleme der Regelung medizinischer Sachverhalte eigenständig aufzufassen und darzustellen.

Die Adressen der drei Herausgeber sind:

Prof. Dr. Dr. h.c. Erwin Deutsch (Zivilrecht und Rechtsvergleichung)
Höltystraße 8
37085 Göttingen

Prof. Dr. Dr. h.c. Adolf Laufs (Zivilrecht und Rechtsgeschichte)
Kohlackerweg 12
69151 Neckargemünd

Prof. Dr. Dr. h.c. Hans-Ludwig Schreiber (Strafrecht und Rechtstheorie)
Grazer Str. 14
30519 Hannover

RECHT UND MEDIZIN

Band 1 Erwin Deutsch: Das Recht der klinischen Forschung am Menschen. Zulässigkeit und Folgen der Versuche am Menschen, dargestellt im Vergleich zu dem amerikanischen Beispiel und den internationalen Regelungen. 1979.

Band 2 Thomas Carstens: Das Recht der Organtransplantation. Stand und Tendenzen des deutschen Rechts im Vergleich zu ausländischen Gesetzen. 1979.

Band 3 Moritz Linzbach: Informed Consent. Die Aufklärungspflicht des Arztes im amerikanischen und im deutschen Recht. 1980.

Band 4 Volker Henschel: Aufgabe und Tätigkeit der Schlichtungs- und Gutachterstellen für Arzthaftpflichtstreitigkeiten. 1980.

Band 5 Hans Lilie: Ärztliche Dokumentation und Informationsrechte des Patienten. Eine arztrechtliche Studie zum deutschen und amerikanischen Recht. 1980.

Band 6 Peter Mengert: Rechtsmedizinische Probleme in der Psychotherapie. 1981.

Band 7 Hazel G.S. Marinero: Arzneimittelhaftung in den USA und Deutschland. 1982.

Band 8 Wolfram Eberbach. Die zivilrechtliche Beurteilung der *Humanforschung*. 1982.

Band 9 Wolfgang Deuchler: Die Haftung des Arztes für die unerwünschte Geburt eines Kindes ("wrongful birth"). Eine rechtsvergleichende Darstellung des amerikanischen und deutschen Rechts. 1984.

Band 10 Hermann Schünemann: Die Rechte am menschlichen Körper. 1985.

Band 11 Joachim Sick: Beweisrecht im Arzthaftpflichtprozeß. 1986.

Band 12 Michael Pap: Extrakorporale Befruchtung und Embryotransfer aus arztrechtlicher Sicht; insbesondere: Der Schutz des werdenden Lebens in vitro. 1987.

Band 13 Sabine Rickmann: Zur Wirksamkeit von Patiententestamenten im Bereich des Strafrechts. 1987.

Band 14 Joachim Czwalinna: Ethik-Kommissionen - Forschungslegitimation durch Verfahren. 1987.

Band 15 Günter Schirmer: Status und Schutz des frühen Embryos bei der *In-vitro*-Fertilisation. Rechtslage und Diskussionsstand in Deutschland im Vergleich zu den Ländern des angloamerikanischen Rechtskreises. 1987.

Band 16 Sabine Dönicke: Strafrechtliche Aspekte der Katastrophenmedizin. 1987.

Band 17 Erwin Bernat: Rechtsfragen medizinisch assistierter Zeugung. 1989.

Band 18 Hartmut Schulz: Haftung für Infektionen. 1988.

Band 19 Herbert Harrer: Zivilrechtliche Haftung bei durchkreuzter Familienplanung. 1989.

Band 20 Reiner Füllmich: Der Tod im Krankenhaus und das Selbstbestimmungsrecht des Patienten. Über das Recht des nicht entscheidungsfähigen Patienten, künstlich lebensverlängernde Maßnahmen abzulehnen. 1990.

Band 21 Franziska Knothe: Staatshaftung bei der Zulassung von Arzneimitteln. 1990.

Band 22 Bettina Merz: Die medizinische, ethische und juristische Problematik artifizieller menschlicher Fortpflanzung. Artifizielle Insemination, In-vitro-Fertilisation mit Embryotransfer und die Forschung an frühen menschlichen Embryonen. 1991.

Band 23 Ferdinand van Oosten: The Doctrine of Informed Consent in Medical Law. 1991.

Band 24 Stephan Cramer: Genom- und Genanalyse. Rechtliche Implikationen einer "Prädiktiven Medizin". 1991.

Band 25 Knut Schulte: Das standesrechtliche Werbeverbot für Ärzte unter Berücksichtigung wettbewerbs- und kartellrechtlicher Bestimmungen. 1992.

Band 26 Young-Kyu Park: Das System des Arzthaftungsrechts. Zur dogmatischen Klarstellung und sachgerechten Verteilung des Haftungsrisikos. 1992.

Band 27 Angela Könning-Feil: Das Internationale Arzthaftungsrecht. Eine kollisionsrechtliche Darstellung auf sachrechtsvergleichender Grundlage. 1992.

Band 28 Jutta Krüger: Der Hamburger Barmbek/Bernbeck-Fall. Rechtstatsächliche Abwicklung und haftungsrechtliche Aspekte eines medizinischen Serienschadens. 1993.

Band 29 Alexandra Goeldel: Leihmutterschaft – eine rechtsvergleichende Studie. 1994.

Band 30 Thomas Brandes: Die Haftung für Organisationspflichtverletzung. 1994.

Band 31 Winfried Grabsch: Die Strafbarkeit der Offenbarung höchstpersönlicher Daten des ungeborenen Menschen. 1994.

Band 32 Jochen Markus: Die Einwilligungsfähigkeit im amerikanischen Recht. Mit einem einleitenden Überblick über den deutschen Diskussionsstand. 1995.

Band 33 Meltem Göben: Arzneimittelhaftung und Gentechnikhaftung als Beispiele modernen Risikoausgleichs mit rechtsvergleichenden Ausblicken zum türkischen und schweizerischen Recht. 1995.

Band 34 Regine Kiesecker: Die Schwangerschaft einer Toten. Strafrecht an der Grenze von Leben und Tod – Der Erlanger und der Stuttgarter Baby-Fall. 1996.

Band 35 Doris Voll: Die Einwilligung im Arztrecht. Eine Untersuchung zu den straf-, zivil- und verfassungsrechtlichen Grundlagen, insbesondere bei Sterilisation und Transplantation unter Berücksichtigung des Betreuungsgesetzes. 1996.

Band 36 Jens-M. Kuhlmann: Einwilligung in die Heilbehandlung alter Menschen. 1996.

Band 37 Hans-Jürgen Grambow: Die Haftung bei Gesundheitsschäden infolge medizinischer Betreuung in der DDR. 1997.

Band 38 Julia Röver: Einflußmöglichkeiten des Patienten im Vorfeld einer medizinischen Behandlung. Antezipierte Erklärung und Stellvertretung in Gesundheitsangelegenheiten. 1997.

Band 39 Jens Göben: Das Mitverschulden des Patienten im Arzthaftungsrecht. 1998.

Band 40 Hans-Jürgen Roßner: Begrenzung der Aufklärungspflicht des Arztes bei Kollision mit anderen ärztlichen Pflichten. Eine medizinrechtliche Studie mit vergleichenden Betrachtungen des nordamerikanischen Rechts. 1998.

Band 41 Meike Stock: Der Probandenschutz bei der medizinischen Forschung am Menschen. Unter besonderer Berücksichtigung der gesetzlich nicht geregelten Bereiche. 1998.

Band 42 Susanne Marian: Die Rechtsstellung des Samenspenders bei der Insemination / IVF. 1998.

Band 43 Maria Kasche: Verlust von Heilungschancen. Eine rechtsvergleichende Untersuchung. 1999.

Band 44 Almut Wilkening: Der Hamburger Sonderweg im System der öffentlich-rechtlichen Ethik-Kommissionen Deutschlands. 2000.

Band 45 Jonela Hoxhaj: Quo vadis Medizintechnikhaftung? Arzt-, Krankenhaus- und Herstellerhaftung für den Einsatz von Medizinprodukten. 2000.

Band 46 Birgit Reuter: Die gesetzliche Regelung der aktiven ärztlichen Sterbehilfe des Königreichs der Niederlande – ein Modell für die Bundesrepublik Deutschland? 2001.
2. durchgesehene Auflage 2002.

Band 47 Klaus Vosteen: Rationierung im Gesundheitswesen und Patientenschutz. Zu den rechtlichen Grenzen von Rationierungsmaßnahmen und den rechtlichen Anforderungen an staatliche Vorhaltung und Steuerung im Gesundheitswesen. 2001.

Band 48 Bong-Seok Kang: Haftungsprobleme in der Gentechnologie. Zum sachgerechten Schadensausgleich. 2001.

Band 49 Heike Wachenhausen: Medizinische Versuche und klinische Prüfung an Einwilligungsunfähigen. 2001.

Band 50 Thomas Hasenbein: Einziehung privatärztlicher Honorarforderungen durch Inkassounternehmen. 2002.

Band 51 Oliver Nowak: Leitlinien in der Medizin. Eine haftungsrechtliche Betrachtung. 2002.

Band 52 Christina Herrig: Die Gewebetransplantation nach dem Transplantationsgesetz. Entnahme – Lagerung – Verwendung unter besonderer Berücksichtigung der Hornhauttransplantation. 2002.

Band 53 Matthias Nagel: Passive Euthanasie. Probleme beim Behandlungsabbruch bei Patienten mit apallischem Syndrom. 2002.

Band 54 Miriam Ina Saati: Früheuthanasie. 2002.

Band 55 Susanne Schneider: Rechtliche Aspekte der Präimplantations- und Präfertilisationsdiagnostik. 2002.

Band 56 Uta Oelert: Allokation von Organen in der Transplantationsmedizin. 2002.

Band 57 Jens Muschner: Die haftungsrechtliche Stellung ausländischer Patienten und Medizinalpersonen in Fällen sprachbedingter Mißverständnisse. 2002.

Band 58 Rüdiger Wolfrum / Peter-Tobias Stoll / Stephanie Franck: Die Gewährleistung freier Forschung an und mit Genen und das Interesse an der wirtschaftlichen Nutzung ihrer Ergebnisse. 2002.

Band 59 Frank Hiersche: Die rechtliche Position der Hebamme bei der Geburt. Vertikale oder horizontale Arbeitsteilung. 2003.

Band 60 Hartmut Schädlich: Grenzüberschreitende Telemedizin-Anwendungen: Ärztliche Berufserlaubnis und Internationales Arzthaftungsrecht. Eine vergleichende Darstellung des deutschen und US-amerikanischen Rechts. 2003.

Band 61 Stefanie Diettrich: Organentnahme und Rechtfertigung durch Notstand? Zugleich eine Untersuchung zum Konkurrenzverhältnis von speziellen Rechtfertigungsgründen und rechtfertigendem Notstand gem. § 34 StGB. 2003.

Band 62 Anne Elisabeth Stange: Gibt es psychiatrische Diagnostikansätze, um den Begriff der schweren anderen seelischen Abartigkeit in §§ 20, 21 StGB auszufüllen? 2003.

Band 63 Christiane Schief: Die Zulässigkeit postnataler prädiktiver Gentests. Die Biomedizin-Konvention des Europarats und die deutsche Rechtslage. 2003.

Band 64 Maike C. Erbsen: Praxisnetze und das Berufsrecht der Ärzte. Der Praxisverbund als neue Kooperationsform in der ärztlichen Berufsordnung. 2003.

Band 65 Markus Schreiber: Die gesetzliche Regelung der Lebendspende von Organen in der Bundesrepublik Deutschland. 2004.

Band 66 Thela Wernstedt: Sterbehilfe in Europa. 2002.

Band 67 Axel Thias: Möglichkeiten und Grenzen eines selbstbestimmten Sterbens durch Einschränkung und Abbruch medizinischer Behandlung. Eine Untersuchung aus straf- und betreuungsrechtlicher Perspektive unter besonderer Berücksichtigung der Problematik des apallischen Syndroms. 2004.

Band 68 Jutta Müller: Ärzte und Pflegende, die keine Organe spenden wollen. Transplantatmangel muss nicht sein. 2004.

Band 69 Ihna Link: Schwangerschaftsabbruch bei Minderjährigen. Eine vergleichende Untersuchung des deutschen und englischen Rechts. 2004.

Band 70 Susann Tiebe: Strafrechtlicher Patientenschutz. Die Bedeutung des Strafrechts für die individuellen Patientenrechte. 2005.

Band 71 Jörg Gstöttner: Der Schutz von Patientenrechten durch verfahrensmäßige und institutionelle Vorkehrungen sowie den Erlass einer Charta der Patientenrechte. 2005.

Band 72 Oliver Jürgens: Die Beschränkung der strafrechtlichen Haftung für ärztliche Behandlungsfehler. 2005.

Band 73 Stephanie Gropp: Schutzkonzepte des werdenden Lebens. 2005.

Band 74 Clemens Winter: Robotik in der Medizin. Eine strafrechtliche Untersuchung. 2005.

Band 75 Barbara Eck: Die Zulässigkeit medizinischer Forschung mit einwilligungsunfähigen Personen und ihre verfassungsrechtlichen Grenzen. Eine Untersuchung der Rechtslage in Deutschland und rechtsvergleichenden Elementen. 2005.

Band 76 Anastassios Kantianis: Palliativmedizin als Sterbebegleitung nach deutschem und griechischem Recht. 2005.

Band 77 Ulrike Morr: Zulässigkeit von Biobanken aus verfassungsrechtlicher Sicht. 2005.

Band 78 Nora Markus: Die Zulässigkeit der Sectio auf Wunsch. Eine medizinische, ethische und rechtliche Betrachtung. 2006.

www.peterlang.de